Informatik-Fachberichte 247

Herausgeber: W. Brauer
im Auftrag der Gesellschaft für Informatik (GI)

Heiko Krumm

Funktionelle Analyse von Kommunikationsprotokollen

Springer-Verlag
Berlin Heidelberg New York London
Paris Tokyo Hong Kong Barcelona

Autor

Heiko Krumm
Universität Dortmund, Fachbereich Informatik, LS IV
Postfach 500 500, D-4600 Dortmund 50

CR Subject Classification (1987): C.2, F.3.1, D.1.3

ISBN-13:978-3-540-52854-8 **e-ISBN-13:978-3-642-84246-7**
DOI: 10.1007/978-3-642-84246-7

2145/3140-543210 – Gedruckt auf säurefreiem Papier

Vorwort

Aufgrund des wachsenden Bedarfs an Kommunikationsprotokoll-Implementierungen zur Bildung von Rechnernetzen und modernen Telekommunikationssystemen wurden im letzten Jahrzehnt unterschiedlichste formale Beschreibungsverfahren für Kommunikationsdienste und Protokolle vorgestellt, so z.B. auch die von internationalen Normungsgremien unterstützten Spezifikationssprachen SDL, ESTELLE und LOTOS. Sie unterstützen die klare und kompakte Definition von Diensten und Protokollen, wie sie im Sinne der Normung als verbindliche Implementierungsvorgaben benötigt werden. Auf der Basis derartiger Spezifikationssprachen können nebenläufige und verteilte Systeme in ihrer Funktionalität und Struktur formal modelliert werden. Damit eröffnen sich Möglichkeiten zur formalen Auswertung hinsichtlich der Synthese von Implementierungen und der Überprüfung von Entwürfen.

Das vorliegende Buch soll die Einführung formaler Spezifikationen und Analysemaßnahmen in die Praxis fördern. Hier bestehen zum Teil gegenwärtig noch erhebliche Ressentiments, die mit Hinweisen auf die Vielfalt der unterschiedlichen Methoden und den zur Anwendung erforderlichen großen Personalaufwand begründet werden. Schwerpunkte des Buchs liegen deshalb auf der Erklärung der verschiedenen Spezifikationskonzepte aus einer einheitlichen Sicht, auf der Darstellung von Möglichkeiten zur rechnergestützten automatisierten Durchführung von Analysemaßnahmen und auf der beispielhaften Verdeutlichung ihrer Anwendung. Zum letztgenannten Punkt wurde der Bereich der Telekommunikationsprotokolle gewählt.

Der Inhalt des Buchs faßt Erfahrungen und Arbeitsergebnisse zusammen, die ich im Laufe meiner Tätigkeit als wissenschaftlicher Mitarbeiter und Hochschulassistent am Institut für Telematik der Universität Karlsruhe bei der Entwicklung komplexer verteilter Systeme und entwicklungsunterstützender Werkzeuge gewinnen konnte. Der Text wurde von der Fakultät für Informatik der Universität Karlsruhe im Juli 1989 als Habilitationsschrift anerkannt.

Danken möchte ich den zahlreichen Studenten, deren Studien- und Diplomarbeiten zur prototypischen Entwicklung von Werkzeugen und zur praktischen Methodenerprobung beigetragen haben, und ebenso meinen ehemaligen Kollegen am Institut für Telematik für die fruchtbare Zusammenarbeit.

Die Arbeit wäre in dieser Form nicht möglich gewesen ohne den Erfahrungsaustausch mit Mitarbeitern von Forschungs- und Entwicklungsabteilungen der Informatik- und Telekommunikationsindustrie. Insbesondere in der Abteilung für Grundlagenentwicklung der Firma PKI und im Europäischen Netzwerkzentrum der Firma IBM habe ich hierzu wichtige Partner gefunden.

Dem Leiter des Instituts für Telematik, Herrn Prof. Dr. Gerhard Krüger, bin ich für die wissenschaftliche Förderung, die günstigen Arbeitsbedingungen und seine wertvollen Anregungen zur Ausarbeitung des Themas dankbar. Herr Prof. Dr. Peter Deussen hat mir über seine Funktion als zweiter Gutachter der Habilitationsschrift hinausgehend mit seinem großen Interesse und seiner konstruktiven Kritik sehr geholfen und zur klaren Darstellung der Grundlagen beigetragen. Auf die behandelte Problematik aufmerksam gemacht hat mich Herr Prof. Dr. Oswald Drobnik; der Erfahrungsaustausch mit ihm und seine Standpunkte zur Entwicklungspraxis von Telematik-Systemen haben meine Arbeiten wesentlich beeinflußt.

Schließlich möchte ich auch meiner Familie für ihre Geduld und Unterstützung danken.

Dortmund, im März 1990 — Heiko Krumm

Inhalt

1. Einleitung

Die Informatik befaßt sich in Zukunft in verstärktem Maße mit Systemen, die aus miteinander und mit einer Systemumgebung kommunizierenden Instanzen bestehen [26,34,46,48,70,113]. Eine Instanz führt nach einer ihr eigenen Vorschrift weitgehend selbständig und zu den übrigen Instanzen zeitlich parallel Aktionen aus. Jede Instanz bearbeitet eine ihr zugeordnete Teilaufgabe so, daß sie zur Erfüllung eines gemeinsamen übergeordneten Systemzwecks beiträgt. Deshalb verfahren die Instanzen nicht in völliger gegenseitiger Unabhängigkeit sondern sehen auch Aktionen zur Kommunikation mit anderen Instanzen oder der Systemumgebung vor. Eine Kommunikationsaktion trägt dabei im allgemeinen sowohl zur zeitlichen Abstimmung des Verhaltens einer Instanz als auch zu einem Informationsgewinn für die Instanz bei. Eine Instanz kann Aktionen bis zur erfolgreichen Ausführung einer Kommunikationsaktion verzögern, und sie kann bei ihr anstehende Entscheidungen über ihr zukünftiges Verhalten in Abhängigkeit zum Ausgang einer Kommunikationsaktion fällen.

Dieses Systemkonzept trifft sowohl von der logischen Problemstellung her als auch im Hinblick auf die gewählte Form der Lösung in vielen wichtigen Anwendungsbereichen zu. So sind insbesondere Telekommunikationssysteme und Rechnernetze und darauf basierende Anwendungen wie z.B. umfassende Büroautomatisierungs-, Produktionsplanungs- und Steuerungssysteme zu nennen [43,111, 109,106]. Hier finden sich in der Systemumgebung bereits auf Problemebene weitgehend unabhängig und zueinander zeitlich parallel agierende Personen und technische Systeme, während auch die Architektur der Problemlösung aufgrund der damit erzielbaren Flexibilität, Leistungsfähigkeit und Ortsunabhängigkeit durch das Konzept kommunizierender Instanzen geprägt wird.

Beim Entwurf von Systemen aus kommunizierenden Instanzen stellt sich nun allerdings im Vergleich zum Entwurf einer zentralen nur eine einzige Instanz umfassenden Lösung zusätzlich die Aufgabe, die durch die Nebenläufigkeit mehrerer Instanzen in einer Vielzahl von Variationen möglichen Abläufe des Gesamtsystems zu erfassen und zu verstehen. Entscheidungen zum Entwurf einer Instanz müssen an den resultierenden Auswirkungen auf das Gesamtsystem gemessen werden. Zur Erörterung der Korrektheit des Systementwurfs muß auf alle insgesamt erreichbaren Systemzustände eingegangen werden. Ihre Anzahl ist sehr groß, da die Zustände der einzelnen Instanzen durch den voneinander doch weitgehend unabhängigen Fortschritt der Instanzen in einer Vielzahl von Kombinationen auftreten können. An die Stelle der bei einer zentralen, sequentiell arbeitenden Instanz bestehenden einfachen Folge von Aktionen tritt nun eine Mehrzahl sich in den unterschiedlichsten Systemzuständen verzweigender und vereinigender Wirkungsketten.

Gleichzeitig mit dieser zusätzlichen Komplexität tritt erschwerend auf, daß aus simultan arbeitenden und in der Regel örtlich verteilten Instanzen gebildete Systeme nur unter erschwerten Umständen und mit zusätzlichen Kosten getestet werden können. Allein schon die Bestimmung des aktuellen globalen Systemzustands im Verlauf eines Tests ist - wenn überhaupt - nur mit großem Aufwand möglich. Deshalb ist man in besonderem Maß auf Methoden angewiesen, die zur Qualitätssicherung bereits in der Entwurfsphase eingesetzt werden können und kostspielige Fehlentwicklungen frühzeitig vermeiden helfen.

Einen Weg hierzu weisen Beschreibungsverfahren zur formalen Spezifikation von Instanzen und Systemen. Entwurfsergebnisse können hiermit in kompakter und präziser Weise beschrieben werden. Zusätzlich eröffnen formale Spezifikationen die Möglichkeit zur im Ergebnis verläßlichen formalen Analyse von Entwürfen [26,103]. Ein solcher Verbund aus einer formalen Spezifikationstechnik und verträglichen Analyseverfahren bildet auch den Kern weitergehender Methoden, die z.B. zur Korrektheitssicherung formalismus-reglementierte Prozesse für den Entwurf und die Entwurfsumsetzung vorsehen können [39,91].

Die zu beschreibenden und untersuchenden Eigenschaften eines Systems beziehen sich auf mögliche Abläufe entsprechender realer Systeme. Hier interessiert in der Regel ein Eigenschaftsspektrum, das folgende Teilaspekte überdeckt:

- Leistungseigenschaften,
- Echtzeiteigenschaften,
- Funktionalität.

Leistungseigenschaften betreffen die für die Durchführung von Systemfunktionen benötigten Zeitdauern, die Menge umgesetzter Daten und die benötigten Ressourcen. Echtzeiteigenschaften beziehen sich speziell auf absolute Zeitpunkte von Aktionen und deren gegenseitige Abhängigkeiten. Unter Funktionalität werden die Eigenschaften zusammengefaßt, die bei Abstraktion von Realzeit- und Leistungsaspekten noch sichtbar bleiben. Sie beziehen sich auf die im einzelnen logisch unterscheidbaren Typen von Aktionen und die damit verbundenen Daten sowie auf die gegenseitige relative zeitliche Lage von Aktionen.

Im allgemeinen sind innerhalb desselben Projekts Eigenschaften aller drei Typen zu berücksichtigen. Zu ihrer formalen Behandlung werden aber in der Regel sehr unterschiedliche Modellierungskonzepte herangezogen. So basiert die Behandlung von Leistungseigenschaften meistens auf der Modell-Vorstellung eines stochastischen Systems, bei dem - aus Aufwandsgründen - die Details funktioneller Eigenschaften weitgehend verdeckt werden müssen [6,118]. Umgekehrt verlangt die funktionelle Behandlung nach einem Modell, in dem alle wesentlichen Einflußfaktoren auf das grundlegende Verhalten der Instanzen sichtbar bleiben. Zur Behandlung von Echtzeiteigenschaften wird - allerdings nur für die als zeitkritisch erachteten Systemteile - das funktionelle Modell erweitert [78,95]. Ansätze zur Integration verschiedener Aspekte sind in Diskussion [14,61,96,99,100].

Die vorliegende Abhandlung konzentriert sich auf Methoden zur Behandlung der grundlegenden funktionellen Aspekte von Systemen kommunizierender Instanzen. Auch in diesem Bereich wird ein Schwerpunkt gesetzt, formale Beschreibungsverfahren sowie darauf basierende Analyseverfahren. Im Blickpunkt liegen die im Kern aller weitergehenden Methoden stehende formale Darstellung von Ergebnissen des Systementwurfs und deren Prüfung zum Zweck der frühzeitigen Entdeckung von Entwurfsfehlern. Hierbei soll die Umsetzbarkeit der Techniken in die Praxis berücksichtigt werden. Es sollen vornehmlich solche Techniken im Zentrum des Interesses liegen, die hierfür nach heutiger Sicht gut geeignet sind. Dies hängt nicht nur von der benötigten Vorbildung zum Umgang mit einer Technik und der Verträglichkeit der formalen Sicht mit der praktischen System-Sicht eines Entwerfers ab sondern auch davon, ob, in welchem Umfang und mit welchem Automatisierungsgrad Werkzeuge zur Unterstützung der Anwendung zur Verfügung stehen, um den Personalaufwand der Anwendung zu reduzieren und eine hohe Verläßlichkeit für die Ergebnisse zu garantieren.

Die Anwendung soll anhand der in ihren Anforderungen an Techniken und Werkzeuge besonders anspruchsvollen Klasse der Telekommunikationssysteme behandelt werden. Unter Abstraktion von nur örtlich relevanten Aktionen und Konzentration auf ortsübergreifende Interaktionen entspricht ein Telekommunikationssystem einem Kommunikationsprotokoll, das somit als spezielles abstraktes System kommunizierender Instanzen definiert werden kann [43,111,120].

Hohe Qualitätsanforderungen an die verwendeten Kommunikationsprotokolle, ihre wachsende Komplexität sowie die hier bestehenden Normungsbestrebungen fördern in zunehmendem Maße den Einsatz formaler Techniken [30,80,102]. Sie haben bereits in den industriellen Entwicklungslabors zu einer gestiegenen Akzeptanz und verstärkten Anstrengungen zur Entwicklung besonderer Techniken und Werkzeuge geführt [8,9,12,103,105,110,112]. Hierbei werden vornehmlich konstruktive, unmittelbar auf der Definition von operationalen Systemmodellen basierende Techniken eingesetzt. Sie folgen im wesentlichen drei unterschiedlichen Grundkonzepten. Zum bisher am weitesten verbreiteten Konzept gekoppelter endlicher Automaten und zu Petri-Netz-Modellen treten in den letzten Jahren algebraische Spezifikationsmethoden.

Unter einem operationalen Systemmodell sei ein Modell verstanden, in dem der reale zeitliche Ablauf eines Systems in seiner Zusammensetzung aus einzelnen Operationen noch eine direkte Entsprechung findet. Operationale Systemmodelle bilden die wesentliche Grundlage konstruktiver Spezifikationstechniken und bestimmen in ihren Eigenschaften direkt die in den Spezifikationen vorkommenden Konstrukte mit deren konzeptuellem Hintergrund. Auch bei allen übrigen Spezifikationstechniken muß ein operationales Systemmodell angesprochen werden, um den Bezug zwischen Formalismus und realen Systemen zu definieren und eine Deutung von Analyseergebnissen mit ihren Implikationen auf die Architektur realer Systeme zu ermöglichen.

Operationale Systemmodelle treten auch im Zusammenhang mit den gebräuchlichen Spezifikationstechniken in unterschiedlichsten Ausprägungen auf. Es sind eine Vielfalt an Teilkonzepten und sich teilweise überdeckender, teilweise zueinander jedoch unverträglicher Begriffssysteme zu verzeichnen. Dies erschwert den gegenseitigen Vergleich und die Identifizierung grundlegender Verfahrensweisen. Nicht zuletzt erschwert es die Orientierung und mindert generell die Akzeptanz für den Einsatz formaler Methoden bei den - schwerpunktmäßig mit dem Entwurf eines realen Systems befaßten - Entwicklern. Bei größeren, aus voneinander unabhängig entwickelten Teilen bestehenden Systemen muß ferner davon ausgegangen werden, daß auch im selben Gesamtprojekt unterschiedliche Methoden eingesetzt werden, so daß ein gemeinsames Begriffssystem und eine gegenseitige Abbildbarkeit der eingesetzten Modelle notwendig sind.

Im Hinblick auf die unterschiedlichen Ausprägungen operationaler Systemmodelle wurde deshalb eine integrierende Betrachtungsweise verfolgt. Unter Würdigung der besonderen Beiträge einzelner Techniken sollte der Schwerpunkt auf der Herausarbeitung der Gemeinsamkeiten liegen. Mit diesem Ziel konnte ein grundlegendes Rahmenkonzept zur operationalen Modellierung von Systemen kommunizierender Instanzen entwickelt werden. Das Rahmenkonzept definiert ein einheitliches Begriffssystem und gestattet die systematische Klassifikation der gebräuchlichen unterschiedlichen Ausprägungen operationaler Systemmodelle. Darüberhinaus konnten Abbildungen angegeben werden, anhand deren Spezifikationen gebräuchlicher Techniken in die Begriffswelt des Rahmenkonzepts umgesetzt werden können. Ferner wurde durch das Rahmenkonzept eine allgemein ausgelegte Diskussion von Analyseverfahren möglich.

Die Behandlung der Analyseverfahren erfolgt ebenfalls unter dem Blickwinkel der praktischen Umsetzbarkeit. So konzentriert sie sich auf reguläre, mit beschränkten Ressourcen realisierbare Systeme und legt das Augenmerk auf Verfahren, die mit hohem Automatisierungsgrad rechnergestützt ausgeführt werden können. Derartige Verfahren basieren auf der erschöpfenden Berechnung und der Auswertung der Menge erreichbarer globaler Systemzustände und ihrer Übergänge, der sogenannten Erreichbarkeitsanalyse [24,101,115,116,119]. Zumindest die Berechnung der Systemzustände und Übergänge, des sogenannten Erreichbarkeitsgraphen, kann in einfacher Weise vollautomatisch ausgeführt werden. Problematisch für die Berechnung und Auswertung ist allerdings der mit der Größe eines Systems exponentiell wachsende Speicher- und Zeitbedarf. Er kann die praktische Durchführbarkeit von Analysen für detailliert modellierte, reale Systeme in Frage stellen [53].

Im Hinblick auf die Systemanalyse konnten - unter alleiniger Bezugnahme auf das Rahmenkonzept - zwei Vorgehensweisen zur erleichterten rechnergestützten Ausführung der Erreichbarkeitsanalyse entwickelt und definiert werden, die leicht auf die gebräuchlichen Spezifikationstechniken übertragen werden können:

- Zur zusammengefaßten Berechnung und Auswertung von Projektionen des Erreichbarkeitsgraphen wird ein Algorithmus vorgestellt. Er trägt zu einer wesentlichen Reduktion des Speicherbedarfs einer Erreichbarkeitsanalyse bei und bietet ferner die Möglichkeit zum effizienten Einsatz von Parallelverarbeitung zur Beschleunigung der Berechnung. Die integrierten Auswertungsmaßnahmen erleichtern unmittelbar die Verwertung der Analyseergebnisse durch den Menschen.

- Das Konzept des Umgebungsmodells sieht vor, Spezifikationen von Systemkomponenten generell durch eine Beschreibung des beim Entwurf angenommenen Umgebungsverhaltens zu ergänzen. Hierdurch werden in der formalen Spezifikation einer Komponenten auch Randbedingungen für ihre Umgebung erfaßt. Eine in diesem Sinn vervollständigte Spezifikation besitzt einen wesentlich höheren Wert zur Dokumentation eines Entwurfsergebnisses. Im Hinblick auf die Analyse erlaubt sie die separate Untersuchung einzelner Komponenten. Die Analyse eines Gesamtsystems kann ferner durch die Verwendung einer umgebungsbezogen reduzierten Ersatzinstanz erleichtert werden. Für die Berechnung einer reduzierten Ersatzinstanz wird ein Algorithmus angegeben. Der Wert einer Spezifikation als Implementierungsvorgabe steigt durch das Umgebungsmodell ebenfalls. Die dort dokumentierten Randbedingungen an die Umgebung können zum Entwurf effizienter, darauf zugeschnittener Implementationen und zur erleichterten Klärung der Fragestellung der Wiederverwendbarkeit bereits bestehender Implementationen beitragen. Zur weitergehenden Unterstützung der Implementierung kann auch die reduzierte Ersatzinstanz herangezogen werden. Sie beschreibt in kompakter Form das aufgrund der gegebenen Umgebungsrandbedingungen zu realisierende Komponentenverhalten.

Der nachfolgende Text gliedert sich in folgende Kapitel:

- Kapitel 2 stellt das grundlegende Rahmenkonzept zur Modellierung von Systemen kommunizierender Instanzen vor. Als Komponenten von Systemen werden Instanzen und Kopplungen identifiziert. Instanzen entsprechen einem bestimmten Kommunikationsverhalten, das in verschiedenen Formen beschrieben werden kann. Die Funktion einer Kopplung folgt einem der beiden Prinzipien 'Übereinkunft' oder 'Übertragung', die in unterschiedlichen Ausprägungen angewendet werden. Formales Modell eines Systems insgesamt ist der Erreichbarkeitsgraph, der die möglichen Systemzustände und ausführbaren Übergänge umfaßt. Unter Abstraktion von system-internen Aktionen kann er bei offenen Systemen zum Schnittstellenverhalten, der sogenannten Ersatzinstanz, reduziert werden.
- Kapitel 3 verdeutlicht die Anwendung des Rahmenkonzepts im Bereich der Telekommunikationssysteme. Die hier zentralen Begriffe Kommunikationsdienst und Kommunikationsprotokoll werden auf der Basis des Rahmenkonzepts erklärt.
- Kapitel 4 befaßt sich mit der Analyse von Systemen. Die unterschiedlichen Maßnahmen werden zunächst allgemein klassifiziert und im Rahmenkonzept erklärt. Der zweite Teil ist der Anwendung der Verfahren für die funktionelle Analyse von Kommunikationsprotokollen gewidmet.
- Kapitel 5 beschäftigt sich mit der Beschreibung von Systemen, wie sie durch die verschiedenen Spezifikationstechniken unterstützt wird. Es enthält eine umfassende Klassifikation der Techniken und behandelt anschließend die drei verbreiteten konstruktiven Techniken der Petri-Netze, der algebraischen Verhaltensspezifikationen und der gekoppelten endlichen Automaten genauer. Für jede der drei Techniken wird eine Abbildung in das Rahmenkonzept angegeben. Um das Verständnis für die Techniken und ihre Besonderheiten zu fördern, wird ein einfaches Kommunikationsprotokoll durchgängig behandelt.
- Kapitel 6 beschreibt den Algorithmus zur zusammengefaßten Berechnung und Auswertung von Projektionen des Erreichbarkeitsgraphen und verdeutlicht seine Anwendung an demselben Beispiel.
- Kapitel 7 stellt das Konzept der Umgebungsmodelle vor. Es enthält auch die Definition eines Algorithmus zur Berechnung von umgebungsbezogen reduzierten Ersatzinstanzen und erläutert mit dem Umgebungsmodell verknüpfte Analysemaßnahmen.
- Kapitel 8 enthält zusammenfassende Bemerkungen.

2. Systeme kommunizierender Instanzen

Ziel dieses Kapitels ist es, unter dem Begriff 'System kommunizierender Instanzen' einen allgemeinen abstrakten Rahmen zur Betrachtung der interessierenden realen, aus kommunizierenden Komponenten bestehenden Systeme zu schaffen. Dieser Rahmen definiert die zur funktionellen Analyse von Kommunikationsprotokollen verwendete Systemsicht. Er bildet die Grundlage zur Erklärung der in späteren Kapiteln vorzustellenden Spezifikationstechniken und Analyseverfahren und dient der Definition der zentralen Begriffe Dienst und Protokoll.

Der Begriff System bezeichnet allgemein ein Gebilde, das aus einzelnen Komponenten nach bestimmten Bildungsprinzipien zusammengesetzt ist. Ein System kann unter Abstraktion von seiner Zusammensetzung insgesamt als Einheit angesehen werden. Die bei einer Betrachtung des Systems als Ganzheit interessierenden Systemeigenschaften stehen über die Bildungsprinzipien in Zusammenhang mit der konkret vorhandenen internen Zusammensetzung des Systems aus Komponenten und den Eigenschaften der einzelnen Komponenten. Dieser Zusammenhang bildet die Grundlage für die Synthese, d.h. die Konstruktion eines neuen Systems mit vorgegebenen Systemeigenschaften aus als als verfügbar und bekannt angenommenen Komponenten, und die Analyse, d.h. die Untersuchung und Ermittlung von Systemeigenschaften anhand der Kenntnis der internen Zusammensetzung und der Eigenschaften der Komponenten. Die wesentlichen Komponenten eines Systems kommunizierender Instanzen werden Instanzen genannt. Zusätzlich enthält ein solches System eine - Kopplung genannte - Komponente.

Die allgemeine Sicht eines Systems kommunizierender Instanzen beschränkt sich auf die Darstellung funktioneller Eigenschaften. Die Beschränkung ergibt sich aus der Abstraktion von Realzeit- und Leistungsaspekten und zeigt sich im Modellbild von Kommunikationsaktionen und in der Darstellung des Kommunikationsverhaltens von Instanzen. Sie verdeckt die Realzeiteigenschaften der Kommunikation und die Aspekte der Ressourceninanspruchnahme durch Instanzen.

Als Modell einer Instanz wird eine Baumstruktur verwendet. In ihr können die für die funktionelle Analyse von Systemen relevanten Aspekte eines auswahl-indeterministischen Kommunikationsverhaltens dargestellt werden. Die Baum-Repräsentation entspricht jedoch noch nicht der gewünschten abstrakten Sicht. In dieser sollen alle Instanzen als äquivalent angesehen werden, die bei Durchführung und Beobachtung von Experimenten nicht voneinander unterschieden werden können. Hierzu wird die - für die Analyse von Systemen bedeutsame - Relation der Verhaltensgleichheit verwendet.

Die Behandlung der Kopplungskomponenten orientiert sich an der Definition von in der Praxis als elementar angesehenen Kommunikationsaktionen. Zwei unterschiedliche Prinzipien werden identifiziert und im selben Rahmen definiert. Das Übereinkunft-Prinzip geht von der Herbeiführung einer zeitlich punktuellen Übereinstimmung zwischen Partnern als elementare Kommunikationsaktion aus. Das Übertragung-Prinzip sieht die elementare Kommunikation als Paar aus Senden und Empfangen von Information. Beide Prinzipien haben in verschiedenen Techniken zur Spezifikation und entsprechenden Verfahren zur Analyse von Instanzensystemen ihren Niederschlag gefunden.

Zur Behandlung des Ablaufs eines Gesamtsystems werden die Begriffe Systemzustand und Erreichbarkeitsgraph definiert. Ein Systemzustand umfaßt die Menge aller zu einem Ablaufzeitpunkt gegebenen Komponentenzustände eines Systems. Ein Erreichbarkeitsgraph repräsentiert alle möglichen Systemabläufe in Form eines Graphen über Systemzuständen. Er bildet die Grundlage zur Definition der Semantik von Spezifikationstechniken und zur Erklärung von Analyseverfahren.

Im folgenden charakterisiert der Abschnitt 'Reale Systeme' grob die realen Systeme, die zur Modellierung als Systeme kommunizierender Instanzen sowie zum Einsatz der Verfahren zur funktionellen Analyse von Kommunikationsprotokollen von Interesse sind.

Der Abschnitt 'Systemstruktur' führt die allgemeine Sicht zur Betrachtung eines Systems kommunizierender Instanzen ein. Die hier identifizierten Systemkomponenten werden in den nachfolgenden Abschnitten 'Instanz' und 'Kopplung' detailliert. Anschließend definiert der Abschnitt 'Systemablauf' ein Modell zur Behandlung der dynamischen Eigenschaften eines Gesamtsystems.

2.1 Reale Systeme

Ziel dieses Abschnitts ist es, die Klassen realer Systeme zu umreißen, die abstrakt als Systeme kommunizierender Instanzen behandelt werden sollen.

Im Zusammenhang mit der funktionellen Analyse von Kommunikationsprotokollen sind im wesentlichen reale Systeme folgender Natur von Interesse:

- Kommunikationssysteme in Rechnernetzen; Systeme aus Hard-und/oder Software-Komponenten, die der Realisierung von Kommunikationsdiensten im Sinne des ISO/OSI-Referenzmodells dienen [56,111,120].
- Nebenläufige Rechner-Anwendungen; Anwendungssysteme aus mehreren weitgehend unabhängig voneinander ablaufenden Software-Komponenten, die zur Erfüllung einer logisch in sich geschlossenen Gesamtaufgabe miteinander in Kommunikationsbeziehung stehen. Die Software-Komponenten können lokal auf einem Rechner konzentriert oder in einem Rechnernetz verteilt sein [34,50,86].
- Integrierte Anwendungen; Sonderfälle von nebenläufigen Rechner-Anwendungen. Eine Anwendung dient der Erfüllung eines breit gefächerten Aufgabenbereichs. Sie gliedert sich in einzelne Teile, die jeweils wieder als eigenständige Anwendung angesehen werden können und Teile des Aufgabenbereichs selbständig abdecken. Sie können allerdings hierzu auch Informationen mit den übrigen Teilen austauschen.

Die genannten Systemtypen können im Hinblick auf ihre Implementierung als Prozeßsysteme bezeichnet werden. Ein System gliedert sich in einzelne Prozesse, die jeder für sich zeitlich sequentiell und im gegenseitigen Vergleich zeitlich parallel ablaufen. Die Parallelität kann als Nebenläufigkeit charakterisiert werden. Der Fortschritt der einzelnen Prozesse ist nicht entsprechend einem gemeinsamen Zeitraster starr synchronisiert, sondern erfolgt über weite Phasen in gegenseitiger Unabhängigkeit. Eine zeitliche Abstimmung zwischen verschiedenen Prozessen erfolgt nur an wenigen Stellen im Rahmen von Kommunikationsaktionen.

Die einzelnen Prozesse werden i.a. als Prozesse im Sinne eines Mehrprozeß-Betriebssystems wie z.B. UNIX implementiert. Es kann sich jedoch auch um von dedizierter Hardware oder um von Menschen in einer bestimmten Rolle ausgeführte Aktionsfolgen handeln.

Die Kommunikationsaktionen werden i.a. über die Interprozeß-Kommunikationsfähigkeiten des Betriebssystems, über die Nutzung gemeinsamer Ressourcen und/oder über Rechnernetz-Kommunikationsdienste realisiert. Im Zentrum des Interesses für die nachfolgenden Überlegungen liegen Systeme aus per Nachrichten- und/oder Signalaustausch miteinander kommunizierenden Prozessen.

2.2 Systemstruktur

Ziel dieses Abschnitts ist es, die Konzepte zur Gliederung eines Systems kommunizierender Instanzen einzuführen. Es wird hierbei zwischen der Sicht auf die statische Grundstruktur eines Systems und einer ablauforientierten Sicht unterschieden. Weiterhin werden die drei Systemformen offener, geschlossener und hierarchisch strukturierter Systeme erklärt.

Die statische Grundstruktur eines Systems identifiziert die Bildungseinheiten Instanz, Kopplung und Systemumgebung sowie die verschiedenen Schnittstellen zwischen diesen Einheiten, die sich als Instanzen-Schnittstellen und System-Schnittstelle ergeben.

Die ablauforientierte Sicht bezieht sich auf das - Kommunikationsverhalten genannte - Verhalten einer Instanz an ihrer Instanzen-Schnittstelle, auf das Verhalten des Systems an der System-Schnittstelle und auf die Funktion der Kopplungskomponenten als Verknüpfung der unterschiedlichen Verhalten.

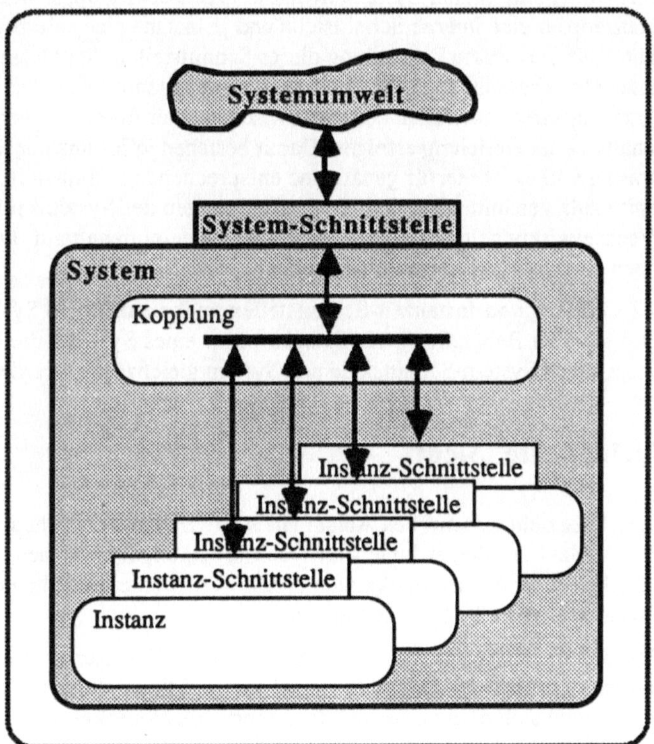

Bild 2.1: Grundstruktur eines Systems kommunizierender Instanzen

2.2.1 Grundstruktur

Zur Erläuterung der Grundstruktur eines Systems können unterschieden werden:

- der Blick auf das System von außen,
- der Blick in das System.

Bild 2.1 zeigt die insgesamt erkennbaren Einheiten sowie die zwischen ihnen möglichen Wechselwirkungsbeziehungen und entsprechenden Schnittstellen am Beispiel eines aus vier Instanzen bestehenden Systems.

Beim Blick auf ein System von außen erscheint das System als Einheit. Es ist in eine Systemumwelt eingebettet, mit der es in Wechselwirkungen stehen kann. Die Wechselwirkungen werden als auf die Schnittstelle zwischen System und Umwelt konzentriert angenommen. Diese Schnittstelle wird System-Schnittstelle genannt. Zusätzlich zum System sind also noch die Systemumwelt und die System-Schnittstelle als Einheiten zu berücksichtigen.

Beim Blick in ein System steht dessen Zusammensetzung aus einzelnen Instanzen im Vordergrund. Instanzen können miteinander und mit der Systemumwelt in Wechselwirkung stehen. Es ergeben sich also allgemein je Instanzenpaar eine interne Schnittstelle und je Instanz eine externe. Das vorgeschlagene Konzept verzichtet auf die direkte Darstellung dieser Schnittstellen. Stattdessen ist eine einzige weitere Systemkomponente vorgesehen, die Kopplung. Es wird angenommen, daß alle Wechselwirkungen zwischen Instanzenpaaren untereinander oder zwischen einer Instanz und Systemumwelt nur mittelbar unter Einschaltung der Kopplung erfolgen. Damit bestehen je Instanz nur noch Wechselwirkungen mit der Kopplung und es ist hierfür genau eine entsprechende Schnittstelle zu berücksichtigen, die Instanz-Schnittstelle genannt wird. Die Wechselwirkungen des Systems mit der Systemumwelt gehen in den Wechselwirkungen der Kopplung mit der Systemumwelt auf. Die entsprechende Schnittstelle ist die oben eingeführte System-Schnittstelle.

Mit der eindeutigen Zuordnung von Instanzen-Schnittstellen zu Instanzen und System-Schnittstelle zum Gesamtsystem können bei Behandlung der Grundstruktur eines Systems die Begriffe Instanz-Schnittstelle und Instanz sowie System-Schnittstelle und System gleichgesetzt werden.

2.2.2 Ablauforientierte Sicht

Die ablauforientierte Sicht bezieht sich auf den Ablauf eines Systems und entsteht aus der detaillierteren Betrachtung der im Verlauf der Zeit auftretenden Wechselwirkungen zwischen Kopplung und Instanzen. Es sollen ausschließlich Wechselwirkungen erfaßt werden, die im Rahmen von Kommunikationsaktionen der Instanzen realer Systeme stattfinden.

Damit können die für die Betrachtung des Systemablaufs relevanten Eigenschaften einer Instanz unter dem Begriff Kommunikationsverhalten der Instanz zusammengefaßt werden. Das Kommunikationsverhalten einer Instanz bezieht sich unmittelbar auf die Kommunikationsaktionen, welche die Instanz mit der Kopplung abwickelt, und abstrahiert so weit wie möglich von den instanzen-internen Abläufen. Es kann als unter Abstraktion gewonnenes Bild des tatsächlichen Aufbaus der Instanz, ihrer Implementierung z.B. als Prozeß oder Prozeßmenge und ihrer internen Ablaufgesetzmäßigkeiten angesehen werden.

Die Kommunikationsverhalten der verschiedenen Instanzen eines Systems werden als voneinander unabhängig definierbar angenommen. Eine Instanz geht anhand ihres Kommunikationsverhaltens in die Betrachtung des Systemablaufs ein, die Begriffe Instanz und Kommunikationsverhalten der

Instanz können gleichgesetzt werden. In dieser Sicht stellt sich die Funktion der Kopplung als eine Verknüpfung verschiedener Kommunikationsverhalten dar.

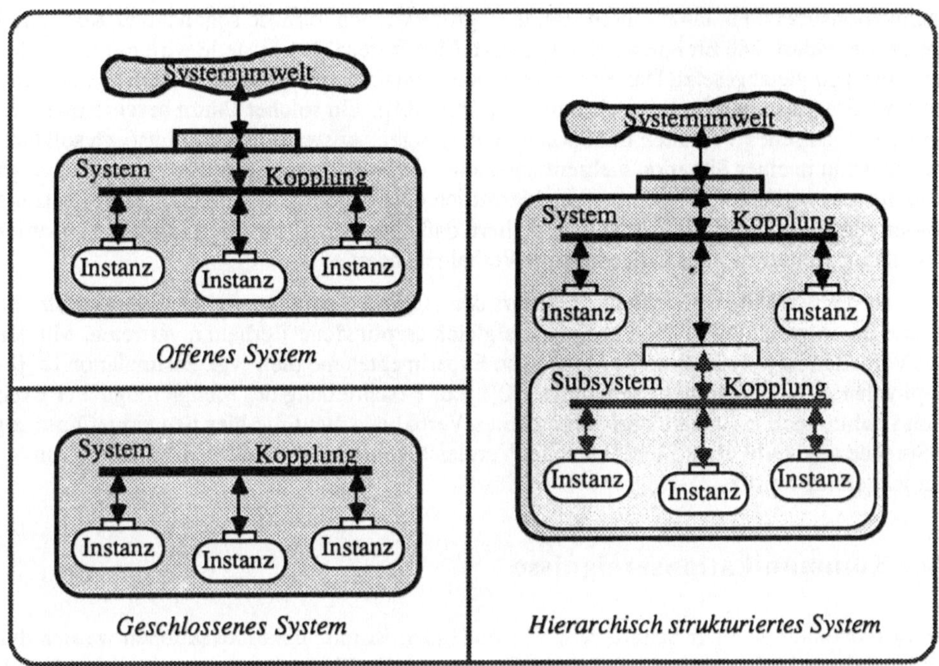

Bild 2.2: Systemformen

2.2.3 Systemformen

In Abhängigkeit zur Anordnung der Instanzen eines Systems und ihrer Kopplung untereinander und gegebenenfalls mit der Systemumwelt können die beiden Grundformen eines Systems 'Offenes System' und 'Geschlossenes System' unterschieden werden. Als hierarchisch strukturiert wird ein System bezeichnet, das Instanzen enthält, die bei verfeinerter Betrachtung wiederum als Systeme (Subsysteme) erklärt sind.

Bild 2.2 zeigt diese drei Systemformen. Ein offenes System besitzt eine echte System-Schnittstelle, d.h. es treten tatsächlich Kommunikationsaktionen mit der Systemumwelt auf. Beim geschlossenen System ist dies nicht der Fall. Unter Integration einer die Systemumwelt modellierenden Instanz in ein offenes System kann es in ein geschlossenes überführt werden.

Bei der hierarchischen Strukturierung eines Systems finden wir ein offenes oder auch ein geschlossenes Gesamtsystem. Einzelne Instanzen des Gesamtsystems sind selbst wiederum als Systeme und zwar als offene Systeme gegeben. Diese Instanzen werden Subsysteme des Gesamtsystems genannt. Auch ein Subsystem kann seinerseits wieder aus Subsystemen zusammengesetzt sein.

2.3 Instanz

Ziel dieses Abschnitts ist es die abstrakte Sicht einer Instanz, d.h. Instanzen-Schnittstellen und Kommunikationsverhalten, einzuführen. Beide Begriffe werden mithilfe sogenannter Kommunikationsereignisse erklärt. Die Ereignisse sind typisiert. Eine Instanz-Schnittstelle wird mit einer Menge von Ereignistypen gleichgesetzt. Das Kommunikationsverhalten einer Instanz entspricht einer Baumstruktur über Ereignistypen (vgl. Synchronisation Tree [83]). Ein solcher Baum beschreibt ein Auswahl-indeterministisches Verhalten mit Spontan-Übergängen. Auswahl-indeterministisch soll hierbei heißen, daß wenn in einer Situation mehrere unterschiedliche Fortsetzungen des Verhaltens möglich sind, daß dann in zufälliger Weise aber unwiderruflich eine beliebige der möglichen Fortsetzungen ausgewählt wird. Ein Spontan-Übergang modelliert, daß eine Instanz plötzlich und ohne ausdrückliche Einwirkung von seiten ihrer Umgebung ihr Verhalten ändert.

Die Relation der Verhaltensgleichheit präzisiert den Begriff Verhalten weiter. Syntaktisch unterschiedliche Baumstrukturen können abstrakt als gleich empfundene Verhalten vertreten. Mit derart gleichen Verhalten ist jeweils dieselbe Menge von Experimenten möglich (vgl. Bisimulation [83], Testing Equivalence [88], Readiness Semantics [90]). Zur Beschreibung der Menge möglicher Experimente und damit auch zur Charakterisierung eines Verhaltens dient die hier neu eingeführte sogenannte Sprache des Verhaltens. Damit kann der Vergleich von Verhalten auf den Vergleich von Sprachen zurückgeführt werden.

2.3.1 Kommunikationsereignisse

Die bei Systemablauf an einer Schnittstelle stattfindenden Kommunikationsaktionen werden durch eine Folge sogenannter Kommunikationsereignisse dargestellt. Ein Ereignis tritt zeitlich punktuell an einem Ort (d.h. an genau einer Schnittstelle) auf. Mit der Existenz eines Ereignisses wird den beiden von der Schnittstelle betroffenen Einheiten (d.h. Kopplung und eine Instanz oder Kopplung und Systemumwelt) Information vermittelt. Ein Ereignis besitzt also drei Attribute:

- Zeitpunkt,
- Ort,
- Information.

Zur Abstraktion von Realzeit- und Leistungsaspekten soll nicht der absolute Zeitpunkt eines Ereignisses sondern nur seine relative zeitliche Lage relevant sein und zwar im Kontext der übrigen Ereignisse, die eine vom Ereignis beeinflußte Einheit ebenfalls betreffen. Somit reicht es aus, die zeitliche Einordnung eines Ereignisses in entsprechende Ereignisfolgen zu berücksichtigen.

Zur Behandlung von Ort und Informationsgehalt werden folgende Konventionen getroffen:

- Es sei eine Menge E von sogenannten Ereignistypen definiert.
- Jedem Ereignis sei ein Ereignistyp aus E eindeutig zugeordnet.
- Die Menge der Ereignistypen E gliedert sich in Klassen, so daß jedem Ort i genau eine Klasse E_i von Ereignistypen zugeordnet ist.
- Neben dem Ort sei auch die mit einem Ereignis verbundene Information durch seinen Typ eindeutig bestimmt.

Mit diesen Konventionen müssen in einem Systemmodell von einem Ereignis nur sein Relativzeitpunkt und sein Typ wiedergegeben sein.

Einzelne Instanzen-Schnittstellen und die System-Schnittstelle entsprechen, wie in Def. 2.1 vereinbart, paarweise disjunkten Teilmengen der Menge aller betrachteter Kommunikationsereignistypen.

Def. 2.1

Gegeben sei eine Menge E, die in disjunkte Teilmengen E_i gegliedert ist. Jede Klasse E_i enthalte ein ausgezeichnetes Element ε_i.
Eine solche Menge E heißt Menge von **Kommunikationsereignistypen.**
Eine Klasse E_i heißt **Schnittstelle.**
Ein ausgezeichnetes Element ε_i von E_i heißt **Spontanereignistyp,**
die übrigen Elemente von E_i heißen **Interaktionsereignistypen.**

Wie unter Kap. 2.3 erwähnt, sollen über den Schnittstellen Kommunikationsverhalten mit Spontan-Übergängen erklärt sein. Hierzu werden Kommunikationsereignisse, die mit spontanen, von außen nicht beeinflußten Veränderungen in einer Instanz verbunden sind, von solchen unterschieden, die auf Initiative der Umgebung einer Instanz auftreten. Im folgenden wird angenommen, daß jede Schnittstelle neben sogenannten Interaktionsereignistypen auch ein ausgezeichnetes Element enthält, das Spontanereignistyp genannt wird.

2.3.2 Kommunikationsverhalten

Zur Erläuterung des Begriffs Kommunikationsverhalten wird zunächst eine abstrakte Sicht für das an der Schnittstelle einer Instanz beobachtbare Verhalten eingeführt. Wir sprechen hierzu den Verbund aller momentanen Gegebenheiten in einer Instanz, die für den Gesamtsystemablauf relevant sind, zunächst unter der Bezeichnung Zustand der Instanz an.

Eine Instanz befinde sich mit der Initialisierung des Systems zum Zeitpunkt des Systemstarts in einem ausgezeichneten Zustand, dem Startzustand. Sie behält diesen Zustand bei, bis das erste Ereignis an der Instanz-Schnittstelle auftritt. Mit dem Auftreten dieses Ereignisses führt die Instanz zeitlich punktuell einen Zustandsübergang durch, d.h. sie nimmt ab dem Zeitpunkt des Ereignisses einen Folgezustand an. Der Folgezustand wiederum wird bis zum Auftreten des nächsten Ereignisses an der Instanz-Schnittstelle beibehalten, um dann abermals in einen neuen Folgezustand überführt zu werden und so weiter.

Der jeweilige Folgezustand ist vom vorhergehenden Zustand, vom Typ des Ereignisses und unter Umständen auch von instanzen-internen in der abstrakten Systemsicht verdeckten Gegebenheiten abhängig. Charakteristisch für einen Zustand sei jeweils eine Menge von Paaren aus Ereignistyp und Folgezustand, die der Menge möglicher nächster Schritte einer Instanz entspricht.

Beim skizzierten Ablauf an der Schnittstelle einer Instanz wechselt die Initiative zwischen Instanz und Kopplung. Wenn die Instanz einen Zustand eingenommen hat, liegt die Initiative bei der Kopplung. Sie entscheidet über Typ und Zeitpunkt des nächsten Ereignisses an der Instanz-Schnittstelle. Mit dem Auftreten eines Ereignisses muß die Instanz mit einem Zustandswechsel darauf reagieren. Danach entscheidet die Kopplung wieder über Typ und Zeitpunkt des nächsten Ereignisses und so weiter.

Eine Instanz wird somit in ihrem schrittweisen Fortschreiten von der Kopplung, d.h. von den durch die Kopplung erzeugten Ereignissen, gesteuert. Es besteht auch eine umgekehrte Wirkrichtung. Eine Instanz nimmt ihrerseits auf den Typ des nächsten Ereignisses Einfluß. Jedem Zustand einer Instanz ist eine Menge von Ereignistypen, die sogenannte Bereitmenge, zugeordnet. Die Kopplung darf immer nur ein Ereignis eines Typs aus der Bereitmenge des aktuellen Zustands als nächstes Ereignis an der Schnittstelle der Instanz erzeugen. Hierzu steht der Kopplung die Kenntnis über die Bereitmenge des momentanen Zustands einer Instanz zur Verfügung.

Nach dieser Erläuterung kann das Kommunikationsverhalten einer Instanz mit ihrem Startzustand gleichgesetzt werden. Das Kommunikationsverhalten einer Instanz zu einem späteren Zeitpunkt entspricht dem dann gegebenen Momentanzustand. Einen - mit dem Auftreten eines Ereignisses an der Instanz-Schnittstelle möglichen - Zustandsübergang nennen wir Verhaltensschritt, er ist ein Paar aus einem Ereignistyp und einem Folgeverhalten. Die Bereitmenge eines Verhaltens ist die Menge aller Ereignistypen der von ihm aus möglichen nächsten Verhaltensschritte.

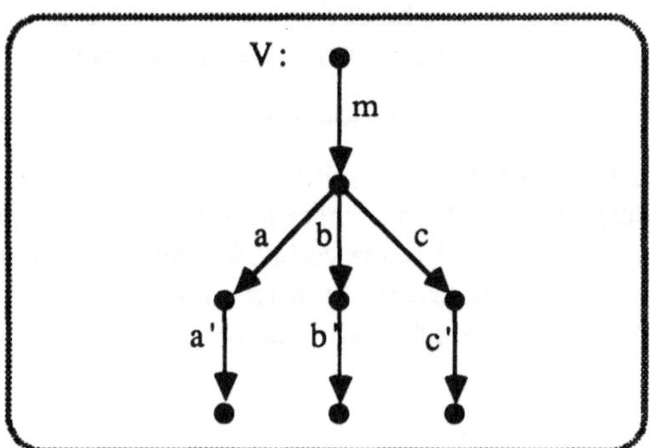

Bild 2.3: Kommunikationsverhalten - Beispiel

Wie in [83] von Milner mit dem Konzept der Synchronisation-Trees eingeführt - soll ein Verhalten als Baum dargestellt werden, dessen Kanten mit Ereignistypen gefärbt sind. Bild 2.3 zeigt hierzu ein Beispiel. Das Verhalten V kann z.B. als das eines Warenautomaten verstanden werden, der nach Systemstart einen einzigen Auslieferungsvorgang vorsieht. Über die Kopplung interagiere ein Kunde mit dem Warenautomaten. Ein Ereignis des Typs m kann als Geldtransfer interpretiert werden. Der Automat ist danach bereit, den Warenwunsch des Kunden per Ereignis des Typs a, b oder c zur Kenntnis zu nehmen, um daraufhin zur Auslieferung der entsprechenden Ware per Ereignis des Typs a', b' oder c' bereit zu sein. Mit dem Abschluß eines solchen Vorgangs endet das Verhalten des Warenautomaten in einem Blatt, d.h. er besitzt dann ein Stopverhalten, das keine zukünftigen Verhaltensschritte mehr zuläßt.

Def. 2.2

Gegeben sei eine Schnittstelle E_i und ein Baum V, dessen Kanten mit Elementen von E_i gefärbt sind.
Ein solcher Baum, wie auch jeder seiner Teilbäume, heißt **Kommunikationsverhalten** über E_i.
Geht von der Wurzel des Baums V eine mit s gefärbte Kante auf einen Teilbaum F aus, so heißt das Paar vs = (s, F) **Verhaltensschritt** von V,
s heißt **Schalter** von vs,
F heißt **Folgeverhalten** von vs.
Die Menge aller Schalter der Verhaltensschritte von V heißt **Bereitmenge** von V.
Die Menge aller Elemente von E_i, die in V insgesamt als Beschriftung von Kanten vorkommen, heißt **Alphabet** von V.

Def. 2.2 erklärt die Begriffe Kommunikationsverhalten, Verhaltensschritt und Bereitmenge gegenüber einer solchen Baumdarstellung. Unter dem Alphabet eines Verhaltens sollen nur diejenigen Ereignistypen der Schnittstelle zusammengefaßt sein, für die aufgrund der Auslegung des Verhaltens auch tatsächlich die Möglichkeit zum Auftreten besteht.

Es ist anzumerken, daß die Definitionen aus Def. 2.2 nicht die Definition entsprechender Bäume leisten sollen. Sie sollen nur - unter der Annahme, daß ein derartiger Baum mit vorerst nicht näher behandelten Mitteln definiert ist - die genannten Begriffe zur Interpretation des Baums als Verhalten einführen. Mittel zur Definition solcher Bäume sind bereits als Spezifikationstechnik anzusehen und werden in Kap. 5 vorgestellt. Besonderheit ist dort, daß auch unendliche Bäume per Bildungsgesetzen definierbar sein müssen, um unendliche, nicht nach einer beschränkten Anzahl von Schritten in einem Stopverhalten mündende, Verhalten beschreiben zu können.

In Def. 2.3 werden Begriffe zur Kennzeichnung besonderer Baum- bzw. Verhaltensformen eingeführt.

Def. 2.3

Gegeben sei eine Schnittstelle E_i und ein Baum V, dessen Kanten mit Elementen von E_i gefärbt sind.

Gehen von der Wurzel von V keine Kanten aus, so heißt V **Stopverhalten.**

Ist bei allen Knoten von V die Anzahl der davon ausgehenden Kanten endlich, so heißt V **endlich verzweigt**.

Besitzt V nur eine endliche Menge von Knoten und Kanten, so heißt V **endlich**, andernfalls **unendlich**.

Ist V unendlich, enthält aber dennoch Kantenfolgen endlicher Länge, die ausgehend von der Wurzel ein Blatt erreichen, so heißt V **gemischt**.

Besitzen in V zusammenhängende Folgen mit ε_i beschrifteter Kanten immer eine endliche Länge, so heißt V **spontan-beschränkt**.

Für die Analyse von Kommunikationsprotokollen sind insbesondere endlich verzweigte aber unendliche Verhalten von Interesse. In jedem Momentanzustand kann der nächste Verhaltenschritt immer nur aus einer endlichen Anzahl von Verzweigungen gewählt werden. Eine Instanz ist als nicht-terminierender Prozeß ausgelegt, der unter normalen Betriebsumständen zyklisch immer wiederholend dieselben Funktionen erfüllt. Bei besonderen Umständen kann der Abbruch des Prozesses vorgesehen sein, so daß sich ein gemischtes Verhalten ergibt. Die Spontan-Beschränktheit verbietet es einer Instanz, in unendlicher Anzahl aufeinanderfolgende spontane Zustandsübergänge auszuführen.

Abschließend soll auf die Aspekte des Auswahl-Indeterminismus und der Spontanübergänge näher eingegangen werden.

Das im Beispiel von Bild 2.3 gezeigte Kommunikationsverhalten ist deterministisch. Das momentane Verhalten wird eindeutig durch die Folge der bisher an der Schnittstelle E_i aufgetretenen Ereignisse bestimmt. Es sollen jedoch auch Kommunikationsverhalten berücksichtigt werden, bei denen dies nicht der Fall ist. In der formalen Darstellung ist die Möglichkeit hierzu gegeben. Von einem Knoten können mehrere verschiedene, aber mit demselben Ereignistyp beschriftete Kanten ausgehen, d.h. das entsprechende Verhalten enthält Schritte mit demselben Schalter aber unterschiedlichen Folgeverhalten. Die soll als Auswahl-Indeterminismus interpretiert werden. Mit dem Auftreten eines Ereignisses, dessen Typ einem nicht-eindeutigen Schalter entspricht, soll die Instanz einen beliebigen der entsprechenden Verhaltensschritte in zufälliger Weise zur unwiderruflichen Durchführung auswählen.

Die Einführung des Auswahl-Indeterminismus hat folgenden Zweck. Im Modell eines Systems will man oft bestimmte detaillierte Abläufe von Instanzen verdecken. Sind die verdeckten Abläufe in ihren Auswirkungen nicht in sich geschlossen, sondern können sie auch das modellierte Verhalten beeinflussen, dann ergibt sich ein indeterministisches Instanzenverhalten.

Demselben Zweck dient auch die Einführung von sogenannten Spontanübergängen. Die Auswirkungen verdeckter Abläufe können sich auch darin äußern, daß die Instanz plötzlich und unvermittelt einen Verhaltensschritt ausführt.

Auch wenn ein Spontanübergang in der Realität auf alleinige Initiative einer Instanz ohne Beteiligung sonstiger Systemkomponenten stattfindet, wird er in unserem Systemmodell als explizite Wechselwirkung der Instanz mit ihrer Umwelt dargestellt. Er kann die Bereitmenge ändern und somit die Kopplung beeinflussen. Zur Modellierung von Spontanübergängen dient die in Kap. 2.3.1 getroffene Unterscheidung zwischen Interaktionsereignissen und Spontanereignissen, denen ein ausgezeichneter Ereignistyp ε_i zugeordnet ist. Ein Spontanübergang ist ein Verhaltensschritt mit ε_i als Schalter. Im später vorzustellenden Konzept des Systemablaufs wird der besondere Charakter von Spontanereignissen berücksichtigt.

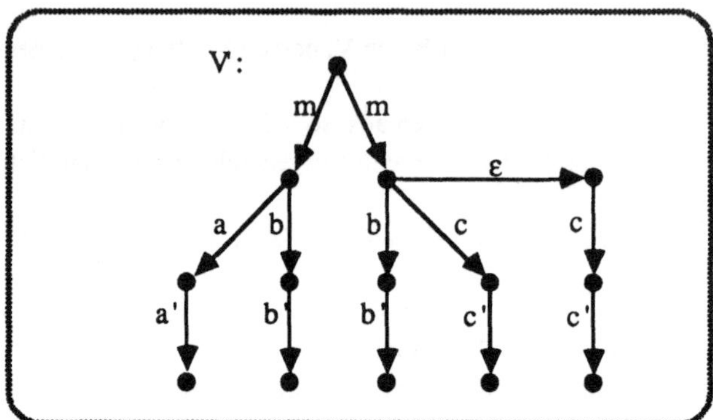

Bild 2.4: Auswahl-indeterministisches Kommunikationsverhalten mit Spontanübergang - Beispiel

Bild 2.4 zeigt ein Beispiel eines Auswahl-indeterministischen Kommunikationsverhaltens mit Spontanübergang. Es kann - wie das vorige Beispiel aus Bild 2.3 - als Verhalten eines Warenautomaten mit den Interaktionen Geldtransfer, Warenwunsch-Mitteilung und Waren-Transfer interpretiert werden. Ein entsprechender Warenautomat müßte diesesmal jedoch als 'etwas eigenwillig' bezeichnet werden. Mit dem Geldtransfer entscheidet der Automat selbständig, ob er dem Kunden die Möglichkeit zur Wahl der Warentypen a und b oder der Typen b und c geben will. Diese Entscheidung kann vom Kunden nicht beeinflußt werden. Unmittelbar nach dem Geldtransfer ist ferner ein Spontanübergang möglich, der Automat kann unvermittelt in ein Verhalten übergehen, bei dem er dem Kunden nur noch die Möglichkeit zur Wahl einer Ware vom Typ c anbietet.

Im folgenden soll generell von spontan-beschränkten Verhalten ausgegangen werden. Damit werden Verhalten von der funktionellen Betrachtung ausgeschlossen, die unendlich viele Spontanschritte hintereinander ausführen können. Dann kann die Ausführungszeit für einzelne Spontanübergänge nicht mehr vernachlässigt werden und die Systembetrachtung muß zusätzlich Leistungsaspekte berücksichtigen.

Es werden zwar z.B. bei der Analyse von Kommunikationsprotokollen verteilter Systeme oft Verhalten ermittelt, die nicht spontan-beschränkt sind. Wenn indeterministisch auftretende Fehler von Kommunikationssubsystemen durch Wiederholung behoben werden sollen, entsteht bei Verdeckung der einzelnen Wiederholungsversuche ein nicht spontan-beschränktes Verhalten. Die von der Anwendung her wesentliche Eigenschaft des Verhaltens, nämlich daß eine bestimmte Funktion in endlicher Zeit erfolgreich ausgeführt wird, kann aber von einer rein funktionellen Betrachtung ausgehend nicht nachgewiesen werden. Es müssen die betroffenen Abläufe auch unter Leistungsaspekten näher untersucht werden, und davon ausgehend ist ein spontan-beschränktes Verhalten zur weitergehenden funktionellen Analyse zu bestimmen.

2.3.3 Verhaltensgleichheit

Die in Kap. 2.3.2 besprochene Darstellung von Verhalten durch Bäume läßt zu, daß formal unterschiedliche Verhalten vereinbart werden können, die jedoch in der angestrebten abstrakten Sicht als gleich angesehen werden können und sollen. Die im folgenden hierzu eingeführte Relation der Verhaltensgleichheit entspricht einer Vergröberung der Testing Equivalence nach de Nicola [88]. Der zugrundeliegende Experiment-Begriff orientiert sich ebenfalls an [82,90].

Zur Einleitung soll das in Bild 2.3 gezeigte Verhalten V mit dem in Bild 2.5 gezeigten Verhalten V" verglichen werden. Beide Verhalten sind im Aufbau unterschiedlich. V enthält z.B. einen Verhaltensschritt und V" zwei. Vergleicht man beide Verhalten schrittweise, werden mit im Typ entsprechenden Folgen von Interaktionsereignissen immer Verhalten erreicht, deren Bereitmengen dieselben Interaktionsereignistypen enthalten und damit eine Fortsetzung der beiden Folgen mit einem Interaktionsereignis gleichen Typs zulassen. Wenn man Spontanereignisse verdeckt, sind V und V" auswechselbar, ohne daß die Vertauschung an der Schnittstelle bemerkbar wird.

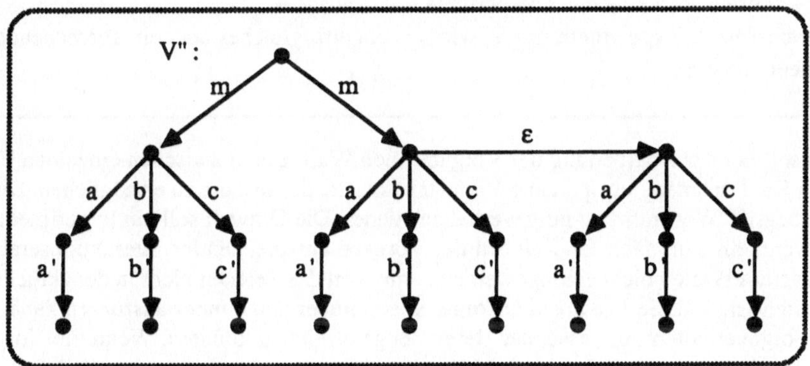

Bild 2.5: Verhaltensgleiches Kommunikationsverhalten zu Bild 2.3

Interpretiert man auch V" als Verhalten eines Warenautomaten, dann kann ein Kunde, dem sowohl ein Warenautomat mit dem Verhalten V als auch einer mit dem Verhalten V" zugänglich sind, nie Anhaltspunkte dafür gewinnen, daß beide Automaten unterschiedlich sind. Er wird bei beiden Automaten nach dem Geldtransfer immer die Möglichkeit besitzen, zwischen drei Warentypen zu wählen, und anschließend immer die gewählte Ware entgegennehmen können.

Ausgehend von diesen Überlegungen erklärt Def. 2.4 den Begriff Experiment als Relation in der Menge der Paare von Wörten aus der auf Interaktionsereignistypen beschränkten Schnittstelle eines Verhaltens. Das erste Wort eines Experiments hat den Charakter einer Vorgabe oder eines Testmusters. Wir nehmen an, daß eine Umwelt unmittelbar nach dem Systemstart an der Schnittstelle der Instanz Ereignisse erzeugen will, die in Reihenfolge und Typ der Vorgabe entsprechen. Das zweite Wort kann als Ergebnis des Experiments bezeichnet werden. Es enthält die Typen der tatsächlich bei dem Experiment aufgetretenen Ereignisse in ihrer zeitlichen Reihenfolge und entspricht immer einer Anfangsteilfolge der Vorgabe.

Def. 2.4

Gegeben sei eine Schnittstelle E_i und ein spontan-beschränkter Baum V, dessen Kanten mit Elementen von E_i gefärbt sind. E_i^- sei die Menge aller Interaktionsereignistypen von E_i.
w und u bezeichnen ein Wort über E_i^-, z ein Element aus E_i^- und wzu das durch Konkatenation aus w z und u entstehende Wort.
w **führt zu** einem Folgeverhalten U, wenn ein Teilbaum U von V und eine Kantenfolge in V so existieren,

daß die Kantenfolge von der Wurzel von V zur Wurzel von U führt,
und daß die Beschriftung der Kanten der Folge in ihrer Reihenfolge w entspricht, wobei die Kantenfolge zusätzlich jedoch mit ε_i beschriftete Kanten an beliebigen Stellen enthalten darf.

Ein Wortpaar (w, w) heißt **erfolgreiches** Experiment mit V, wenn in V ein Teilbaum U so existiert, daß w zum Folgeverhalten U führt.
Ein Wortpaar (wzu, w) heißt **abbrechendes** Experiment mit V, wenn in V ein Teilbaum U so existiert, daß w zum Folgeverhalten U führt, und daß von der Wurzel von U weder eine mit ε_i beschriftete noch eine mit z beschriftete Kante ausgeht.
Ein Wortpaar heißt **Experiment** mit V, wenn es ein erfolgreiches oder ein abbrechendes Experiment mit V ist.

Die Umwelt soll bei der Abarbeitung der Vorgabe auch Wartezeiten zwischen einzelnen Ereigniserzeugungen in Kauf nehmen, um spontane Verhaltensschritte der Instanz zu ermöglichen. Dies schlägt sich im Hilfsbegriff 'Wort führt zu Folgeverhalten' nieder. Die Umwelt soll ein Experiment nur dann abbrechen, wenn ein dem nächsten Zeichen der Vorgabe entsprechendes Interaktionsereignis auch nach geduldigstem Warten nicht erzeugt werden kann, weil das Zeichen nicht in der aktuellen Bereitmenge enthalten ist, und die Instanz auch keine Spontanübergänge mehr ausführen kann, die unter Umständen Folgeverhalten mit passender Bereitmenge erreichen könnten. Wenn die Vorgabe ganz abgearbeitet werden kann, sind Vorgabe und Ergebnis identisch, das Experiment ist erfolgreich. Andernfalls heißt es abbrechend.

Der Begriff Experiment ist als Relation über Vorgabe-Ergebnis-Paaren und nicht als Funktion definiert, die Vorgaben auf Ergebnisse abbildet. Dies ist deshalb notwendig, weil Auswahl-indeterministische Verhalten mit Spontanübergängen durch die Experimente getestet werden. Dieselbe Vorgabe kann bei unterschiedlichen Versuchen zu verschiedenen Ergebnissen führen. Die Relation soll zu allen Vorgaben alle möglichen Ergebnisse umfassen und so ein Verhalten in der gewünschten abstrakten Sicht vollständig beschreiben.

Damit kann die Verhaltensgleichheit, wie in Def. 2.5 erklärt, auf die Identität der Experimentmengen zurückgeführt werden.

Def. 2.5

Gegeben seien zwei spontan-beschränkte Kommunikationsverhalten V und U.
Die beiden Verhalten V und U heißen **verhaltensgleich** (geschrieben $V \approx U$), wenn alle Experimente mit V auch Experimente mit U sind und umgekehrt.

Bild 2.6 enthält zur Verdeutlichung noch drei weitere Beispiele von Kommunikationsverhalten. Sie enthalten spontane Verhaltensschritte.

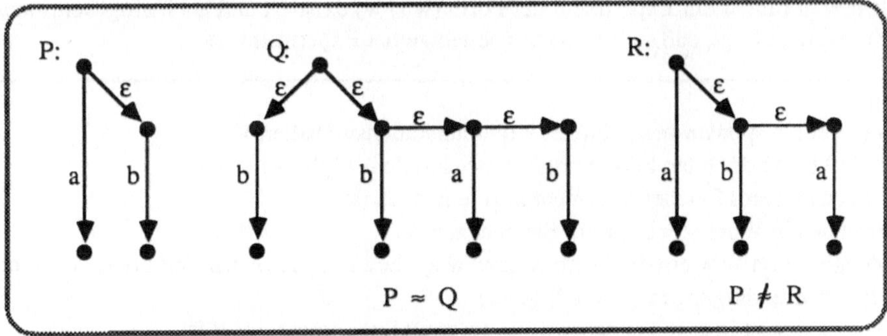

Bild 2.6: Beispiele zur Verhaltensgleichheit

Bild 2.7 enthält eine Tabelle von Experimenten zu den in den Bildern 2.3, 2.4, 2.5 und 2.6 definierten Verhalten V, V', V", P, Q und R. Das Verhalten V' ermöglicht z.B. für die Vorgabe m c c' zwei Ergebnisse. Das Ergebnis m kann auftreten, wenn mit dem Ereignis m der linke Pfad indeterministisch gewählt wurde. Das Ergebnis m c c' kann auftreten, wenn mit m der rechte Pfad gewählt wurde. Bei den Verhalten P und Q kann zur Vorgabe b ein leeres Ergebnis ε nicht auftreten, wohl aber zur Vorgabe a, da durch spontane Verhaltensschritte Folgeverhalten erreicht werden können, die keine Möglichkeit zur Annahme eines Ereignisses des Typs a mehr offenlassen. Beim Verhalten R sind diese Gegebenheiten bezüglich a und b vertauscht vorhanden.

V, V"	*V'*	*P, Q*	*R*
(m a a', m a a')	(m a a', m a a')	(a, a)	(a,a)
	(m a a', m)	(a, ε)	
(m b b',m b b')	(m b b',m b b')	(b, b)	(b,b)
	(m b b', m)		(b,ε)
(m c c', m c c')	(m c c', m c c')		
	(m c c', m)		

Bild 2.7: Tabelle mit Experimenten

2.3.4 Sprache

Ein spontan-beschränktes Kommunikationsverhalten wird in der abstrakten Sicht durch die Menge der mit ihm möglichen Experimente, d.h. durch eine Menge von Wortpaaren charakterisiert. Im folgenden soll anstatt der Experimentmenge eine einfachere Struktur, nämlich eine Menge von Wörtern, d.h. eine Sprache, zur Charakterisierung von Verhalten benutzt werden. Durch die Sprache soll die Menge von Experimenten bestimmt sein und umgekehrt, so daß zwei Verhalten genau dann verhaltensgleich sind, wenn sie dieselbe Sprache besitzen.

Zur Vereinfachung soll angenommen werden, daß das Alphabet des Verhaltens bekannt ist. Damit brauchen Experimente mit alphabetfremden Zeichen in der Vorgabe nicht berücksichtigt werden. Jede Vorgabe führt mit dem Auftreten des ersten alphabetfremden Zeichens zum Abbruch eines Experiments. Auch von Experimenten der Form (w z u, w) mit nichtleerem Folgewort u soll abgesehen werden, da hierzu immer ein Experiment der Form (w z, w) existiert und auch umgekehrt aus einem (w z, w)-Experiment folgt, daß (w z u, w) mit beliebigem u Experiment ist.

Def. 2.6

Gegeben sei ein spontan-beschränktes Kommunikationsverhalten V.
A^- sei die Menge der Interaktionsereignistypen aus dem Alphabet von V.
ω sei ein besonderes Zeichen, das nicht in A^- enthalten ist.
w bezeichne ein Wort über A^-, z ein Element aus A^-.
Die Menge L von Wörtern der Form w bzw. w z ω heißt **Sprache** des Verhaltens V, wenn die folgenden Bedingungen 1) und 2) gelten.

1) w z ω ist in L genau dann, wenn (w z, w) Experiment mit V ist.
2) w ist in L genau dann, wenn (w, w) Experiment mit V ist.

Hiermit leistet die in Def. 2.6 erklärte Sprache eines Verhaltens die gewünschte Charakterisierung. Zur Unterscheidung zwischen erfolgreichen und abbrechenden Experimenten wird ein besonderes Zeichen ω eingeführt. Die Sprache enthält 'abbrechende' Wörter, die mit ω enden, und 'erfolgreiche', in denen ω nicht vorkommt. Ein erfolgreiches Wort w besagt, daß (w,w) Experiment ist, ein abbrechendes Wort w z ω, daß (w z, w) Experiment ist.

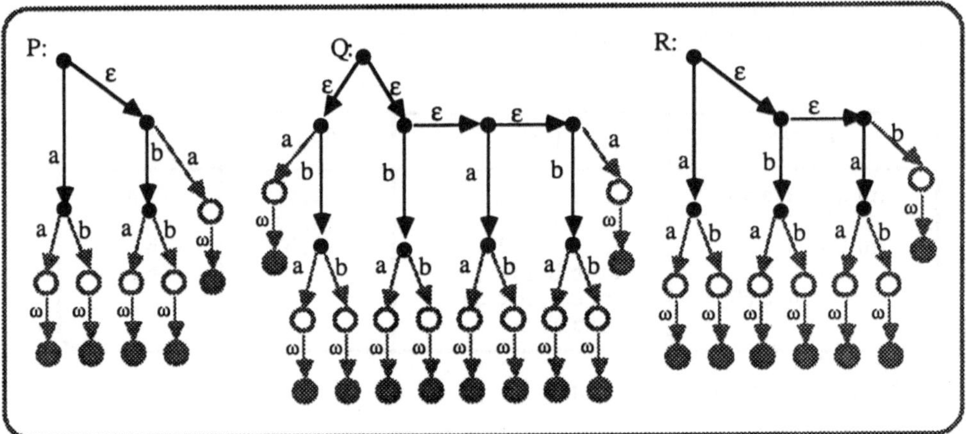

Bild 2.8: Beispiele zur Baum-Vervollständigung

Zur weitergehenden Erläuterung sei folgende Vervollständigung eines Baums V angenommen. Sie entsteht durch Schwarz- bzw. Weiß-Färben von Knoten und durch Einfügen zusätzlicher Knoten und Kanten. Alle Knoten des ursprünglichen Baums werden schwarz eingefärbt. Ferner werden an alle Knoten, von denen keine ε_i-Kanten ausgehen, Abbrechkanten für diejenigen Interaktionsereignistypen des Alphabets angehängt, für die noch keine damit beschriftete Kante vom Knoten ausgeht. Eine Abrechkante wird mit dem entsprechenden Interaktionsereignistyp beschriftet und führt zu einem neuen weißen Knoten, von dem seinerseits genau eine, mit ω beschriftete Kante auf ein ebenfalls neu eingeführtes schwarzes Blatt ausgeht.

Die Menge aller Wörter w über den Interaktionsereignistypen des Alphabets von V, die nach Def. 2.4 ausgehend von der Wurzel von V zu einem Teilbaum mit schwarzer Wurzel führen, ist nun genau die

Sprache von V. Bild 2.8 zeigt hierzu die Vervollständigungen der Beispiele nach Bild 2.6. Neue Kanten und Knoten sind schraffiert gezeichnet.

2.3.5 Akzeptor

Bei der Vereinfachung von Verhaltensdefinitionen und beim Ersetzen von Instanzen durch andere stellt sich das wesentliche Problem, die Verhaltensgleichheit syntaktisch unterschiedlicher Verhalten zu entscheiden. Der eingeführte Ansatz der Beschreibung eines Verhaltens durch seine Sprache erlaubt es bei einer wichtigen Klasse von Verhalten, nämlich den regulären spontan-beschränkten, hierzu die bekannten Algorithmen zur Minimisierung deterministischer endlicher Automaten einzusetzen.

Unter einem regulären spontan-beschränkten Verhalten wird ein Verhalten verstanden, das durch einen endlichen indeterministischen Automaten mit ε-Übergängen aber ohne ε-Zyklen als Bildungsgesetz definiert werden kann (vgl. z.B. [17,41,55,104]). Der Automat ist über einem Alphabet und einer endlichen Menge von Zuständen und Übergängen sowie einem Startzustand definiert. Ein Übergang ist eine mit einem Zeichen des Alphabets gefärbte gerichtete Kante zwischen zwei Zuständen, also ein Tripel (s, z, s'). Der Startzustand ist ein ausgezeichneter Zustand.

Der vom Automaten beschriebene Baum kann aufgrund von Zyklen im Automaten unendlich sein. Er enthält aber nur Teilbäume, die einem Zustand des Automaten entsprechen. Der ganze Baum entspricht dem Startzustand. Von der Wurzel eines einem Zustand s entsprechenden Teilbaums geht genau je Übergang (s, z, s') eine mit z beschriftete Kante zu einem s' entsprechenden Unterbaum aus.

Wenn man nun anstatt des Baums bereits den Automaten nach dem Konzept von Kap. 2.3.4 vervollständigt, beschreibt er nach demselben Bildungsgesetz den vervollständigten Baum des Verhaltens. Als Akzeptor akzeptiert der vervollständigte Automat genau die Sprache des vom ursprünglichen Automaten beschriebenen Verhaltens. Ausgehend vom Startzustand führen gerade Übergangsfolgen, die den Wörtern der Sprache entsprechen, zu einem Finalzustand.

Def. 2.7

Gegeben sei ein indeterministischer endlicher Automat M mit dem Alphabet A, der Zustandsmenge S, der Menge von Übergängen D, und dem Startzustand s_0.
A kann ein Leerzeichen ε_i zur Kennzeichnung von Spontanübergängen enthalten.
ω sei ein besonderes Zeichen, das nicht in A enthalten ist.
x und t seien nicht in Z enthalten.
M^+ sei ein Akzeptor mit dem Alphabet $A \cup \{\omega\}$, der Zustandsmenge $S \cup \{x, t\}$, der Menge von Übergängen D^+, dem Startzustand z_0 und der Menge möglicher Finalzustände $S \cup \{t\}$.
D^+ enthält alle Übergänge aus D, zusätzlich einen Übergang (x, ω, t) und je Paar (s, z), für das in D weder ein Übergang (s, ε_i, s') noch ein Übergang (s, z, s") existieren, einen Übergang (s, z, x).
M^+ heißt der **Akzeptor** zu M.

Def. 2.7 definiert den Akzeptor eines regulären spontan-beschränkten Verhaltens als derartige Vervollständigung eines Automaten. Der Akzeptor akzeptiert genau die Sprache des Verhaltens. Er kann mithilfe der Teilmengenkonstruktion nach Myhill-Büchi in einen äquivalenten deterministischen endlichen Akzeptor ohne Spontanübergänge überführt werden (siehe z.B. [31]) und die bekannten Minimisierungsalgorithmen können zur Reduktion und zur Entscheidung der Äquivalenz eingesetzt werden.

Es muß allerdings angemerkt werden, daß der Aufwand der Teilmengenkonstruktion exponentiell mit der Anzahl n der Zustände wachsen kann, und daß sich für den ermittelten deterministischen Akzeptor im schlimmsten Fall 2^n Zustände ergeben können. Bei praxisrelevanten Verhalten muß aber erfahrungsgemäß nur ungefähr mit einer Verdopplung gerechnet werden.

Bild 2.9 enthält abschließend ein Beispiel.

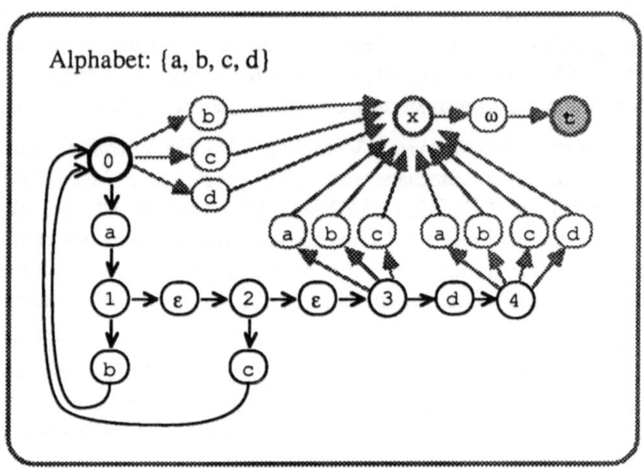

Bild 2.9: Beispiel zu regulärem Verhalten und Akzeptor

Das Diagramm zeigt in den nicht-schraffierten Teilen einen indeterministischen Automaten. Die Kreise kennzeichnen Zustände, die Ovale die Beschriftung einer Kante mit einem Zeichen. Eine Kante ist als Folge zweier Pfeile zwischen zwei Zuständen dargestellt, die über ein Oval führt. Der Startzustand ist fett umrandet.

Die schraffierten Teile des Diagramms zeigen die zusätzlichen Elemente des Akzeptors. Finalzustände sind t und die Zustände des ursprünglichen Automaten.

2.4 Kopplung

Ein System soll im Modell genau eine Kopplungskomponente enthalten, über die alle Wechselwirkungen zwischen den Instanzen stattfinden. In diesem Abschnitt soll die Funktion einer solchen Kopplungskomponenten allgemein erklärt werden. Die Darstellung beschränkt sich dabei auf die Abwicklung echter Interaktionen zwischen Instanzen, d.h. auf die Erzeugung von Interaktionsereignissen durch die Kopplung. Die Erzeugung von Spontanereignissen und die System-Schnittstelle offener Systeme werden im nachfolgenden Abschnitt 'Systemablauf' erklärt.

Die Funktionsweise von Kopplungen folgt üblicherweise einem der beiden Grundprinzipien Übertragung oder Übereinkunft. Das Verständnis beider Prinzipien ist wesentlich für die Einordnung der wichtigsten bekannten Spezifikationstechniken.

Def. 2.8 erklärt eine Kopplung sehr allgemein anhand formaler Randbedingungen. Die Kopplung soll die Instanzen bei Systemablauf beobachten und dabei die momentanen Bereitmengen der Instanzen zur Kenntnis nehmen, sowie in Abhängigkeit hierzu Interaktionsereignisse an den Schnittstellen der

Instanzen generieren. Die Funktion zeigt sich in zeitlich aufeinanderfolgenden Schritten. Jedem Schritt ist die Erzeugung einer Ereignismenge zugeordnet. Die Menge möglicher Schritte wird in Form einer Relation beschrieben. Jedes Tupel definiert eine Klasse solcher Schritte. Bei Systemablauf kann jedem auftretenden Kopplungsschritt genau ein solches Tupel als angewendete Vorschrift zugeordnet werden. Die Kopplung soll die Schaltermenge auch in Abhängigkeit zu vergangenen Kopplungsschritten bestimmen können. Die Kopplung kann deshalb ein Gedächtnis besitzen. Es wird als Menge von Kopplungszuständen S_K modelliert. Bei der Bestimmung der Schaltermenge kann die Kopplung auch ihren momentanen Kopplungszustand berücksichtigen und ihn mit jedem Schritt verändern.

Def. 2.8

Gegeben seien eine Menge von Kommunikationsereignistypen E und eine Menge sogenannter Kopplungszustände S_K.

2^{E-} bezeichne die Menge aller nichtleeren Teilmengen von E.

K sei eine Menge von Tupeln aus $2^{E-} \times S_K \times 2^{E-} \times S_K$.

K heißt **Kopplung** über E, wenn für alle Tupel t = (bm, s, sm, s') aus K beide folgenden Bedingungen 1) und 2) gelten.

1) sm ist eine Teilmenge von bm.
2) bm enthält keinen Spontanereignistyp.

Die Komponente bm heißt **Bereitmenge**, die Komponente s **Kopplungszustand**, die Komponente sm **Schaltermenge** und die Komponente s' **Kopplungsfolgezustand**.

Das Paar (bm, s) aus den ersten beiden Komponenten eines Tupels heißt **Eingang**, das Paar (sm, s') **Ausgang**.

Eine Kopplung wird als Menge von Tupeln aus vier Komponenten, der Bereitmenge bm, dem Kopplungszustand s, der Schaltermenge sm und dem Kopplungsfolgezustand s' erklärt. Ein Tupel kann in zwei Paare, den Eingang eines Schritts (bm,s) und den Ausgang (sm, s'), gegliedert werden. Der Eingang kennzeichnet eine aktuelle Situation, der Ausgang eine hierfür mögliche Reaktion der Kopplung. Der Eingang eines Tupels trifft auf einen aktuellen Zeitpunkt des Systemablaufs zu, wenn bm eine Teilmenge der Vereinigung aller aktuellen Bereitmengen der Instanzen des Systems ist und s der aktuelle Zustand der Kopplung ist. Liegen zu einem Zeitpunkt Tupel mit zutreffendem Eingang vor, so muß die Kopplung in Entsprechung zum Ausgang eines solchen Tupels reagieren. Sie erzeugt je Element von sm ein typ-entsprechendes Ereignis und nimmt den Folgezustand s' ein.

Die Kopplung kann nicht als Funktion, die Eingänge auf Ausgänge abbildet, definiert werden. Wie einzelne Instanzen soll sich auch die Kopplung indeterministisch verhalten können. Es können verschiedene Eingänge für denselben Zeitpunkt eines Systemablaufs zutreffen, wenn sie denselben Kopplungszustand enthalten. Je Eingang können ferner mehrere Ausgänge möglich sein. Die Auswahl aus diesen unterschiedlichen Möglichkeiten für den nächsten Schritt soll von der Kopplung zufällig getroffen werden. Dieser Indeterminismus dient der Modellierung der Nebenläufigkeit der Instanzen realer Systeme. Der dort zueinander unsynchronisierte Ablauf der einzelnen Instanzen äußert sich in einer zufälligen Beeinflussung der Folge der bei Systemablauf auftretenden Kommunikationsaktionen.

Def. 2.8 enthält zwei Bedingungen. Die erste Bedingung stellt sicher, daß nur Ereignisse solcher Typen von der Kopplung erzeugt werden, für die auch von einer Instanz aus die Bereitschaft zur Annahme besteht. Die zweite Bedingung beschränkt die Ereigniserzeugung auf Interaktionsereignisse.

Die Behandlung einzelner Interaktionen zwischen Instanzen geht aus der allgemeinen Definition Def. 2.8 noch nicht hervor. Hierzu sollen zunächst nur zwei Anforderungen angesprochen werden:

- Autonomie-Verbot,
- Interpretationsverbot.

Die Funktion der Kopplung soll dienstleistend sein. Die Aktionen der Kopplung sollen in einem gewissen Rahmen von den Nutzern, den Instanzen, initiiert und von den jeweiligen Initiatoren in ihren Auswirkungen vorhersehbar sein. Die Kopplung darf deshalb nicht in Eigeninitiative handeln und die für den Kommunikationspartner bestimmte Information nicht interpretieren.

Bei der Synthese von Systemen wird aus Instanzen mit bekannten Verhalten ein System mit gewünschten Eigenschaften kombiniert. Die Kopplung verknüpft die Verhalten der Bausteine. Sie sollte dies in einer Weise durchführen, welche die Aufgabe der Synthese erleichtert. Umgekehrt wird ebenfalls die Analyse eines Systems unterstützt, wenn die Prinzipien der Kopplung leicht verständlich und der Systembildung angepaßt sind. Hieraus lassen sich folgende weitere Anforderungen an ein Kopplungskonzept ableiten:

- Problem-Adäquatheit,
- Zusammensetzbarkeit,
- Einfach definierbar.

Das Kopplungskonzept soll sich am praktischen Verständnis grundlegender Kommunikationsaktionen zwischen funktionstragenden Bausteinen realer Systeme orientieren. Ferner soll eine Strukturierung der Kopplung eines Systems in einer Form möglich sein, die seiteneffektfreie und unabhängige Betrachtungseinheiten überall dort zuläßt, wo auch in der logischen Struktur des Systems unabhängige Teile auftreten. Die Definition einer Kopplung sollte weiterhin durch wenige einfache Bildungsgesetze erfolgen können.

Im folgenden wird auf die beiden Prinzipien Übereinkunft und Übertragung eingegangen.

2.4.1 Übereinkunft-Prinzip

Das Übereinkunft-Prinzip geht aus einer abstrakten, zweck-orientierten Sicht der Kommunikation hervor. Jede Form von Kommunikation führt aus logischer Sicht eine Übereinstimmung zwischen Partnern über eine gewisse Menge von Information herbei. Das Prinzip geht dabei von einer symmetrischen Verteilung der Rollen zwischen den beteiligten Partnern aus.

Eine Kommunikationsaktion wirkt sich in zwei Weisen aus. Sie führt zur Synchronisation der beteiligten Instanzen, d.h. es entsteht eine zeitliche Abstimmung ihres Fortschritts. Ferner beeinflußt sie die von einer Instanz im Verbund mit der Aktion getroffene Auswahl des nächsten Verhaltensschritts.

Die Symmetrie-Eigenschaft bedingt ein symmetrisches Synchronisationskonzept. Es ist allgemein unter der Bezeichnung 'Rendez-Vous-Synchronisation' bekannt [50]. Es erfordert, daß es zu einer Kommunikationsaktion mindestens einen gemeinsamen Zeitpunkt gibt, an dem alle betroffenen Partner mit der Aktion befaßt sind. Partner müssen unter Umständen warten, bis ein solcher Zeitpunkt entsteht.

Auch die Beeinflussung der Wahl des nächsten Verhaltensschritts ist symmetrisch. Jedes der beteiligten Verhalten kann eine Entscheidung über das zukünftige Verhalten in Abhängigkeit zum Typ der nächsten Kommunikationsaktion treffen.

Der allgemeine Synchronisationszeitpunkt und die Zeitpunkte der Entscheidung der Instanzen über ihr zukünftiges Verhalten können im Modell zu einem Zeitpunkt zusammengefaßt werden. Eine Kommunikationsaktion wird in einem einzigen Kopplungsschritt abgewickelt. Deshalb kann auf die Speicher-Eigenschaft der Kopplung verzichtet werden.

Um die Betrachtung zu vereinfachen, wird im folgenden davon ausgegangen, daß immer nur zwei Partner an einer Aktion beteiligt sind (Zwei-Partner-Kommunikation). Die folgenden Festlegungen können aber auch auf Mehr-Partner-Kommunikation verallgemeinert werden.

Def. 2.9

Gegeben sei eine Kopplung K über einer Ereignistypmenge E.
Die Menge der Kopplungszustände S_K von K enthalte ein einziges Element '/'.
Gegeben sei eine Menge P sogenannter Ports, P enthalte das Zeichen ε nicht.
Gegeben sei eine Menge N sogenannter Instanzen-Adressen.
Die Ereignistypmenge E enthalte Paare (p,i) aus $(P \cup \{\varepsilon\}) \times N$. Hierbei entspreche die Menge aller Paare (p,i) einer Schnittstelle E_i mit dem Spontanereignistyp $\varepsilon_i = (\varepsilon, i)$.
Es gilt folgende Bedingung:

Für jede Kombination (i_1, i_2) mit $i_1 \neq i_2$ und i_1, i_2 in N und jedes p aus P existiert genau ein Tupel der Form

$$(\{(p, i_1), (p, i_2)\}, /, \{(p, i_1), (p, i_2)\}, /).$$

Eine solche Kopplung K heißt **Übereinkunft-Kopplung.**

Def. 2.9 erklärt den Begriff einer Übereinkunft-Kopplung in dem durch Def. 2.8 gegebenen Rahmen. Sie enthält zusätzliche Bedingungen zur Struktur der Menge von Kommunikationsereignistypen und gibt eine Bedingung für die Tupel der Kopplungsrelation an.

Die Struktur der Ereignistypmenge ist über Ports und Instanzen-Adressen definiert. Eine Instanz beeinflußt die Auswahl ihres nächsten Verhaltensschritts nur aus der Kenntnis des Ports einer Interaktion. Die Identität des Partners bleibt ihr verborgen. Sie ist aber - zur Definition der Kopplung und um die Disjunktheit der verschiedenen Instanzen-Schnittstellen sicherzustellen - in Form einer Instanzen-Adresse ebenfalls Bestandteil eines Ereignistyps. Weiterhin verzichtet die Kopplung als Besonderheit auf relevante Kopplungszustände.

Die Vorschrift zur Bildung der Tupel einer Kopplung sieht vor, daß eine Kommunikationsaktion atomar, d.h. mit einem einzigen Schritt der Kopplung, durchgeführt wird. Eine bestimmte Aktion kann immer dann erfolgen, wenn beide Partner hierzu bereit sind. Dies geht aus der Belegung der Bereitmengen hervor, sie enthalten immer je zwei korrespondierende Ereignistypen. Die hierzu identischen Schaltermengen führen zur atomaren Durchführung einer entsprechenden Interaktion.

Hauptargument gegen die Verwendung dieses Kopplungsmodells ist, daß es den Kopplungen realer Systeme zu fern steht. Reale Systeme sehen aus Effizienzgründen zur Synchronisation oft schwächere, unsymmetrische Mechanismen als die sehr strenge Form des Rendez-Vous vor. Datenaustausch erfolgt ebenfalls in einer unsymmetrischen Form und muß im Übereinkunft-Modell unter Vereinbarung zusätzlicher Konventionen dargestellt werden.

Hauptargument für den Einsatz des Übereinkunft-Modells ist, daß die bei realen Systemen verwendeten Kopplungen in ihrer genauen Funktionalität oft so wesentlich voneinander abweichen, daß kein allgemeines Modell dafür gefunden werden kann. Deshalb ist es angebracht, die realen Kopplungen ebenfalls als Instanzen zu modellieren. Die sehr einfache und einprägsame Übereinkunft-Kopplung kann dann vorteilhaft zur Behandlung der Interaktionen zwischen solchen Kopplungsinstanzen und den funktionstragenden Nutzinstanzen eingesetzt werden.

Anmerkung

Die Symmetrie einer Übereinkunft-Kopplung betrifft einerseits die Synchronisation (nämlich nach dem Rendezvous-Konzept) und andererseits die Abstimmung der nächsten Verhaltensschritte der beiden betroffenen Instanzen (nämlich beide Bereitmengen enthalten i.a. mehrere Elemente). Die Fähigkeit zur symmetrischen Abstimmung wird in realen technischen Systemen in der Regel aus Aufwandsgründen nicht benutzt. Interaktionen sind gerichtet im Sinne einer Stimulus-Reaktion-Beziehung. Der stimulierende Partner hat sich im momentanen Zustand für genau einen Typ des nächsten Ereignisses an seiner Schnittstelle entschieden, seine Bereitmenge ist also einelementig (u.U. kommt zusätzlich der Spontanereignistyp ε hinzu). Nur der reagierende Partner besitzt in seinem Momentanzustand eine mehrelementige Bereitmenge, die ihn befähigt, auf unterschiedliche Entscheidungen seiner Umgebung einzugehen. Die in Kap. 2.3.3 eingeführte Relation der Verhaltensgleichheit und der zugrundegelegte Experiment-Begriff sind an diese praktische Einschränkung angepaßt. Ohne diese Einschränkung müßte der Experiment-Begriff so geändert werden, daß als letztes Zeichen der Vorgabe nicht ein einziger Ereignistyp sondern eine Ereignistypmenge genannt wird.

2.4.2 Übertragung-Prinzip

Das Übertragung-Prinzip orientiert sich am Konzept von Senden - Übertragen - Empfangen. Instanzen spielen die Rolle des Senders oder Empfängers von Nachrichten und/oder Signalen. Ein Übertragungsmedium dient der Übermittlung zwischen Sender und Empfänger. Es ist i.a. speichernd, d.h. der Transport von Signalen oder Nachrichten ist zeitbehaftet. Dieses Konzept kann zwar viele Details realer Kommunikationsvorgänge ebenfalls verdecken, hebt aber auf die grundsätzlich vorhandene Dreigliederung einer Kommunikationsaktion ab.

Wie beim Übereinkunft-Modell werden auch hier Instanzen in ihrem zeitlichen Fortschritt synchronisiert, und die Entscheidung der Instanzen über ihr jeweiliges Folgeverhalten kann von der Aktion abhängig sein. Es ist jedoch eine Unsymmetrie gegeben. Es werden im allgemeinen nur die Empfänger einer Nachricht - durch Verzögerung ihres Ablaufs bis zur Verfügbarkeit der Nachricht - synchronisiert. Auch die Beeinflussung des Folgeverhaltens findet nur bei Empfängern statt. Das Senden einer Nachricht ist von der Übertragung und vom Empfang entkoppelt.

Auch beim Übertragung-Prinzip können Formen der Mehr-Parteien-Kommunikation erklärt werden (z.B. Multi-Cast: mehrere als Gruppe adressierte Empfänger; Broad-Cast: implizite Adressierung aller übrigen Instanzen als Empfänger). Im folgenden soll nur der spezielle Fall der Zwei-Parteien-Kommunikation behandelt werden.

Die Modellierung einer Kommunikationsaktion sieht zwei Ereignisse zwischen Instanzen und Kopplung vor. An der Schnittstelle des Senders entsteht als Darstellung des Sendens ein Sendeereignis, an der Schnittstelle des Empfängers als Empfangsaktion ein Empfangsereignis. Eine Kommunikationsaktion insgesamt verbraucht Zeit. Deshalb können die beiden Ereignisse nicht zum selben Zeitpunkt stattfinden und müssen in unterschiedlichen Kopplungsschritten behandelt werden.

Def. 2.10 legt in dem durch Def. 2.8 gegebenen Rahmen den Begriff einer puffernden Kopplung nach dem Übertragung-Modell fest. Der Zusatz 'puffernd' soll zunächst übergangen und erst am Ende des Abschnitts erläutert werden.

Die Strukturierung der Ereignistypen sieht einen Spontanereignistyp je Instanz in Form eines Paars aus Spontankennung und Instanzenadresse vor. Wie bei der Definition der Übereinkunft-Kopplung werden auch hier Instanzen-Adressen zu Definitionszwecken benutzt. Die Interaktionsereignistypen werden durch Tripel dargestellt. Neben Instanzen-Adressen und den sogenannten Nachrichtentypen enthalten sie ein Vorzeichen. Positive Tripel entsprechen einem Empfangsereignis, negative einem Sendeereignis.

Die Übertragung-Kopplung benötigt einen Zustandsraum. Mit den Funktionen Save, In und Delete wird die Eigenschaft zur Speicherung der Anzahl von als in der Kopplung befindlich angenommenen Nachrichten einzelner Typen angesprochen.

Def. 2.10

Gegeben sei eine Kopplung K über einer Ereignistypmenge E.
Die Menge der Kopplungszustände von K sei S_K.
Gegeben sei eine Menge M sogenannter Nachrichtentypen.
Über den Elementen von S_K seien folgende Funktionen definierbar:

Create: $\rightarrow S_K$
Save: $S_K \times M \rightarrow S_K$
Delete: $S_K \times M \rightarrow S_K$
In: $S_K \times M \rightarrow \{ja, nein\}$

Create entspreche einem Zustand, in welchem für alle Nachrichtentypen die Anzahl der Vorkommen auf 0 gesetzt ist. Save erhöhe diese Anzahl für einen Nachrichtentyp, Delete vermindere sie um eins. In teste für einen Nachrichtentyp, ob die aktuelle Anzahl seiner Vorkommen >0 ist.

Create sei der Startzustand der Kopplung K.
Gegeben sei ferner eine Menge N sogenannter Instanzen-Adressen.
Die Ereignistypmenge E enthalte Paare (ε,i) aus $\{\varepsilon\} \times N$. Ferner enthalte sie Tripel (v, m, i) aus $\{+, -\} \times M \times N$. Die Menge aller Tripel (v, m, i) mit dem Paar (ε,i) entspreche einer Schnittstelle E_i mit dem Spontanereignistyp $\varepsilon_i = (\varepsilon,i)$.
Es gelten folgende Bedingungen 1) und 2).

1) Für jedes i in N und jedes m in M und jeden Zustand s in S_K existiert genau ein Tupel der Form
$$(\{(-, m, i)\}, s, \{(-, m, i)\}, Save(s, m)).$$
2) Für jedes i in N und jedes m in M und jeden Zustand s in S_K mit In(s,m) existiert genau ein Tupel der Form
$$(\{(+, m, i)\}, s, \{(+, m, i)\}, Delete(s, m)).$$

Eine solche Kopplung K heißt **puffernde Übertragung-Kopplung**.

Die erste Bedingung entspricht der Abwicklung einer Sendeaktion. Das Senden erfolgt spontan, d.h. nur unter der Bedingung der Bereitschaft einer Instanz zum Senden, ohne Bezugnahme auf den Kopplungszustand oder momentane Gegebenheiten anderer Instanzen kann ein Sendeereignis erzeugt werden. Das Empfangen - ihm ist die zweite Bedingung zugeordnet - sieht dagegen nicht nur die Bereitschaft einer Instanz zum Empfang sondern auch vor, daß ein entsprechender Nachrichtentyp in der Kopplung verfügbar sein muß.

Hauptargument für die Verwendung des Übertragung-Modells ist seine Orientierung an realen Kommunikationsvorgängen. Die häufig eingesetzten speichernden Kopplungsmechanismen finden eine Entsprechung, so daß bei der Modellbildung häufig auf die Einführung zusätzlicher Kopplungsinstanzen verzichtet werden kann. Dies ist aber nur der Fall, wenn die Funktion der tatsächlich eingesetzten Mechanismen zum Modell verträglich ist. Ansonsten muß auch hier eine explizite Modellierung einzelner realer Kopplungen erfolgen. Dann - und dies ist das Hauptargument gegen die Verwendung des Übertragung-Modells - erscheint die Interaktionsform der Übertragung für die Wechselwirkungen zwischen Nutzinstanzen und solchen Kopplungsinstanzen leicht als überladen.

Nach dem Übertragung-Prinzip arbeitende Kopplungen können nach drei Aspekten klassifiziert werden:

- Speicherkapazität,
- Speicherstruktur,
- Speicherdisziplin.

Def. 2.10 geht von einer unendlichen Speicherkapazität aus. Dies kann natürlich von einer realen Kopplung nicht geleistet werden. Man kann, um Realitätsnähe zu erzielen, auch im Modell von einer beschränkten Speicherkapazität ausgehen. Dann muß allerdings die Modellierung der Sendeaktion für den Fall der Kapazitätsüberschreitung verfeinert werden. Dies kann durch Festlegung eines Rückstau-Prinzips oder eines Verlust-Prinzips erfolgen. Rückstau heißt, daß eine Synchronisation des Senders mit der Kopplung eingeführt wird. Der Sender wird verzögert, bis die Kopplung eine neue Nachricht annehmen kann. Verlust würde bedeuten, daß die Sendeaktion aus der Sicht des Senders spontan und erfolgreich verläuft, daß aber ein entsprechender Empfang nicht möglich ist, weil die Kopplung die Nachricht ignoriert hat.

Der Aspekt der Speicherstruktur wird in Def. 2.10 nicht angesprochen. Zur Unterstützung der Zusammensetzbarkeit von Systemen wird der Zustandsraum der Kopplung oft durch einzelne Kanäle gebildet. Die Menge der Nachrichtentypen M besteht aus Paaren, wovon eine Komponente den für die Instanzen relevanten Nutznachrichtentyp angibt, und die zweite eine Identifikation eines Kanals ist. Das Senden und Empfangen in bzw. von unterschiedlichen Kanälen beeinflussen sich gegenseitig nicht.

Zusätzlich zu einer solchen Kanalstruktur wird oft noch eine bestimmte Disziplin zur Auslieferung gespeicherter Nachrichten definiert. Gängig sind die drei Varianten

- Vielfachmenge,
- Schlange,
- Priorisierte Schlange.

Die in Def. 2.10 gezeigte Kopplung besitzt eine reihenfolgeunabhängige Auslieferungsdisziplin. Die Kopplung hat den Charakter einer Vielfachmenge, welche die Anzahl der Exemplare eines Nachrichtentyps speichert. Eine Nachricht gilt mit ihrer Übergabe an die Kopplung - also unmittelbar nach dem Senden - unabhängig von der zeitlichen Einordnung der Übergabe zu der anderer Nachrichten als abholbar.

Insbesondere bei Strukturierung der Kopplung in einzelne Kanäle rückt man von diesem - praktisch nur sehr aufwendig realisierbaren - Konzept ab und modelliert jeden Kanal mit dem Charakter einer Schlange. Je Kanal kann zu einem Zeitpunkt höchstens eine Nachricht abholbar sein. Sie wird nach dem First-In-First-Out-Prinzip ausgewählt.

Die Disziplin der priorisierten Schlange ist eine Erweiterung hiervon. Hier kann entweder beim Senden eine Prioritätsangabe einer Nachricht beigefügt werden, oder die verschiedenen Nachrichtentypen sind statisch mit einer solchen Angabe behaftet. Die Nachrichten werden nun in erster Linie nach diesen Prioritätsangaben in die Schlange eingereiht, nur bei gleichprioren Nachrichten ist das FIFO-Prinzip weiter wirksam.

Zum Abschluß soll die einschränkende Bezeichnung 'puffernd' erläutert werden. Hiermit soll ausgedrückt werden, daß die Kopplung eine Nachricht nicht nur für eine gewisse Zeit speichert, sondern genau bis zu dem Zeitpunkt, an dem eine Empfangsaktion für diese Nachricht durchgeführt wird.

Möglich wäre auch eine nur verzögernde Übertragung. Die Kopplung speichert ebenfalls eine Nachricht für eine gewisse Zeitspanne. Die Zeitspanne ist jedoch nur von kopplungsinternen, nach außen verdeckten Gegebenheiten abhängig und kann vom Empfänger nicht beeinflußt werden. Damit ist der erfolgreiche Ausgang einer Kommunikationsaktion nur dann sichergestellt, wenn ein Empfänger spätestens mit dem Sendezeitpunkt einer Nachricht empfangsbereit ist. Er muß die Bereitschaft fortwährend beibehalten, bis die Empfangsaktion stattgefunden hat. Ansonsten kann die Nachricht verloren gehen.

2.5 Systemablauf

Ziel dieses Abschnitts ist es, die Sicht des Systemablaufs im Modell festzulegen. Dies wird mit den Begriffen System, Systemzustand, Erreichbarkeitsgraph und Ersatzinstanz vorgenommen. Ein System besteht aus einer Menge von Instanzen und der Kopplung. Zu einem Ablaufzeitpunkt nehmen jede Instanz und auch die Kopplung jeweils einen bestimmten Zustand ein. Der momentane Systemzustand ergibt sich als Vektor der einzelnen Komponenten-Zustände. Ein Systemablauf läßt sich als Menge von Systemzuständen mit einer Nachfolger-Relation darstellen. Da bei der Analyse alle möglichen Systemabläufe interessieren, geht sie i.a. vom Erreichbarkeitsgraphen aus, der alle erreichbaren Systemzustände mit ihren Nachfolger-Beziehungen enthält. Die Semantik später erläuterter Spezifikationstechniken soll dadurch definiert werden, daß eine Abbildung von Spezifikationen auf Erreichbarkeitsgraphen angegeben wird.
Bei der Bildung hierarchischer Systeme werden offene Systeme als Subsysteme verwendet. Sie wirken im einbettenden System als Instanz, während sie intern als Verbund aus Instanzen und Kopplung zu betrachten sind. Das Systemverhalten nach außen wird Ersatzinstanz genannt und soll aus der internen Struktur des Systems abgeleitet werden.

2.5.1 Geschlossenes System

Ein geschlossenes System kommunizierender Instanzen besteht aus einer endlichen Menge von Instanzen, die jeweils anhand eines Kommunikationsverhaltens definiert sind und über die Kopplungskomponente miteinander verknüpft werden.

Def. 2.11

Gegeben sei eine Menge von Kommunikationsereignistypen E, die in endlich viele Schnittstellen $E_1, E_2, ..E_n$ strukturiert ist.
Gegeben sei eine endliche Menge $\mathbb{I} = \{V_1, V_2, ..V_n\}$ von Instanzen. Jedes V_i sei ein Kommunikationsverhalten über E_i.
Gegeben sei eine Kopplung K über E.
Ein Quintupel $S = < \{\}, E, \{\}, \mathbb{I}, K >$ heißt **geschlossenes System.**

Def. 2.11 vereinbart ein geschlossenes System als Verbund einer leeren System-Schnittstelle, einer Menge von Kommunikationsereignistypen, einer leeren System-Anschaltung, einer endlichen Menge von Instanzen und einer Kopplung. Die Instanzen gehen durch ihre Startverhalten in die Definition ein. System-Schnittstelle und System-Anschaltung sind beim geschlossenen System leer. Das geschlossene System ist ein Spezialfall des offenen.

2.5.2 Offenes System

Ein offenes System besteht wie ein geschlossenes aus Instanzen und interner Kopplung. Darüberhinaus ist hier eine besondere Menge von Kommunikationsereignistypen, die sogenannte System-Schnittstelle definiert. An dieser Schnittstelle kann das offene System in einem einbettenden System als Instanz agieren. Die System-Schnittstelle besteht also, wie eine Instanz-Schnittstelle, aus einer Menge von Interaktionsereigistypen und einem Spontanereignistyp.

Um die Betrachtung offener Systeme zu vereinfachen, soll angenommen werden, daß die System-Schnittstelle zur system-intern relevanten Menge von Kommunikationsereignissen disjunkt ist. Bei Systemablauf gegebene Beziehungen zwischen internen Ereignissen und Schnittstellen-Ereignissen sollen in Form einer sogenannten System-Anschaltung explizit definiert werden.

Def. 2.12

Gegeben sei eine Schnittstelle E_0, die aus einem Spontanereignistyp und einer nichtleeren Menge von Interaktionsereignistypen E_0^- besteht.
Gegeben sei eine Menge von Kommunikationsereignistypen E, die in endlich viele Schnittstellen $E_1, E_2, ..E_n$ strukturiert ist. E sei disjunkt zu E_0. E^- sei die Menge aller Interaktionsereignisse aus E.
Gegeben sei eine (möglicherweise partielle) nichtleere Abbildung A von E^- nach E_0^-.
Gegeben sei eine endliche Menge $\mathbb{I} = \{V_1, V_2, ..V_n\}$ von Instanzen V_i. Jedes V_i sei ein Kommunikationsverhalten über E_i.
Gegeben sei eine Kopplung K über E.
Ein Quintupel $S = < E_0, E, A, \mathbb{I}, K >$ heißt **offenes System.**
E_0 heißt **System-Schnittstelle** von S.
A heißt **System-Anschaltung** von S.

Def. 2.12 zeigt die Definition eines offenen Systems.

Die System-Anschaltung wird als partielle Funktion modelliert. Sie kann einem system-internen Interaktionsereignistyp einen Interaktionsereignistyp der System-Schnittstelle zuordnen.

Zur Erläuterung sei in einem momentanen Systemzustand eine Instanz zu einem Ereignis des Typs x bereit. Bei einem geschlossenen System kann die system-interne Kopplung nun unter Umständen ein Ereignis des Typs x im nächsten Schritt erzeugen, so daß die Instanz auf ein für x passendes Folgeverhalten weitergeschaltet wird. Wenn die System-Anschaltung für x kein Bild definiert, dann ergeben sich auch im offenen System dieselben Verhältnisse. Die Instanz kann bezüglich x nur fortschalten, wenn die interne Kopplung dies gestattet. Wenn dagegen die System-Anschaltung für x ein Bild y aus der System-Schnittstelle definiert, dann sind zusätzlich zur Weiterschaltung per interner Kopplung auch Einflüsse von außen möglich. Das Gesamtsystem soll dann nämlich gleichzeitig seine Bereitschaft für y der Kopplung des einbettenden Systems signalisieren. Externe Kopplung und interne Kopplung stehen in Konkurrenz. Entweder externe oder interne Kopplung können einen Schritt durchführen und die Instanz per y bzw. x weiterschalten. Sind aufgrund der besonderen Umstände des momentanen Systemzustands beide Kopplungen zu einer solchen Reaktion in der Lage, dann wird angenommen, daß in zufälliger Weise eine Auswahl zwischen den Möglichkeiten getroffen wird.

2.5.3 Systemzustand

Def. 2.13 enthält die Definition eines Systemzustands als Vektor der einzelnen Zustände der Komponenten eines Systems. Der Zustand einer Instanz entspricht dem momentanen Verhalten der Instanz, der Zustand der Kopplung dem aktuellen Kopplungszustand.

Def. 2.13

Gegeben sei ein System S = < E_0, E, A, $\mathbb{I}$, K > mit der Instanzenmenge $\mathbb{I}$ = {V_1, V_2, .. V_n}.

$\mathbb{V}_i$ sei die Menge der Folgeverhalten von V_i.

S_K sei die Menge der Kopplungszustände von K.

Ein Vektor g = <U_1, U_2, .. U_n, s> aus $\mathbb{V}_1 \times \mathbb{V}_2 \times .. \mathbb{V}_n \times S_K$ heißt **Systemzustand** oder **Globalzustand** von S.

Der Teilvektor <U_1, U_2, .. U_n> heißt **Instanzenvektor** von g.

Wichtig für den Ablauf eines Systems ist der globale Startzustand. Er setzt sich, wie in Def. 2.14 vereinbart, aus den Startzuständen der einzelnen Systemkomponenten zusammen.

Def. 2.14

Gegeben sei ein System S = < E_0, E, A, $\mathbb{I}$, K > mit der Instanzenmenge $\mathbb{I}$ = {V_1, V_2, .. V_n} und dem Kopplungsstartzustand s.

Der Vektor g = < V_1, V_2, .. V_n, s> heißt **globaler Startzustand** von S.

Beim schrittweisen Systemablauf wird die Kopplung von der Vereinigung aller Bereitmengen der einzelnen Instanzen, der in Def. 2.15 definierten globalen Bereitmenge des vor dem Schritt bestehenden Globalzustands, beeinflußt.

Def. 2.15

Gegeben sei ein Globalzustand g = < V_1, V_2, .. V_n, s> zu einem System S.

B sei die Vereinigung der einzelnen Bereitmengen der Verhalten V_1, V_2, .. V_n.

Die Menge B heißt **globale Bereitmenge** von g.

Die Kopplung bestimmt in einem Schritt eine Schaltermenge aus globaler Bereitmenge und momentanem Kopplungszustand. Def. 2.16 erklärt hierzu den Begriff Kopplungsschritt als Relation. Sie berücksichtigt, daß aufgrund des Kopplungsindeterminismus verschiedene Kombinationen von Schaltermengen und Kopplungsfolgezuständen zu einem Eingang möglich sind.

Def. 2.16

Gegeben sei ein System S = < E_0, E, A, $\mathbb{I}$, K > mit der Kopplung K und der Menge der Kopplungszustände S_K.

B sei eine Teilmenge von E.

z sei ein Zustand aus S_K.

KS sei die Menge aller Tupel t = <bm, s, sm, s'> aus K mit s = z und B $\supset$ bm.

Ein Ausgang <sm, s'> eines Tupels aus KS heißt **Kopplungsschritt** von S zu B und z.

Beim offenen System können die Instanzen über die System-Schnittstelle beeinflußt werden. Def. 2.17 enthält hierzu die Definition eines Anschaltungsschritts zu einer globalen Bereitmenge B. Auch hier kann es zu einer Bereitmenge mehrere verschiedene Anschaltungsschritte geben.

Def. 2.17

Gegeben sei ein System $S = < E_0, E, A, \mathbb{I}, K >$ mit der System-Schnittstelle E_0 und der System-Anschaltung A.
B sei eine Teilmenge von E.
sm = {i, a} sei eine Menge aus zwei Ereignistypen i und a. Hierbei sei i ein Interaktionsereignistyp aus B und a ein Interaktionsereignistyp aus E_0.
Die System-Anschaltung A definiere für den Typ i den Typ a als Bild.
Eine solche Menge sm heißt **Anschaltungsschritt** von S zu B.

Neben Kopplungs- und Anschaltungsschritten sind Spontanübergänge einzelner Instanzen möglich. Def. 2.18 enthält hierzu die Definition eines Spontanschritts zu einer globalen Bereitmenge B. Auch hier kann es zu einer Bereitmenge mehrere verschiedene Spontanschritte geben.

Def. 2.18

Gegeben sei ein System $S = < E_0, E, A, \mathbb{I}, K >$.
B sei eine Teilmenge von E.
sm = {ε_i} sei eine einelementige Menge aus einem Spontanereignistyp ε_i aus E, und ε_i sei in B enthalten.
Eine solche Menge sm heißt **Spontanschritt** von S zu B.

Die Schaltermenge sm eines Kopplungs-, Anschaltungs- oder Spontanschritts enthält mindestens einen systeminternen Kommunikationsereignistyp. Es wird angenommen, daß nach einem solchen Schritt je in sm enthaltener Typangabe ein Ereignis erzeugt wird. Durch die einzelnen Ereignisse werden einige der Instanzen des Systems stimuliert. Diese Instanzen führen ihrerseits jede einen Verhaltensschritt durch, der in der Aktivierung eines Folgeverhaltens mündet. Def. 2.19 enthält die Definition einer entsprechenden Relation, welche die möglichen Folgeverhaltensvektoren zu einem aktuellen Verhaltensvektor und einer Schaltermenge enthält. Ein Element der Relation wird Instanzenschritt genannt.

Def. 2.19

Gegeben sei ein System $S = < E_0, E, A, \mathbb{I}, K >$.
$v = <V_1, V_2, .. V_n>$ sei der Instanzenvektor eines Globalzustands von S.
sm sei eine Menge, die je Schnittstelle E_i von E höchstens ein Element enthält.
$v' = <V'_1, V'_2, .. V'_n>$ genüge folgenden Bedingungen 1) und 2) für i in 1..n.

1) Gilt $sm \cap E_i = \emptyset$, so gilt auch $V'_i = V_i$.
2) Gilt $sm \cap E_i = \{e\}$, so ist (e, V'_i) Verhaltensschritt von V_i.

Ein solcher Vektor v' heißt **Instanzenschritt** von S zu v und sm.

Mit diesen Definitionen ergibt sich ein möglicher Systemablauf wie folgt. Der globale Startzustand g des Systems liegt mit dessen Definition fest. Aus ihm geht der Kopplungszustand z, die globale Bereitmenge b und der Verhaltensvektor v hervor. Zu b und z wird ein möglicher Kopplungs-, Anschaltungs- oder Spontanschritt ermittelt, er liefert eine Schaltermenge sm und einen Kopplungsfolgezustand z' bzw. verändert den Kopplungszustand nicht (z'=z). Zur Schaltermenge sm und dem Verhaltensvektor v wird ein möglicher Instanzenschritt ermittelt, er liefert einen Vektor von Folgeverhalten v'. Hiermit ist ein globaler Folgezustand $g' = <v', z'>$ von S zu g erarbeitet. In derselben Weise kann dann mit g' als Ausgangspunkt fortgesetzt werden und so weiter.

2.5.4 Erreichbarkeitsgraph

Auf die besprochene Weise kann aus der Definition eines Systems ein möglicher Systemablauf abgeleitet werden. Der Erreichbarkeitsgraph soll zur Darstellung aller möglichen Systemabläufe dienen. Er wird als Struktur über einer Menge von Knoten per Nachfolger-Relation erklärt. Die Knotenmenge entspricht der Menge insgesamt möglicherweise erreichbarer Globalzustände. Die Nachfolgerrelation entspricht den zwischen diesen Globalzuständen möglichen Systemschritten.

Def. 2.20

Gegeben sei ein System S = < E_0, E, A, 𝕀, K >.
g = <v, z> sei ein Globalzustand von S mit dem Instanzenvektor v und dem Kopplungszustand z.
g' = <v', z'> sei ebenfalls ein Globalzustand von S mit dem Instanzenvektor v' und dem Kopplungszustand z'.
sm sei eine Teilmenge von E.
B sei die globale Bereitmenge von g.
Ein Tripel t = (g, sm, g') heißt **Systemschritt** von S, wenn die folgenden Bedingungen 1) und 2) gelten.

1) Es gilt eine der Bedingungen 1a), 1b) oder 1c).
   1a) Es existiert ein Kopplungsschritt von S zu B und z mit der Schaltermenge sm und dem Kopplungsfolgezustand z'.
   1b) Es exististiert ein Anschaltungsschritt sm von S zu B, und es gilt z = z'.
   1c) Es existiert ein Spontanschritt sm von S zu B, und es gilt z = z'.
2) v' ist ein Instanzenschritt von S zu v und sm.

Def. 2.21

Gegeben sei ein System S = < E_0, E, A, 𝕀, K >.
Ein Globalzustand g' von S heißt **erreichbarer Globalzustand**, wenn eine der folgenden Bedingungen 1) oder 2) gelten.

1) g' ist der globale Startzustand von S.
2) Es existiert ein erreichbarer Globalzustand g von S und eine Menge sm, so daß (g, sm, g') ein Systemschritt von S ist.

Def. 2.22

Gegeben sei ein System S = < E_0, E, A, 𝕀, K >.
G sei die Menge aller erreichbaren Globalzustände von S.
R sei die Menge aller Systemschritte (g, sm, g') von S mit g ∈ G und g' ∈ G.
Das Paar EG = <G, R> heißt **Erreichbarkeitsgraph** von S.

Def. 2.20 erklärt einen Systemschritt als Kombination von Kopplungsschritt / Anschaltungsschritt / Spontanschritt und Instanzenschritt. Def. 2.21 erklärt die Menge der erreichbaren Globalzustände als transitive Hülle der vom globalen Startzustand aus durchführbaren Systemschritte. Hiervon ausgehend wird in Def. 2.22 der Erreichbarkeitsgraph erklärt.

Bild 2.10 enthält ein erstes Beispiel. Es definiert ein geschlossenes System. Die drei Instanzen werden als endliche Automaten vereinbart (vgl. Kap. 2.3.5). Die Kopplung arbeite nach dem Prinzip der Übereinkunft. Ein Kommunikationsereignistyp besteht aus einem Paar aus Port-Angabe a, b oder c bzw. Spontankennung ε und Instanzen-Adresse 1, 2, oder 3. In den Automaten werden die Instanzen-Adressen aus Lesbarkeitsgründen weggelassen.

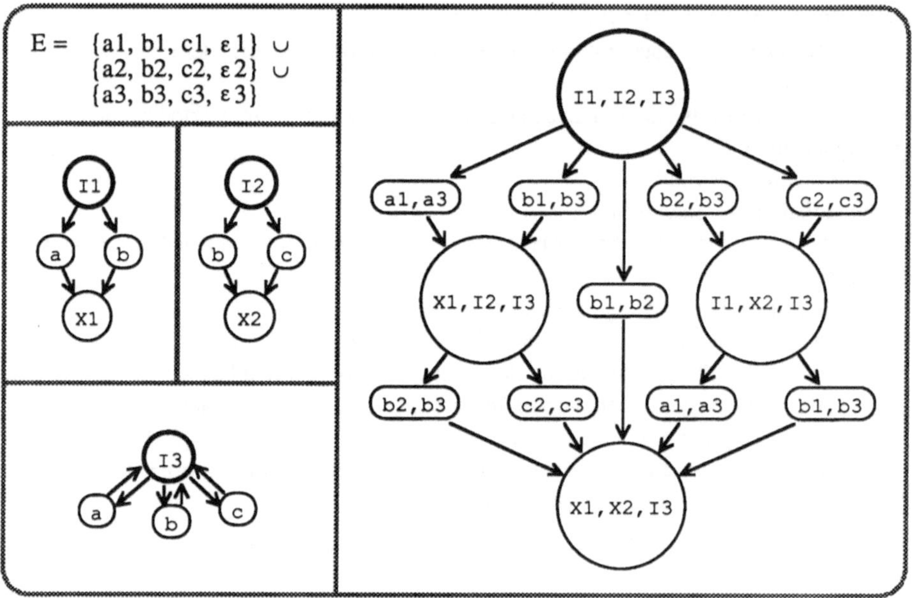

Bild 2.10: Beispiel eines Erreichbarkeitsgraphen bei Übereinkunft-Kopplung

Der rechte Teil von Bild 2.10 zeigt den Erreichbarkeitsgraphen des Systems. Da das Kopplungsprinzip der Übereinkunft angenommen wurde, mußte in der Darstellung der Globalzustände der Kopplungszustand nicht berücksichtigt werden.

Nach Definition besitzt ein Erreichbarkeitsgraph die Form eines Baums. Verschmilzt man alle Knoten, die mit komponentenweise verhaltensgleichen globalen Zuständen beschriftet sind, ergibt sich ein Graph als Bildungsgesetz für diesen Baum. In Bild 2.10 und auch in allen folgenden Beispielen ist anstelle des Baums dieser Graph angegeben. Die Berechnung eines Erreichbarkeitsgraphen ermittelt üblicherweise ebenfalls anstelle des (i.a. unendlichen) Baums einen solchen Graphen, der bei praktisch realisierbaren Systemen immer endlich sein muß.

Bild 2.11 zeigt als weiteres Beispiel ein offenes System aus zwei ebenfalls per Übereinkunft-Kopplung gekoppelten Instanzen. Die Instanzen sind über die Ports a und c von der System-Schnittstelle her ansprechbar.

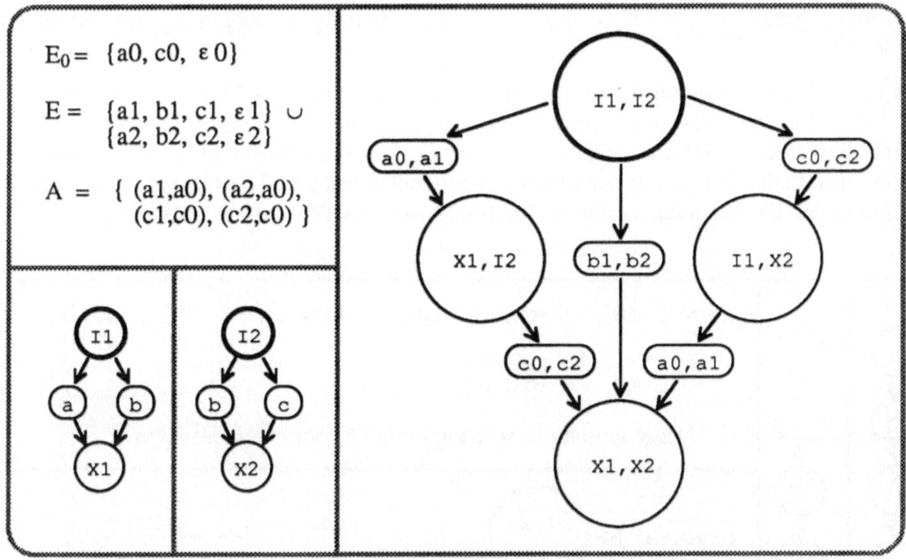

Bild 2.11: Beispiel eines offenen Systems bei Übereinkunft-Kopplung

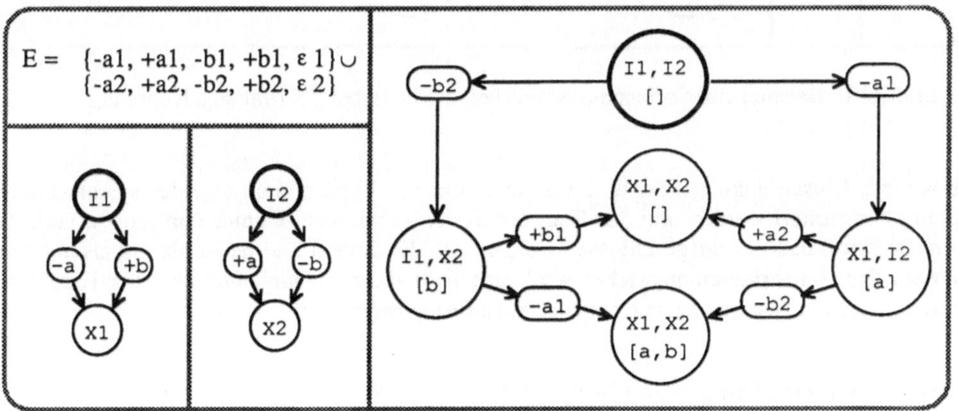

Bild 2.12: Beispiel eines geschlossenen Systems bei Übertragung-Kopplung

Als nächstes Beispiel zeigt Bild 2.12 ein aus zwei Instanzen bestehendes geschlossenes System, bei dem das Kopplungsprinzip der Übertragung eingesetzt wurde. Eine Ereignistypangabe umfaßt die Richtung eines Nachrichtenaustauschs (+: Empfangen, -: Senden), den Nachrichtentyp und die Instanzen-Adresse. Als Kopplungsdisziplin wurde der allgemeine Fall der Vielfachmenge angenommen. Es mußte im Vergleich zu Bild 2.10 ein wesentlich einfacheres Beispiel gewählt werden, da bei Anwendung des Übertragungsmodells aufgrund der schwächeren Synchronisation und der Pufferung der Nachrichten sich im allgemeinen wesentlich mehr erreichbare Globalzustände ergeben. So besteht das System nur aus zwei endlichen Instanzen.

Auf der rechten Seite von Bild 2.12 ist der Erreichbarkeitsgraph dieses einfachen Beispiel-Systems aufgeführt. Die Globalzustände enthalten neben dem Instanzenvektor auch den als Vielfachmenge gezeigten Kopplungszustand. Die Kanten enthalten bei Übertragung-Kopplung nur einelementige Schaltermengen.

Als abschließendes Beispiel zeigt Bild 2.13 ein offenes System unter Übertragung-Kopplung. Es besteht aus zwei Instanzen I1 und I2, die sich über eine Nachricht des Typs b so synchronisieren, daß I2 erst nach dem zweiten Schritt von I1 ihren ersten Schritt durchführen kann. Die Instanz I1 wird von einer Nachricht des Typs a aus der System-Schnittstelle gestartet. Die Instanz I2 meldet sich mit einer Nachricht des Typs c an der System-Schnittstelle vor ihrer Terminierung als fertig.

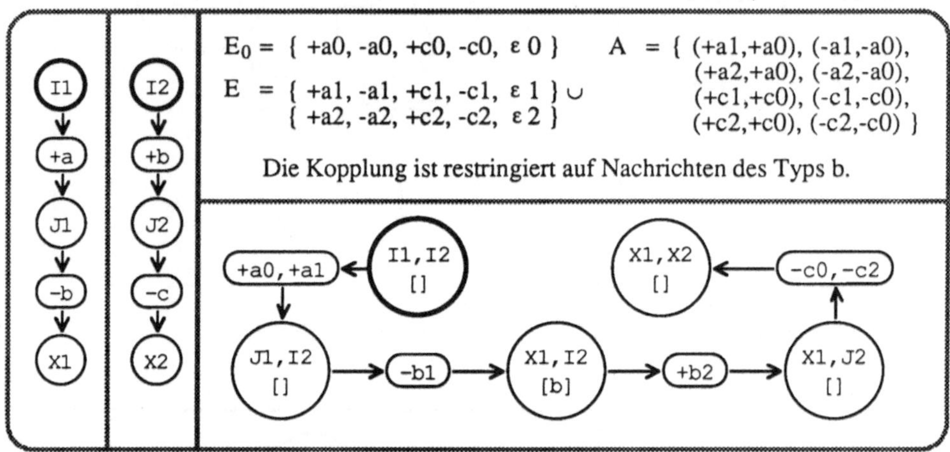

Bild 2.13: Beispiel eines offenen Systems bei restringierter Übertragung-Kopplung

Ohne weitere Einschränkung könnte diese Nachricht des Typs c auch von der system-internen Kopplung konsumiert werden und damit an der System-Schnittstelle unter Umständen verborgen bleiben. Dies soll dadurch ausgeschlossen werden, daß die system-interne Kopplung als auf Nachrichten des Typs b restringiert angesehen wird. Das heißt, die Kopplung enthalte keine Tupel, die in der Bereitmenge auf Nachrichten der Typen a und c Bezug nehmen.

2.5.5 Ersatzinstanz

Bei offenen Systemen ist auch die auf die System-Schnittstelle eingeschränkte Betrachtung von Interesse. Ein offenes System kann, wenn es als Subsystem in ein umgebendes System eingebettet wird, dort als Instanz fungieren. Bei der Betrachtung des umgebenden Systems ist es sinnvoll, das Subsystem durch eine einfache, gleichwertige Instanz zu ersetzen. Sie wird Ersatzinstanz genannt und wird als Kommunikationsverhalten über der System-Schnittstelle dargestellt.

Aus dem Erreichbarkeitsgraphen eines offenen Systems kann eine Ersatzinstanz unter folgenden Erwägungen in einfacher Weise abgeleitet werden.

Der Erreichbarkeitsgraph enthält alle möglichen Zustandsübergänge des Systems als Systemschritte über Systemzuständen. Ein Kommunikationsverhalten enthält alle möglichen Zustandsübergänge einer Instanz als Verhaltensschritte über Instanzenzuständen. Soll ein System als Instanz fungieren, so werden die Systemzustände als Instanzenzustände und die Systemschritte als Verhaltensschritte der Instanz behandelt. Es müssen nur die Beschriftungen der Kanten des Graphen angepaßt werden. Ereignisse, welche die system-interne Kopplung verursacht hat, - diese Ereignistypen gehören nicht der System-Schnittstelle an - müssen als system-intern und von außen nicht beeinflußbar behandelt werden. Jeder Systemschritt, dessen Schaltermenge nur interne Ereignisse enthält, wird als Spontanübergang aufgefaßt und mit dem Spontanereignistyp der System-Schnittstelle beschriftet.

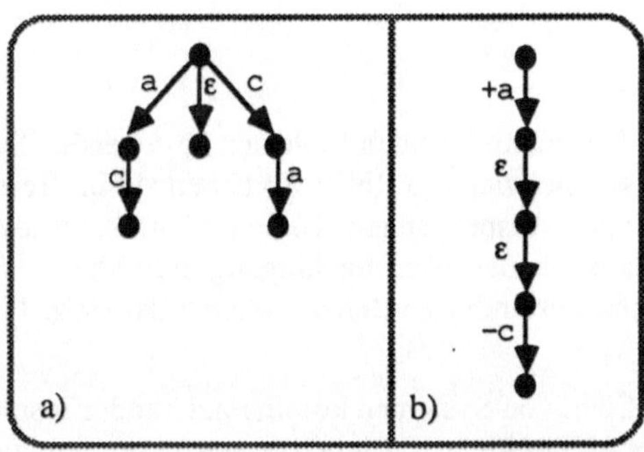

Bild 2.14: Ersatzinstanzen zu Bild 2.11 und Bild 2.13

Bei einem Systemschritt, dessen Schaltermenge auch ein Element der System-Schnittstelle enthält, ist aufgrund der Definition des Erreichbarkeitsgraphen gewährleistet, daß sie genau ein Element der Schnittstelle enthält. Dieser Ereignistyp tritt als Schalter des entsprechenden Verhaltensschritts der Ersatzinstanz auf. Bild 2.14 zeigt derart aus den Erreichbarkeitsgraphen der Systeme nach Bild 2.11 (Bild 2.14.a) und Bild 2.13 (Bild 2.14.b) abgeleitete Ersatzinstanzen.

Def. 2.23

Gegeben sei ein System $S = < E_0, E, A, \mathbb{I}, K >$ mit dem Erreichbarkeitsgraphen $<G, R>$.
g sei ein erreichbarer Globalzustand von S.
ε_0 sei der Spontanereignistyp aus der System-Schnittstelle E_0.
V sei ein Kommunikationsverhalten über E_0, das folgender Bedingung genügt.

(e, F) ist ein Verhaltensschritt von V genau dann, wenn ein Systemschritt (g, sm, g') in R existiert, so daß F Schnittstellenverhalten von S zu g' ist, und eine der beiden folgenden Bedingungen 1) oder 2) erfüllt ist.

1) $sm \cap E_0 = \{e\}$.
2) $sm \cap E_0 = \varnothing$, und $e = \varepsilon_0$.

Ein solches Verhalten V heißt **Schnittstellenverhalten** von S zu g.

Die beiden Definitionen Def. 2.23 und Def. 2.24 erklären den Begriff der Ersatzinstanz und den Hilfsbegriff des Schnittstellenverhaltens zu einem Systemzustand in dieser Weise.

Def. 2.24

Gegeben sei ein System $S = < E_0, E, A, \mathbb{I}, K >$ mit dem globalen Startzustand g.
Das Schnittstellenverhalten von S zu g heißt **Ersatzinstanz** von S.

Die Definitionen sind auch für ein geschlossenes System anwendbar. In diesem Fall enthält die Ersatzinstanz nur spontane Schritte. Die Instanz ist funktionell nach außen neutral. In der Realität sind aber auch nicht-funktionelle Wechselwirkungen über den Ressourcenbedarf vorhanden und ein solcher unkontrollierter Ressourcenverbraucher kann zu schwerwiegenden Störungen des beabsichtigten Ablaufs führen.

3. Dienste und Protokolle

Bei der Behandlung von realen, aus miteinander kommunizierenden Einheiten bestehenden Systemen spielen die beiden Begriffe Protokoll und Dienst eine wichtige Rolle. So haben sie im Bereich der Kommunikationssysteme in Rechnernetzen mit den Ausprägungen Kommunikationsprotokoll und Kommunikationsdienst auch in die internationale Standardisierung Eingang gefunden und stellen Kernbegriffe des ISO Basis-Referenzmodells zur Verbindung offener Systeme dar (sog. ISO/OSI-Modell [56,120]).

Ziel dieses Kapitels ist es, diese Begriffe in die Sicht von Systemen kommunizierender Instanzen zu übertragen. Ein Kommunikationsprotokoll entspricht einem speziellen System kommunizierender Instanzen, das Protokollsystem genannt wird. Ein Kommunikationsdienst kann als Kommunikationsverhalten, d.h. als Instanz, behandelt werden.

Die Begriffe Dienst und Protokoll sind in der formalen Sicht nicht vollständig definierbar. Die folgende Darstellung konzentriert sich auf die zur Behandlung funktioneller Eigenschaften benötigten Aspekte. Außerdem orientiert sich die Darstellung im wesentlichen am ISO/OSI-Modell. Aber auch bei der Planung realer Systeme, für die - von ihrem Einsatzbereich und den Modalitäten ihrer Implementierung her - die Konzepte des ISO/OSI-Modells nicht ausdrücklich als relevant erachtet werden, können sich Entsprechungen ergeben.

3.1 Protokolle

Der Begriff Protokoll wird in der Informatik bei der Behandlung von Systemen verwendet, die aus miteinander kommunizierenden Einheiten bestehen. Er orientiert sich an dem in der Diplomatie gebräuchlichen Begriff Protokoll, der sich dort auf die Rahmenfestlegungen zur Abwicklung offizieller Begegnungen von Repräsentanten bezieht. Und zwar legt ein solches Protokoll im allgemeinen formale Konventionen zu einzelnen Programmpunkten von Begegnungen sowie den Ablauf der Programmpunkte mit Verhaltensvorschriften für die Beteiligten nieder.

Die Übertragung des Begriffs in die Informatik ist von den beiden Korrespondenzen Begegnung mit Kommunikationsbeziehung und Repräsentant mit Instanz geprägt. Auch hier liegt bei der Betrachtung eines Protokolls der Schwerpunkt nicht auf der integralen Sicht aller Tätigkeiten, Verhalten und Funktionen der Instanzen. Vielmehr konzentriert sich die Betrachtung auf die Rollen der einzelnen Instanzen, die sie im Rahmen einer spezifischen Kommunikationsbeziehung spielen. Dieselben Instanzen können durchaus noch weitere Kommunikations- und auch anderweitige Beziehungen unterhalten, die bei einer umfassenden Modellierung des realen Gesamtsystems zu berücksichtigen wären. Die Betrachtung beschränkt sich jedoch auf eine einzige Kommunikationsbeziehung und erfaßt nur die in diesem Zusammenhang wichtigen Eigenschaften der Instanzen. Dies sind:

- Der Ablauf der einzelnen Instanzen im Verhältnis zueinander in Termen der Kommunikationsaktionen, welche im Rahmen der Kommunikationsbeziehung zwischen den Instanzen stattfinden können.

- Formale Eigenschaften der Abwicklung einzelner Kommunikationsaktionstypen, bei Datenaustausch-Aktionen insbesondere die verwendeten Prinzipien zur Codierung von Information mit den Formaten der ausgetauschten Dateneinheiten.
- Leistungsaspekte der einzelnen Instanzen, soweit sie die Abwicklung der Kommunikationsaktionen betreffen.

So wird ein Protokoll in der Regel mit einem Verbund aus Ablauf- und Format-Konventionen sowie Leistungsanforderungen definiert.

Von der Behandlung der Leistungsaspekte möchten wir im folgenden absehen und uns auf die funktionellen Aspekte, d.h. die Ablauf- und Formatkonventionen, beschränken. Beide Typen von Konventionen können in Form eines ihnen entsprechenden Systems kommunizierender Instanzen dargestellt werden. Es wird im folgenden Protokollsystem genannt.

Ein Protokollsystem modelliert das betroffene reale System unter Konzentration auf die vom zu definierenden Protokoll reglementierte Kommunikationsbeziehung. Die Modellierung abstrahiert hierbei von allen nicht diese Kommunikationsbeziehung betreffenden Eigenschaften der Instanzen. Als Modell einer Instanz tritt dasjenige Kommunikationsverhalten auf, das innerhalb der Kommunikationsbeziehung relevant ist. Auf diese Weise können alle Ablaufkonventionen als Definitionen der Instanzen im Protokollsystem erklärt werden. Die Formatkonventionen schlagen sich in der Vereinbarung der Menge von Kommunikationsereignistypen und ihrer Strukturierung nieder. Sie beschreiben die abstrakten Formate von Nachrichten oder die logische Zusammensetzung ausgetauschter Information und können bei Bedarf - falls das Protokollsystem als Implementierungsvorschrift verwendet werden soll - durch Codierregeln ergänzt werden.

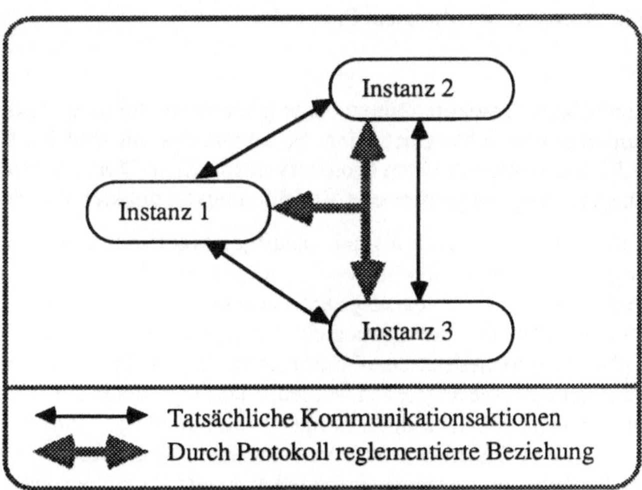

Bild 3.1: Szenario zu direktem Protokoll

Im einfachen Fall sind die im Protokollsystem sichtbaren Kommunikationsaktionen direkte Bestandteile der reglementierten Kommunikationsbeziehung. Bild 2.1 zeigt hierzu ein Beispiel-Szenario. Es besteht aus drei Instanzen, die in dem Sinne direkt miteinander kommunizieren, daß Interaktionen zwischen Instanzenpaaren auftreten und genau diese Interaktionen vom Protokoll reglementiert werden. Ein solches Protokoll heißt direktes Protokoll.

Im Vergleich dazu kann die Kopplung der Instanzen auch auf Problemebene abgehandelt werden. Wir sprechen dann von einem indirekten Protokoll. Die Instanzenmenge des Protokollsystems besteht hier aus den eigentlichen, miteinander logisch in Kommunikationsbeziehung stehenden Nutzinstanzen und einer oder mehreren Kopplungsinstanzen. Die logische Kommunikationsbeziehung wird nicht mehr direkt dargestellt. Das Protokoll berücksichtigt bereits einen Implementierungsaspekt, nämlich daß reale Kommunikationsaktionen nur zwischen Nutzinstanzen und Kopplungsinstanzen möglich sind. In Bild 3.2 ist ein solches Beispiel gezeigt.

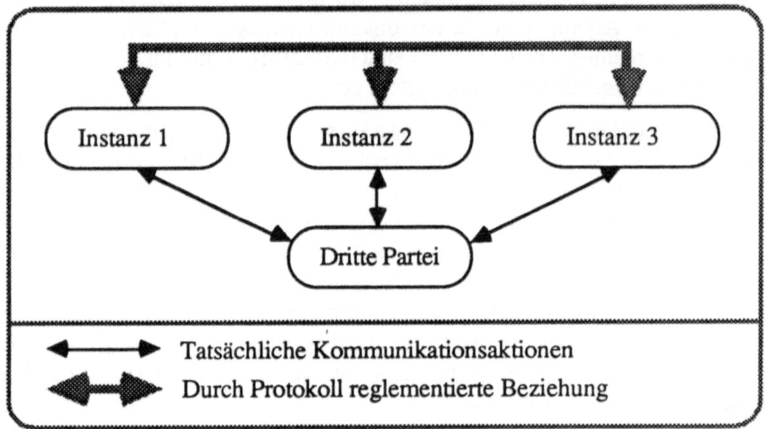

Bild 3.2: Szenario zu indirektem Protokoll

Ein direktes und ein indirektes Protokoll können beide gemeinsam durchaus dasselbe reale System und dieselbe Kommunikationsbeziehung betreffen. So könnte das mit Bild 3.2 gemeinte indirekte Protokoll einem Bild 3.1 unterlegten direkten Protokoll entsprechen. Das indirekte Protokoll könnte eine in Implementierungsrichtung vorgenommene Verfeinerung des direkten Protokolls sein.

Es ist anzumerken, daß ein Protokoll auch als nebenläufiger Algorithmus angesehen werden kann, der sich aus einer Menge sequentieller Algorithmen für die einzelnen Instanzen zusammensetzt. Diese Sichtweise ist zur Modellierung als Protokollsystem verträglich. Die Definition des Kommunikationsverhaltens einer Instanz kann als Vereinbarung eines sequentiellen Algorithmus gewertet werden. So können auch die später besprochenen Spezifikationstechniken als Programmiersprachen zur Implementierung nebenläufiger Systeme angesehen werden. Allerdings zielen die Sprachen nicht auf die Formulierung maschinennaher, effizient ablauffähiger Programme ab, sondern auf die möglichst problemnahe Beschreibung des Zusammenspiels von Instanzen. Die Sprachen sind deshalb in der Regel allenfalls zur Implementierung sogenannter schnell erzeugter Prototypen geeignet.

3.2 Dienste

Der Begriff Dienst wird umgangssprachlich und auch in der Informatik in verschiedenen Ausprägungen verwendet. Es werden deshalb im folgenden zunächst die genaueren Begriffe Dienstnutzer, Diensterbringer, Dienstleistung und Dienstleistungstyp angesprochen.

Dienstnutzer und Diensterbringer sind Instanzen, die miteinander kommunizieren können. Eine Dienstleistung zeigt sich in einer Menge von Kommunikationsaktionen. Verschiedene Dienstleistungen können, wenn sie in ihren Randbedingungen bezüglich Art und Abfolge der einzelnen Kommunikationsaktionen gleichartig sind, als zum selben Dienstleistungstyp gehörig bezeichnet werden.

Aus formaler Sicht können in Systemen die Rollen Dienstleister und Diensterbringer an direkt miteinander kommunizierende Instanzen frei verteilt werden. Zur genaueren Eingrenzung sind zwei Aspekte wesentlich:

- Unterordnung,
- Allgemeine Auslegung.

Ein Diensterbringer stellt ein untergeordnetes Element dar. Dienstnutzer sind Instanzen, welche die Hauptfunktion des Systems unmittelbar tragen. Die Funktionen eines Diensterbringers werden von den Dienstnutzern nur zur Bewältigung von Teilaufgaben eingesetzt. Sie sind nicht auf den Zweck des gegebenen Systems zugeschnitten. Auch in anderen Systemen wird einem Dienstleister potentiell die Verwendungsfähigkeit zugesprochen.

Folgende Begriffe werden verwendet:

- Dienst bezeichnet eine Instanz, die in einem System die Rolle eines Diensterbringers spielen kann. Unter der schon bisher üblichen Gleichsetzung von Instanzen mit ihrem Kommunikationsverhalten bezeichnet Dienst ebenfalls das Kommunikationsverhalten einer Diensterbringer-Instanz.
- Dienstschnittstelle entspricht der Instanz-Schnittstelle einer Diensterbringer-Instanz.
- Dienstprimitiv bezeichnet einen Typ von Kommunikationsaktion, die im Zuge der Verwendung eines Dienstes durch einen Nutzer auftreten kann. In der Regel entspricht ein Dienstprimitiv direkt einem bestimmten Interaktionsereignistyp aus der Dienstschnittstelle. Die Dienstschnittstelle enthält - außer einem Spontanereignistyp - nur Dienstprimitive.
- Dienstelement bezeichnet einen Dienstleistungstyp. In der Regel können die Dienstprimitive der Dienstschnittstelle eindeutig einem bestimmten Dienstelement zugeordnet werden.

Der umgangssprachlichen Gewohnheit folgend, nach der oft Bezeichnungen für Typen auch für einzelne Objekte verwendet werden, wird im folgenden aus Lesbarkeitsgründen anstelle der Wendung 'Schnittstellenereignis des Typs x' auch kurz die Typbezeichnung x benutzt.

Folgende Grundtypen von Schnittstellenereignissen eines Dienstes werden unterschieden:

- Dienststimulus; Ereignis das auf Initiative eines Nutzers erzeugt wird und vom Dienst wahrgenommen werden soll.
- Dienstreaktion; Ereignis das auf Initiative des Dienstes erzeugt wird und von einer Nutzerinstanz wahrgenommen werden soll.
- Dienstanforderung; Stimulus, der die Abwicklung einer Dienstleistung initiiert.
- Dienstanzeige; Reaktion, die die Abwicklung einer Dienstleistung beendet (Fertigmeldung mit Ergebnisübergabe) oder die Initiative zur Weiterbearbeitung der Dienstleistung an eine Nutzerinstanz übergibt (Rückfrage).
- Dienstantwort; Stimulus, mit dem eine Nutzerinstanz die Initiative zur weiteren Abwicklung der Dienstleistung an den Dienst zurückgibt (Antwort auf Rückfrage).
- Dienstbestätigung; Reaktion, die die Abwicklung einer Rückfragen umfassenden Dienstleistung beendet.

3.3 Kommunikationsdienste

Ein Kommunikationsdienst bietet Dienstleistungen an, die die Kommunikation zwischen Nutzerinstanzen ermöglichen. Eine solche Zweckeinschränkung wurde bereits in Kap. 2.4 bei Erläuterung des Konzepts einer Kopplung vorgenommen. Das dort genannte Autonomie-Verbot kann als generell für Dienste geltend angenommen werden. Das dortige Interpretationsverbot schränkt darüberhinaus die Funktionalität so ein, daß von Nutzern vorgegebene Information zu anderen Nutzern in von dieser Information unabhängiger Weise weitergeleitet werden muß. Ein Kommunikationsdienst kann als Kopplung angesehen werden, die aufgrund ihrer besonderen Stellung im realen System oder aufgrund ihrer besonderen Eigenschaften ausdrücklich in ein Systemmodell aufgenommen wird.

Im folgenden wird der Begriff des Kommunikationsdienstes weitergehend so eingeschränkt, daß er dem Charakter eines Telekommunikationsdienstes, dessen primäre Aufgabe die Überbrückung räumlicher Distanzen ist, gerecht wird. Dies ist ebenfalls die Sicht des ISO/OSI-Modells. Grundkonzepte sind hier:

- Gliederung einer Dienstschnittstelle in Zugangspunkte,
- Datenübertragung,
- Bestätigte und unbestätigte Dienste,
- Verbindung.

Eine Dienstschnittstelle gliedert sich in eine Menge von Klassen, die sogenannten Dienstzugangspunkte. Ein Zugangspunkt soll diejenigen Primitive umfassen, die aus der Sicht des Dienstes am selben Ort stattfinden. Jedem Ort ist eine eindeutige Bezeichnung, die Zugangspunktadresse, zugeordnet. Im Sinne der allgemeinen Ausprägung eines Dienstes darf bei der Definition seiner Funktionalität nicht von der Kenntnis der Menge der Nutzerinstanzen und gegebenenfalls hierfür eingeführter Adressen ausgegangen werden. Als Herkunft eines Stimulus oder als Ziel einer Reaktion werden deshalb ausschließlich die Zugangspunkte angesehen.

Als grundlegendes Prinzip zur Kommunikation wird bei Telekommunikationsdiensten das Prinzip der Datenübertragung vorausgesetzt. Eine Kommunikationsaktion gliedert sich in die drei Teile Senden, Übertragen und Empfangen und führt zur Übermittlung einer Nutzdaten genannten Datenmenge zwischen Sender und Empfänger (vgl. Kap. 2.4.2). Eine Dienstschnittstelle sieht deshalb immer Stimuli vor, mit denen dem Dienst Nutzdaten an einem Zugangspunkt übergeben werden, und Reaktionen, die Nutzdaten vom Dienst an einem anderen Zugangspunkt an eine Nutzerinstanz weiterleiten.

Mit dem Übertragungsprinzip ergibt sich ein einfaches Muster zur Funktionalität eines Kommunikationsdienstes. Es ist durch die Paarung von je zwei Ereignissen, einem Stimulus und einer hierdurch bewirkten Reaktion geprägt. Ein solches Paar wird unbestätigte Dienstleistung genannt, weil der Sender keine Rückkopplung über Reaktionen des Empfängers auf die Nachricht erhält.

Eine bestätigte Dienstleistung setzt sich aus zwei im Kontext derselben Dienstleistung stehenden Übertragungen zusammen. Ein Nutzer, der sogenannte Initiator der Dienstleistung, fungiert zunächst als Sender und erzeugt eine Anforderung. Sie führt zu einer korrespondierenden Anzeige bei einem anderen, Beantworter genannten, Nutzer. Der Beantworter empfängt mit der Anzeige Nutzdaten und muß nun seinerseits mit einer Dienstantwort als Sender in der Gegenrichtung tätig werden. Hiermit ist die Dienstleistung aus der Sicht des Beantworters beendet. Aus der Sicht des Initiators ist die Dienstleistung beendet, wenn ihm die Dienstantwort per Dienstbestätigung übermittelt wurde. Im allgemeinen sehen Dienste sowohl bestätigte als auch unbestätigte Dienstleistungen vor.

In der einfachsten Form von Datenübertragungsdienstleistungen ist jede Übertragung ein in sich geschlossener Vorgang und steht nicht im Zusammenhang mit anderen Übertragungen. Das heißt insbesondere, daß bei jeder Übertragung die Zieladresse explizit angegeben werden muß, und daß aus der Reihenfolge der Anforderungen verschiedener Übertragungen keine Rückschlüsse auf die Empfangsreihenfolge gezogen werden können. Solche Dienstleistungstypen werden Datagramm-Dienste genannt.

Bereits einfache physikalische Übertragungseinrichtungen wie z.B. eine Zwei-Punkt-Leitung stellen für die darüber erfolgenden Übertragungen einen Kontext her, der sich auf die Adressierung und die Auslieferungsreihenfolge bezieht. Aufgrund der festen Zuordnung der physikalischen Verbindung zu zwei Zugangspunkten muß nicht mehr explizit adressiert werden. Aufgrund der physikalischen Eigenschaften überholen sich Nachrichten nicht und werden in der Reihenfolge ihrer Übergabe an den Dienst auch vom Dienst an den Partner ausgeliefert.

In Anlehnung an diese Funktionalität physikalischer Verbindungen wird bei sehr vielen Telekommunikationsdiensten ein Konzept logischer Verbindungen unterstützt. Es bezieht sich immer auf die implizite Adressierung und kann je nach Auslegung auch Garantien zur Reihenfolgetreue umfassen. Grundlegend sind drei Phasen des Betriebs einer logischen Verbindung.

Die Aufbauphase besteht darin, daß in der Form eines bestätigten Dienstes unter expliziter Adressierung von einem Initiator eine Verbindung zu einem Beantworter gelegt wird. Es können auch am selben Zugangspunkt gleichzeitig mehrere Verbindungen bestehen. Mit dem Aufbau einer Verbindung werden vom Dienst die beiden Endpunkte der Verbindung als Untergliederungen der beiden betroffenen Zugangspunkte festgelegt. Ein Paar aus Zugangspunktadresse und Endpunktidentifikation identifiziert eine Verbindung im Rahmen aller zum selben Zeitpunkt vom Dienst unterstützter Verbindungen eindeutig.

An die Aufbauphase schließt sich die Datenaustauschphase an. In ihr können die Nutzerinstanzen Übertragungsdienstleistungen in Anspruch nehmen.

Aus der Datenaustauschphase heraus kann eine Verbindung auf Initiative eines der beteiligten Partner geregelt in Form einer bestätigten Dienstleistung abgebaut werden. Dies wird Abbauphase genannt. Danach gilt die Verbindung als nicht mehr existent.

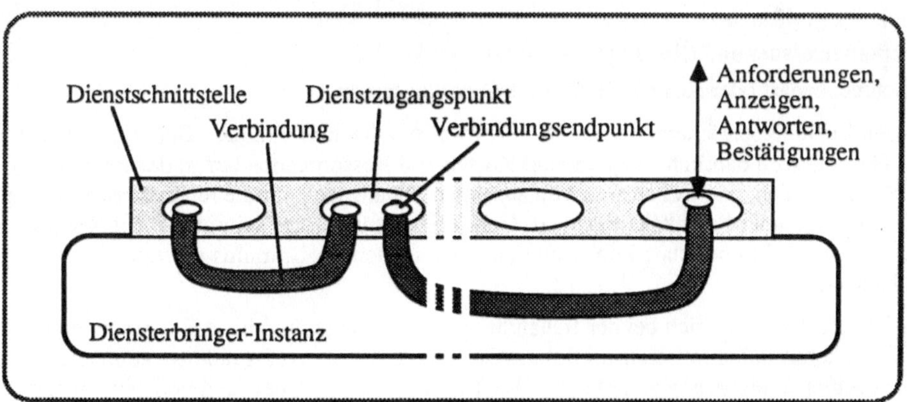

Bild 3.3: Skizze eines Telekommunikationsdienstes

Bild 3.3 skizziert die oben eingeführte Sicht eines Telekommunikationsdienstes als Instanz mit spezieller Schnittstellenstruktur. Die Graphik zeigt die Gliederung der Schnittstelle in Zugangspunkte, die Fähigkeit zur Unterstützung von Verbindungen und die Zuordnung von Verbindungsendpunkten zu Zugangspunkten.

Ein Interaktionsereignis an der Dienstschnittstelle besitzt folgenden Attribute:

- Identifikation der Diensterbringer-Instanz,
- Zugangspunktadresse, zur Codierung des Orts des Ereignisses,
- Angabe des Dienstleistungstyps (z.B, Verbindungsaufbau, Datentransfer)
- Angabe des Grundtyps (Anforderung, Anzeige, Antwort, Bestätigung),
- Weitere Kontrollparameter,
- Nutzdaten.

Die ersten beiden Komponenten werden aus modellierungstechnischen Gründen aufgenommen, um den Ort eines Ereignisses im Modell identifizieren zu können. Die beiden folgenden Kontrollparameter dokumentieren den Typ eines Ereignisses aus der Sicht des Dienstes. Als weitere Kontrollparameter werden i.a. Parameter zur Steuerung oder Anzeige von Dienstleistungsparametern, wie z.B. geforderte mittlere Qualität, Kostenlimits, Dienstleistungstyp-Varianten usw. benötigt. Bei nicht im Kontext einer Verbindung stattfindenden Ereignissen findet sich hier ferner immer die Zugangspunktadresse des entfernten Partners, bei im Kontext einer Verbindung stattfindenden Ereignissen die Identifikation des Verbindungsendpunkts. Als letztes genannt, jedoch für die Nutzer am wesentlichsten, wird die Komponente der vom Nutzer - in Grenzen - frei bestimmbaren Nutzdaten, die der Dienst unverfälscht transferieren soll.

Die verschiedenen in der Praxis verwendeten Telekommunikationsdienste orientieren sich in der Regel an den im Rahmen des ISO/OSI-Modells vorgeschlagenen Diensten. Das ISO/OSI-Modell sieht eine Hierarchie von Diensten vor, welche sich ausgehend von der Funktionalität physikalischer Übertragungseinrichtungen stufenweise der von bestimmten Anwendungstypen benötigten Funktionalität nähern. Auf die genauere Auslegung der Dienste und die im einzelnen vorgeschlagene Aufgabenverteilung soll hier unter Verweis auf die umfassende Literatur zum ISO/OSI-Modell nicht weiter eingegangen werden [106,109,111].

In der bisherigen Beschreibung wurde die Qualität eines Dienstes noch nicht näher angesprochen. Hier sind zunächst Leistungsparameter von Dienstleistungen zu berücksichtigen. Sie beziehen sich auf:

- Reaktionszeitdauer und Übertragungsleistung,
- Ressourcenbedarf oder Kosten für einzelne Dienstleistungen.

Von diesen Leistungsparametern eines Dienstes soll bei der funktionellen Betrachtung abstrahiert werden. Dies ist auch dadurch möglich, daß Kosten und Ressourcenbedarf in der Betrachtung ganz vernachlässigt werden, und daß anstelle von absoluten Zeitangaben nur die relative zeitliche Lage von Ereignissen zueinander berücksichtigt wird. Von Interesse über den Zeitpunkt einer Reaktion ist so z.B. nur, ob sie als in endlicher Zeit nach dem entsprechenden Stimulus auftretend angenommen werden kann oder nicht.

Als problematisch erweist sich bei der Behandlung eines - lange räumliche Entfernungen überbrückenden - Telekommunikationsdienstes dessen Unzuverlässigkeit. Aufgrund der besonderen Randbedingungen seiner Realisierung kann ein solcher Dienst zufallsgesteuert und von den Nutzern weder vorhersehbar noch im wesentlichen beeinflußbar von seinem normalen Verhalten abweichen. Im einzelnen können als Störungen auftreten:

- Nachrichtenverfälschung,
- Nachrichtenverlust,
- Nachrichtenverdopplung,
- Nachrichtenreihenfolgevertauschung,

- Verzögerung von Nachrichten,
- Abbruch einer Verbindung.

Diese Abweichungen sind in der Regel so stark, daß sie den vom Nutzer bestimmten Zweck einer Dienstleistung in Frage stellen. Sie können bei der funktionellen Modellierung nicht vernachlässigt werden. Aufgrund ihrer Unvorhersehbarkeit müssen sie als Indeterminismen in die Beschreibung des Kommunikationsverhaltens eines Dienstleisters aufgenommen werden. Dabei werden jedoch stochastische Eigenschaften wie Häufigkeit und Verteilung von Störungen vernachlässigt. Eine unter Umständen äußerst unwahrscheinliche Möglichkeit zu einer Störung in einer bestimmten Situation wird genauso als indeterministische Wahlmöglichkeit des Dienstleisters für sein Folgeverhalten dargestellt wie das in dieser Situation mit hoher Wahrscheinlichkeit gewählte reguläre Folgeverhalten.

Mit dieser Gleichbehandlung von Störungen und normalem Verhalten kann sich ein Kommunikationsverhalten ergeben, das keine auf funktionelle Aspekte beschränkte Betrachtungen über zweckdienliche Beiträge eines Dienstes für ein System von Nutzern mehr zuläßt. Bei der Planung eines realen Systems müssen die stochastischen Aussagen über die Leistungsfähigkeit und Störanfälligkeit eines Dienstes unbedingt mit hohem Stellenwert berücksichtigt werden. Bei der funktionellen Analyse muß mit Fallunterscheidungen oder zusätzlichen Annahmen zur Störungsbeschränkung gearbeitet werden.

3.4 Kommunikationsprotokolle

Ein Kommunikationsprotokoll ist ein indirektes Protokoll, dessen Instanzen ausschließlich über die Dienstleistungen eines untergeordneten Kommunikationsdienstes, des im folgenden sogenannten Basisdienstes kommunizieren. Sie haben ebenfalls den Zweck, einen Kommunikationsdienst zu erbringen, den sogenannten Zieldienst.

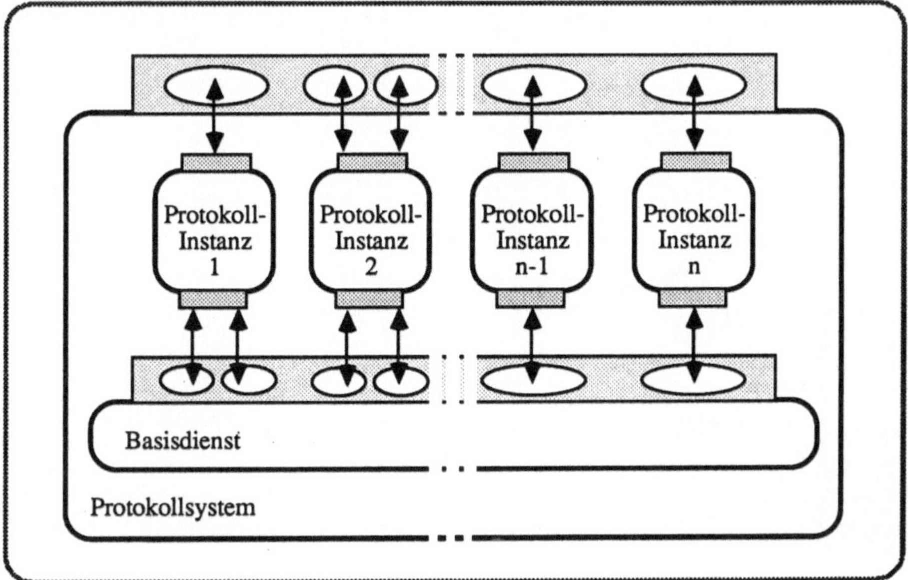

Bild 3.4: Protokollsystem

Bild 3.4 zeigt beispielhaft die Struktur des Protokollsystems eines Telekommunikationsprotokolls. Jeder Protokoll-Instanz ist eine Menge von Zugangspunkten des Zieldienstes und eine Menge von Zugangspunkten des Basisdienstes eindeutig zugeordnet. Es treten nur Interaktionen zwischen Protokoll-Instanzen und Nutzern über die Systemschnittstelle und zwischen Protokoll-Instanzen und Basisdienst auf. Hierbei berühren die Interaktionen mit einer Protokoll-Instanz immer nur die der Instanz zugeordneten Zugangspunkte der System- und der Basisdienstschnittstelle. Die Schnittstelle einer Protokoll-Instanz kann in zwei Klassen gegliedert werden, die Ereignisse zur Interaktion mit dem Basisdienst und diejenigen zur Interaktion mit Nutzern.

Die Kommunikation der Protokollinstanzen untereinander findet durch den Austausch sogenannter Protokolldateneinheiten statt. Innerhalb eines bestimmten Protokolls sind hierzu verschiedene Typen von Protokolldateneinheiten definiert. Der Typ bezieht sich auf die Zusammensetzung der Einheit aus Kontrolldaten zur gegenseitigen Steuerung der Protokoll-Instanzen und unter Umständen auch aus einer Komponenten zur Aufnahme der Nutzdaten des Zieldienstes. Jede Protokolldateneinheit stellt wiederum ein Nutzdatum für den Basisdienst dar, das von ihm weitergeleitet werden muß. Bei einer Hierarchie von Diensten und Protokollen ergibt sich somit auch eine entsprechende Ineinanderschachtelung der Protokolldateneinheiten.

Im allgemeinen hat ein Kommunikationsprotokoll die Aufgabe, aufsetzend auf einem bestehenden Basisdienst einen Zieldienst verbesserter Qualität oder veränderter Funktionalität zu realisieren, bzw. die zur Realisierung verwendeten Konzepte zu definieren. Das bereits erwähnte ISO/OSI-Modell fügt dem noch einen weiteren Aspekt hinzu, nämlich den der Standardisierung von Protokollen und Diensten zur Ermöglichung sogenannter Offener Systeme. Der Begriff 'offen' wird dabei nicht, wie in Kap. 2.2.3 eingeführt, zur Klassifikation der Struktur eines Systems benutzt. Er soll ausdrücken, daß eine Freizügigkeit bei der Bildung komplexer realer Systeme bezüglich der Bauart der Teilsysteme erreicht werden soll. Dieser Aspekt wie auch die einzelnen ISO/OSI-Richtlinien zu bestimmten Protokollen werden im folgenden nicht weiter ausgeführt.

4. Analysemaßnahmen

Ziel des vorliegenden Kapitels ist es, die Möglichkeiten zur Analyse von Diensten und Protokollen vorzustellen. Analyse ist die Prüfung eines Produkts auf besondere Eigenschaften. Als Produkt wird ein Ergebnis eines Entwurfsprozesses angesehen, das in Form der Definition eines Systemmodells üblicherweise als Dokument vorliegt. So zeigt sich ein Produkt 'Protokoll' als Definition des entsprechenden Protokollsystems, ein Produkt 'Dienst' als Definition einer entsprechenden Erbringer-Instanz.

Prüfungen können hier in zwei Varianten vorgesehen werden:

- Überprüfung,
- Vergleichende Prüfung.

Unter Überprüfung wird verstanden, wenn der Prüfmaßnahme nur der Zugriff auf ein einziges Produkt zugrundeliegt. Zur Durchführung einer vergleichenden Prüfung sind dagegen mehrere verschiedene Produkte verfügbar, die in Verbindung miteinander geprüft werden.

Überprüfungen spielen speziell in den frühen Entwurfsphasen von Projekten eine wichtige Rolle. Auf dem Weg von Vorstellungen des Entwerfers zum Endprodukt treten in Dokumentform als erstes Spezifikationen auf, die - mangels Verfügbarkeit anderer, zum Vergleich heranziehbarer Produkte - nur überprüft werden können. Protokolle und Dienste werden üblicherweise in ihren funktionellen Aspekten bereits sehr früh im Verlauf eines Projekts spezifiziert. Deshalb haben hier Maßnahmen zur Überprüfung in der Praxis einen hohen Stellenwert.

Eine Prüfmaßnahme kann ferner noch bezüglich ihres Formalisierungsgrads eingeordnet werden. Hier sind zwischen dem Maximum einer vollständig formalismus-basierten Prüfmaßnahme und dem Minimum einer in keiner Weise formale Hilfsmittel nutzenden Maßnahme die verschiedensten Zwischenstufen gängig, und gerade die Zwischenstufen können im Hinblick auf ihren Nutzen in praktischen Projekten als wesentlich bezeichnet werden.

Nicht-formale Prüfungen führen zu unverläßlichen Ergebnissen. Formale Prüfungen sind dagegen sehr verläßlich, wenn die korrekte Durchführung der Prüfung z.B. durch Einsatz rechnergestützter Werkzeuge als sichergestellt angenommen werden kann. Sie setzen jedoch voraus, daß ausschließlich formal gehaltene Produkte und hierzu in verträglicher Weise exakt definierte Kriterien herangezogen werden. Im Bereich der Überprüfung stehen exakt definierbare Kriterien nicht in ausreichendem Umfang zur Verfügung, um alle wünschenswerten Analyseziele abzudecken. Im Bereich der vergleichenden Prüfung führt vor allem die Abstraktion von Realzeit- und Leistungseigenschaften oft dazu, daß praxisrelevante Ergebnisse durch rein formale Vergleiche allein nicht erzielbar sind.

Ausgehend von den Vorarbeiten zu Systemen kommunizierender Instanzen und der entsprechenden Darstellung von Diensten und Protokollen werden im folgenden nur Prüfmaßnahmen diskutiert, welche die hierdurch geschaffenen Möglichkeiten im Sinne eines hohen Formalisierungsgrads nutzen. Weiterhin beschränkt sich die Erörterung auf in der Entwurfsphase eines Projekts einsetzbare Prüfmaßnahmen. Als zu prüfende Produkte treten nur Spezifikationen, keine Programmtexte oder lauffähige Implementierungen auf. Es werden im folgenden zunächst allgemein für Instanzensysteme einsetzbare Prüfmaßnahmen besprochen, bevor auf ihre Anwendung zur Protokoll- und Dienstanalyse eingegangen wird.

4.1 System-Prüfung

Die Maßnahmen zur Prüfung eines Systems kommunizierender Instanzen können, in vergleichende Prüfungen und Überprüfungen unterschiedlichen Formalisierungsgrads gegliedert werden.

Vergleichende Prüfungen dienen dem Vergleich der Semantik zweier Produkte. Im wesentlichen sollen sie die Verhaltensgleichheit von Instanzen und Ersatzinstanzen offener Systeme sicherstellen.

Im Bereich der Überprüfungen kann eine Folge von Maßnahmen mit fallendem Formalisierungsgrad angegeben werden:

- Allgemeine Kriterien,
- Spezifische Kriterien,
- Inspektion.

Die Folge beginnt mit der Überprüfung eines Produkts gegen formal verträglich definierbare Kriterien, die allgemein als notwendig und / oder wünschenswert anerkannte Eigenschaften beliebiger nebenläufiger Systeme betreffen. Sie endet damit, daß nur noch die formale Definition des Erreichbarkeitsgraphen eines Systems zur nicht näher reglementierten Inspektion durch den Menschen genutzt wird. Eine Zwischenstufe nimmt die Verwendung spezifischer, auf ein bestimmtes Produkt zugeschnittener Kriterien ein, die zwar unter Umständen formal definiert werden können, deren Relevanz und Auslegung jedoch nur in nicht-formaler Argumentation begründet werden können.

4.1.1 Vergleich

In einer vergleichenden Analysemaßnahme werden zwei System- oder Instanzendefinitionen miteinander verglichen. Sie wurden entweder innerhalb eines Projekts voneinander unabhängig entworfen, oder eine Definition ist eine Weiterentwicklung der anderen. Im ersten Fall stehen die beiden Produkte in Konkurrenz. Die Prüfung hat zum Zweck, die funktionelle Gleichwertigkeit beider Produkte unter dem Aspekt nachzuweisen, daß damit - aufgrund der Unabhängigkeit des Entwurfsprozesses beider Produkte - beide mit erhöhter Wahrscheinlichkeit frei von Entwurfsfehlern sind, und ein beliebiges als verbindlich für den weiteren Entwicklungsprozeß verwendet werden kann. Die Auswahl kann unter Umständen nach weiteren - auch nicht-funktionelle Eigenschaften berücksichtigenden - Kriterien getroffen werden. Im zweiten Fall ist ein Produkt eine Verfeinerung des anderen. Die Prüfung soll sicherstellen, daß die Verfeinerung korrekt ist, d.h. daß das verfeinerte System gewisse funktionelle Eigenschaften des ursprünglichen ebenfalls besitzt.

Als Vergleichsrelationen werden üblicherweise - um system-interne Abweichungen zu tolerieren - nur solche verwendet, die sich auf eine abstrakte Sicht des Systemablaufs beziehen. Das heißt, es werden nicht die Erreichbarkeitsgraphen selbst verglichen. Man geht davon aus, daß die Produkte offene Systeme beschreiben, und konzentriert sich auf deren Kommunikationsverhalten an der System-Schnittstelle (vgl. [16,20]). Als Vergleichsrelationen werden verwendet:

- Verhaltensgleichheit,
- Verhaltensverträglichkeit.

Die Verhaltensgleichheit ist in Kap. 2.3.3 für Instanzen definiert. Sie kann mithilfe des Konzepts der Ersatzinstanz (Kap. 2.5.5) zum Vergleich zweier offener Systeme herangezogen werden. Zwei offene Systeme mit verhaltensgleichen Ersatzinstanzen können als in beliebiger Umgebung vertauschbar angesehen werden. Diese Relation findet vornehmlich beim Vergleich in Konkurrenz stehender Produkte eine Rolle.

Im Fall der Prüfung einer Verfeinerung ist die Relation der Verhaltensgleichheit im allgemeinen zu streng. Hier enthält das Ausgangsprodukt in der Regel noch Freiheitsgrade, die sich in Indeterminismen seiner Ersatzinstanz äußern. Die Verfeinerung kann diese Freiheitsgrade nutzen. Das Ergebnisprodukt kann somit in seiner Ersatzinstanz überall dort, wo indeterministische Wahlmöglichkeiten bestehen, in dem Sinne abweichen, daß nur noch eine Teilmenge der Wahlmöglichkeiten vertreten ist. Eine entsprechende unsymmetrische Relation, die Verhaltensverträglichkeit, kann formal, wie die Verhaltensgleichheit, ebenfalls unter Verwendung des Experiment-Begriffs definiert werden. Ein Verhalten B ist eine korrekte Verfeinerung eines Verhaltens A, bzw. B ist verträglich mit A, wenn alle mit B möglichen Experimente auch mit A möglich sind.

4.1.2 Allgemeine Kriterien

Die zur Überprüfung einer Systemdefinition verwendeten allgemeinen Kriterien beziehen sich auf den Erreichbarkeitsgraphen [24,37,42,101,115,116]. Sie sind auch bei geschlossenen Systemen anwendbar. Sie können klassifiziert werden in Kriterien, die sich nur auf die dynamischen Eigenschaften eines Systems, also nur auf den Erreichbarkeitsgraphen beziehen, und in solche, die einen Querbezug zwischen Definitionstext und Erreichbarkeitsgraph herstellen.

Die über dem Erreichbarkeitsgraphen definierten Kriterien orientieren sich an den von Petri eingeführten Begriffen der Beschränktheit, Sicherheit und Lebendigkeit [98]. Sie wurden ferner um den Begriff der Fairness ergänzt [50]. Sie werden als generell wünschenswert für Systeme weitgehend autonom agierender, unendlicher Instanzen angesehen.

Die Erreichbarkeitsgraph und Definitionstext in Bezug setzenden Kriterien befassen sich mit 'toten' Stellen im Text einer Systemdefinition. Das sind Spezifikationsaussagen, die zur Definition der Ablaufeigenschaften des Systems keinen Beitrag leisten. Sie können mit unerreichtem Code oder nichtangesprochenen Variablen in Programmen verglichen werden.

4.1.2.1 Beschränktheit und Sicherheit

Die Begriffe Beschränktheit und Sicherheit beziehen sich in dem von Petri eingeführten ursprünglichen Sinn auf die Nutzung der Speicherkapazität der Kopplung eines Systems (vgl. Kap. 2.4.2). Als Kopplungsprinzip wird ein Übertragung-Modell vorausgesetzt. Der Begriff der Beschränktheit kann allerdings sinnentsprechend so verallgemeinert werden, daß er auch für Systeme mit Übereinkunft-Kopplung von Relevanz ist. Der Begriff der Sicherheit findet sich nur in übertragung-gekoppelten Systemen mit endlicher Speicherkapazität der Kopplung.

Im folgenden wird der Begriff der Sicherheit im Sinne von Petri eingeführt. Es soll an dieser Stelle aber auch auf eine andere Verwendung des Begriffs hingewiesen werden. Er wird im allgemeinen Kontext von Instanzensystemen in wesentlich erweiterter Bedeutung zur Klassifikation von spezifischen Kriterien benutzt.

Ein System heißt beschränkt, wenn eine endliche Schranke für die Speicherkapazität der Kopplung angegeben werden kann, so daß diese Schranke bei allen erreichbaren Systemzuständen nicht überschritten wird.

Die Beschränkheit eines Systems mit speichernder Kopplung wird als unabdingbare Eigenschaft angesehen. Nicht-beschränkte Systeme gelten als nicht-realisierbar, da zu ihrer Implementierung Maschinen mit unendlicher Speicherkapazität zur Verfügung stehen müßten.

Der Begriff der Sicherheit bezieht sich spezieller auf Systeme, in welchen eine puffernde Übertragung-Kopplung mit endlicher Speicherkapazität eingesetzt wird. Solche Systeme sind immer beschränkt, da die Kopplung Rückstau- oder Verlust-Maßnahmen zur Vermeidung eines Speicherüberlaufs vorsieht. Ein solches System heißt sicher, wenn im Erreichbarkeitsgraphen keine Systemschritte enthalten sind, in welchen der Rückstau oder der Verlust einer Nachricht durch die Kopplung dokumentiert ist.

In einem sicheren System könnte also - ohne die Ablaufeigenschaften zu verändern - auch eine Kopplung mit unendlicher Kapazität eingesetzt werden. Das sich dann ergebende System ist beschränkt.

Beschränktheit kann in einer umfassenderen Sicht nicht nur auf den Speicher der Kopplung sondern zusätzlich auch auf die Instanzen des Systems angewendet werden. In der Menge der erreichbaren Systemzustände sollen je Instanz nur endlich viele bezüglich Verhaltensgleichheit unterschiedliche Momentanverhalten auftreten. Dies heißt, daß jede Instanz nur endlich viele Instanzen-Zustände einnehmen kann und deshalb zu ihrer Realisierung nur eines endlichen Speichers bedarf. Damit besitzt das Kriterium der Beschränktheit auch Relevanz für übereinkunft-gekoppelte Systeme. Im folgenden soll unter Beschränktheit eines Systems immer diese umfassendere Sicht verstanden werden.

4.1.2.2 Lebendigkeit

Der Begriff der Lebendigkeit bezieht sich in dem von Petri eingeführten Sinn darauf, daß die einzelnen in den Definitionen der Instanzen eines Systems enthaltenen Verhaltensschritt-Vereinbarungen zu jedem Zeitpunkt eines möglichen Systemablaufs auch für die Zukunft von Relevanz sind. Man könnte diesen Begriff auch unter der folgenden Rubrik 'Relevanz von Spezifikationsaussagen' einordnen, da die Systemdefinition neben dem Erreichbarkeitsgraphen mit Grundlage des Kriteriums bildet. Der Schwerpunkt des Begriffs betrifft jedoch die Dynamik des Systems.

Im folgenden wird der Begriff der Lebendigkeit in diesem Sinn eingeführt. Anschließend werden hierzu häufig verwendete Abschwächungen vorgestellt. Weiterhin ist zu erwähnen, daß auch der Begriff Lebendigkeit, wie 'Sicherheit', in wesentlich erweiterter Bedeutung zur Klassifikation spezifischer Kriterien benutzt wird.

Es ergibt sich eine Abstufung des Begriffs Lebendigkeit auf die Ebenen von Verhaltensschritten, Instanzen und Gesamtsystem:

- Ein System wird als lebendig angesehen, wenn alle vereinbarten Instanzen lebendig sind.
- Eine Instanz ist lebendig, wenn alle ihre Verhaltensschritt-Vereinbarungen lebendig sind.
- Eine Verhaltensschritt-Vereinbarung ist lebendig, wenn sie in jedem Knoten des Erreichbarkeitsgraphen lebendig ist.
- Eine Verhaltensschritt-Vereinbarung ist in einem Knoten lebendig, wenn von diesem Knoten eine Kantenfolge ausgeht, die eine mit einem entsprechenden Verhaltensschritt verbundene Kante enthält.

Die Lebendigkeit eines Systems stellt sicher, daß alle vorgesehenen Verhaltensweisen der Systembestandteile in allen möglichen Ablaufsituationen immer relevant bleiben.

Im allgemeinen sind reale Systeme jedoch nicht lebendig. Sie sehen Initialisierungs- und Terminierungsphasen vor. Ein terminierendes System kann nicht lebendig sein. Der Erreichbarkeitsgraph enthält Terminierungszustände, von denen keine Kanten ausgehen. Auch die Verhaltensschritte der Initialisierungsphase sind nicht lebendig, da sie ab erfolgreicher Initialisierung keine Relevanz mehr besitzen. Unter diesen Erwägungen ist es für die Überprüfung eines Systems sinnvoll, differenzierte Aussagen zur Lebendigkeit einzelner Instanzen und Verhaltensschritte zu gewinnen.

Hier kann es bei einem nicht-lebendigen System ebenfalls von Interesse sein, ob für einzelne Instanzen wenigstens eine abgeschwächte Form der Lebendigkeit besteht. Sie wird im folgenden Blockierungsfreiheit genannt.

- Ein System ist blockierungsfrei, wenn alle seine Instanzen blockierungsfrei sind.
- Eine Instanz ist blockierungsfrei, wenn sie in jedem Knoten des Erreichbarkeitsgraphen blockierungsfrei ist.
- Eine Instanz ist in einem Knoten blockierungsfrei, wenn von diesem Knoten eine Kantenfolge ausgeht, die eine Kante enthält, deren zugeordneter Instanzenschritt einen beliebigen Verhaltensschritt der Instanz enthält.

In einem blockierungsfreien System sind Verklemmungen von Instanzenmengen ausgeschlossen. Das heißt, es können keine Systemzustände auftreten, in denen eine Menge von Instanzen wechselseitig auf Kommunikationsaktionen so wartet, daß hierdurch ein für die Zukunft nicht auflösbarer Konflikt entsteht. Ein solcher Konflikt würde in der Blockierung einzelner Instanzen resultieren.

4.1.2.3 Fairness

Der Begriff der Fairness kann als Verschärfung des Begriffs der Blockierungsfreiheit von Instanzen aufgefaßt werden. Eine blockierungsfreie Instanz besitzt bei jedem möglichen Systemablauf in jedem Zeitpunkt die Möglichkeit, in der Zukunft per Durchführung eines Verhaltensschritts in den Systemablauf einzugreifen. Es kann jedoch Systemabläufe geben, in denen die Instanz zwar die Möglichkeit zu Verhaltensschritten besitzt, diese Möglichkeit jedoch nie genutzt wird, weil in jedem solchen Zustand auch andere Instanzen in Konkurrenz hierzu fortschreiten können, und zufälligerweise immer eine andere Instanz der betrachteten zuvorkommt. Ist dies für alle Instanzen ausgeschlossen, so wird das System fair genannt:

- Ein System ist fair, wenn alle seine Instanzen unter Beteiligungszwang stehen.
- Eine Instanz steht unter Beteiligungszwang, wenn sie in allen Systemzuständen unter Beteiligungszwang steht.
- Eine Instanz steht in einem Systemzustand unter Beteiligungszwang, wenn jede von diesem Zustand ausgehende Kantenfolge eine Kante enthält, deren zugeordneter Instanzenschritt einen Verhaltensschritt der Instanz enthält.

Die Nicht-Fairness eines Systems weist auf die Möglichkeit hin, daß Instanzen in bestimmten Systemabläufen auf unendlich lange Zeit untätig sein können.

4.1.2.4 Relevanz von Spezifikationsaussagen

Kriterien zur Relevanz von Spezifikationsaussagen nehmen sowohl auf die textuelle oder graphische Definition eines Systems als auch auf den Erreichbarkeitsgraphen Bezug. Die verschiedenen gebräuchlichen Spezifikationssprachen zur Definition von Systemen werden zwar erst in einem nachfolgenden Kapitel erläutert, unter Bezugnahme auf das in Kap. 2 eingeführte allgemeine Konzept von Systemen kommunizierender Instanzen sollen folgende Bestandteile einer Systemspezifikation als gegeben angesehen werden:

- Aussagen zur Vereinbarung einzelner Kommunikationsereignistypen,
- Aussagen zur Vereinbarung einzelner Instanzenzustände, d.h. Kommunikationsverhalten für Instanzen ab gewissen Zeitpunkten,
- Aussagen zur Vereinbarung einzelner Zustandsübergänge von Instanzen, d.h. einzelner Verhaltensschritte von Instanzen.

Über dem Vergleich der Spezifikation mit dem Erreichbarkeitsgraphen kann das Kriterium der vollständigen Relevanz der Spezifikation definiert werden. Eine Spezifikation heißt vollständig relevant, wenn alle mit den Aussagen vereinbarten Elemente im Erreichbarkeitsgraphen einen Niederschlag gefunden haben. Das heißt im einzelnen:

- Jeder vereinbarte Kommunikationsereignistyp kommt mindestens einmal irgendwo in der Schaltermenge einer Kante des Erreichbarkeitsgraphen vor. Werden strukturierte Ereignistypen verwendet, muß jede explizit vereinbarte Komponente in einer Schaltermenge auftreten.
- Jeder vereinbarte Instanzenzustand tritt mindestens einmal im Instanzenvektor eines erreichbaren Systemzustands auf.
- Jeder vereinbarte Zustandsübergang ist in mindestens einer Kante des Erreichbarkeitsgraphen vertreten.

Das Kriterium wird häufig neben der Beschränktheit als erstes geprüft, bevor speziellere Kriterien zur Lebendigkeit untersucht werden. Erfahrungsgemäß wird in der Praxis bereits mit diesem Kriterium ein sehr großer Teil der überhaupt bekannt werdenden Entwurfsfehler entdeckt [119].

4.1.3 Spezifische Kriterien

Die zur Analyse eines Systems eingesetzten spezifischen Kriterien orientieren sich an der speziellen Auslegung eines Systems und dem zugrundegelegten Zweck des Systems. Es können hier im Rahmen einer allgemeinen Erörterung keine einzelnen Kriterien angegeben werden. Es soll aber eine Klassifikation nach unterschiedlichen Typen von Kriterien erfolgen:

- Lebendigkeits- und Sicherheitsanforderungen,
- Zyklusproduktivität,
- Invarianten.

Vornehmlich bei Anwendung logik-basierter Methoden ist eine Zweiteilung in Sicherheits- und Lebendigkeitskriterien üblich. Sie basiert auf der bereits angesprochenen Erweiterung der Begriffe Sicherheit und Lebendigkeit, wie sie in [75,94] über die von Petri eingeführte Bedeutung hinausgehend vorgenommen wurde.

Hier gilt ein System als sicher, wenn es eine Menge spezifisch für das gegebene System aufgestellter Sicherheitsanforderungen erfüllt. Als Sicherheitsanforderung wird eine Aussage gewertet, welche Einschränkungen für mögliche Reaktionen von offenen Systemen oder Instanzen in Systemen enthält. Eine Sicherheitsanforderung ist i.a. nach den Mustern 'In allen erreichbaren Zuständen muß ... gelten' oder 'Eine Reaktion x darf nur erzeugt werden, wenn ... hierfür gilt' aufgebaut.

Als Pendant hierzu gilt ein System als lebendig, wenn es eine Menge sogenannter Lebendigkeitsanforderungen erfüllt. Sie werden nach dem Muster 'Wenn ... gilt, muß eine Reaktion des Typs x erzeugt werden' als spezifische Kriterien für Instanzen oder offene Systeme formuliert.

Bei Verwendung operationaler Modelle zur Definition von Systemen stehen Notationsformen für beliebige Sicherheits- und Lebendigkeitsanforderungen nicht zur Verfügung. Hier fällt eine derartige Untersuchung des Erreichbarkeitsgraphen deshalb in den Bereich der Inspektion. Im Bereich der Kriterienprüfung kommt den oben erläuterten allgemeinen Kriterien eine starke Bedeutung zu. Aber auch hier können im Zwischenbereich der spezifischen Kriterien nützliche Untersuchungen durchgeführt werden. Sie befassen sich mit Zyklen im Erreichbarkeitsgraphen unendlicher Systeme [63]. Zyklen sind Kantenfolgen, die von einem Knoten aus zu einem Knoten mit komponentenweise verhaltensgleichem Instanzenvektor und identischem Kopplungszustand führen.

Voraussetzung für eine Bewertung von Zyklen ist eine Zweiteilung der Menge der Kommunikationsereignistypen in eine Menge sogenannter unmittelbar produktiver Ereignistypen und verdeckter Ereignistypen. Diese Zweiteilung erfolgt system-spezifisch und gehört bereits zur Definition der Kriterien. Als unmittelbar produktiv werden alle Ereignistypen angesehen, von denen - unter Berücksichtigung des Systemzwecks - ein direkter Bezug zu einem gewissen Fortschritt in der Erfüllung der Systemaufgabe angenommen werden kann. In der Regel werden bei einem offenen System alle Ereignistypen der System-Schnittstelle als produktiv gewertet.

Ausgehend von dieser Charakterisierung der Ereignistypen können die verschiedenen Zyklen des Erreichbarkeitsgraphen klassifiziert werden:
- produktiv,
- verzögernd,
- schein-terminierend,
- unabhängig.

Ein Zyklus wird als produktiv und daher unkritisch angesehen, wenn die entsprechende Kantenfolge mindestens eine Kante mit einem produktiven Ereignistyp in der Schaltermenge enthält. In diesem Sinne nicht-produktive Zyklen werden als kritisch erachtet und sind weiter zu klassifizieren.

Der günstigere Fall eines unproduktiven Zyklus ist der des verzögernden. Hier führt der Zyklus über mindestens einen Systemzustand, von dem ausgehend der Zyklus so verlassen werden kann, daß sich danach die Möglichkeit zu einem produktiven Ereignis ergibt. Der Zyklus kann also zwar Fortschritte des Gesamtsystems auf unendlich lange Zeit verzögern, bei jedem Durchlauf entsteht aber erneut die Chance, daß das System den Zyklus verläßt und einen produktiven Schritt ausführt.

Bei einem schein-terminierenden Zyklus besteht diese Chance nicht. Entweder kann der unproduktive Zyklus nicht verlassen werden, oder aber nur in einer Weise, die keine Möglichkeit zum zukünftigen Auftreten eines produktiven Ereignisses gibt. Ein System, das einen solchen Zyklus betritt, erscheint deshalb bezogen auf die als produktiv erachteten Ereignisse, als hätte es bereits terminiert.

Ein verzögernder Zyklus kann weitergehend daraufhin untersucht werden, ob Kanten des Zyklus produktivitätsvorbereitend wirken. Wenn nicht, kann der Zyklus als unabhängig gelten. Dies signalisiert, daß das System von der Aufgabenstellung her überflüssige und möglicherweise unendliche Abläufe enthält. Dies muß als ins Gewicht fallender Entwurfsfehler gewertet werden, da in einem entsprechenden realen System dann Phasen möglich sind, in denen Instanzen unproduktiv tätig sind und in nicht kontrollierter Weise Ressourcen beanspruchen.

Ein hinreichendes Kriterium für unabhängige Zyklen ist, wenn bereits vom ersten im Systemablauf eingenommenen Zustand des Zyklus eine den Zyklus verlassende Kante ausgeht. Dann werden in der Kantenfolge des Zyklus keine Kopplungs- oder Instanzenzustände so verändert, daß hierdurch erst die Möglichkeit zum Verlassen des Zyklus eröffnet wird.

Es sind, vor allem bei Verwendung einer Übertragung-Kopplung mit spezifischer Auslieferungsdisziplin, allerdings auch in logischem Sinn unabhängige Zyklen möglich, die nicht bereits im Kopf verlassen werden können. Dies kann dadurch verursacht werden, daß gewisse - logisch unnötige - Nachrichten eine bereits in der Kopplung enthaltene für das Verlassen notwendige Nachricht verdecken. Um solche Fälle zu entdecken, werden in der Regel inspizierende Maßnahmen durchgeführt.

Weiterhin können sogenannte Invarianten zur Beurteilung spezifischer Systeme beitragen. Eine Invariante ist eine Bedingung über einer Menge von Knoten und Kanten. Sie muß angewendet auf beliebige Knoten und Kanten des Erreichbarkeitsgraphen zutreffen. Als Hauptproblem bei Invarianten stellt sich i.a. zunächst nicht der Nachweis einer gegebenen Invariante, sondern vorher die Ermittlung einer als vermutete Invariante prüfenswerten Bedingung. Invarianten werden insbesondere bei Petri-Netzen verwendet, weil hier - aufgrund der besonderen Umstände des Petri-Netz-Modells - Nachweis und Ermittlung mit einer einzigen Berechnung erfolgen können [98]. Bei logik-basierten Methoden können die Sicherheits- und Lebendigkeitsanforderungen zum Teil auch als Invarianten gewertet werden.

4.1.5 Inspektion

Unter Inspektion wird verstanden, daß der Entwerfer sich selbst mit einer aus dem Erreichbarkeitsgraphen oder Teilen davon abgeleiteten Darstellungsform des Systemablaufs auseinandersetzt, um Hinweise auf mögliche Unterschiede zwischen seinen Intentionen und dem tatsächlich definierten System zu gewinnen.

Eine Inspektion kann in der Form des Zurkenntnisnehmens einer textuellen oder graphischen Darstellung des Erreichbarkeitsgraphen vorgenommen werden und maschinell durch Verwaltung, Aufbereitung und Auswahl von Ausschnitten unterstützt werden. Es können z.B. statische Darstellungen des Erreichbarkeitsgraphen betrachtet werden, oder der Ablauf eines Systems kann simuliert und interaktiv beeinflußt durchgespielt werden.

Die folgende Erläuterung konzentriert sich auf die Auswertung eines als insgesamt berechnet und darstellbar angenommenen Erreichbarkeitsgraphen. Es wird angenommen, daß das betreffende System beschränkt ist.

4.1.5.1 Inspektionsziele

Eine Inspektion des Erreichbarkeitsgraphen wird üblicherweise unter den folgenden drei Zielvorstellungen durchgeführt:

- Exemplarische Verfolgung möglicher Abläufe,
- Beurteilung von Terminierungszuständen,
- Beurteilung von Zyklen.

Unter dem Aspekt der exemplarischen Verfolgung möglicher Abläufe werden Kantenfolgen des Erreichbarkeitsgraphen inspiziert. Unter Umständen ist ein Ablauf als Hauptablauf identifizierbar. Er entspricht der Tatsache, daß alle beteiligten Komponenten des Systems ihre gewünschten Funktionen erfüllen, ohne daß Ausnahmesituationen auftreten. Anschließend können einzelnen Ausnahmesituationen zugeordnete Abzweigungen vom Hauptablauf inspiziert werden, um die Bewältigung der Besonderheiten durch das System zu verfolgen. Die Verfolgung der Kanten sollte auch im Hinblick darauf erfolgen, ob sich mit ihnen immer Fortschritte im gewünschten Systemablauf einstellen, und ob jede logische Systemfunktion nach endlich vielen Schritten abgeschlossen wird.

Terminierungszustände des Erreichbarkeitsgraphen sind in der Regel bei als unendlich geplanten Systemen selten und signalisieren dort einen Entwurfsfehler. Sie können mit den zu ihnen hinführenden Kantenfolgen inspiziert werden, um Erkenntnisse über den verursachenden Entwurfsfehler zu gewinnen.

Der Hauptaufwand bei einer Inspektion ergibt sich üblicherweise mit der Betrachtung der Zyklen des Erreichbarkeitsgraphen. Im allgemeinen enthält der Graph sehr viele, auch miteinander verschachtelte und verzweigte Zyklen, so daß bereits die rechnergestützte Identifikation von Zyklen eine erhebliche Hilfe darstellt. Zur Vorbereitung der Inspektion ist es ferner wünschenswert, daß die einzelnen Zyklen nach den in Kap. 4.1.3 genannten Kriterien als produktiv, verzögernd, schein-terminierend oder unabhängig klassifiziert wurden. Damit kann sich die Inspektion auf die nicht-produktiven Zyklen konzentrieren:

- Bei verzögernden Zyklen ist zu untersuchen, ob sie unter realen Umständen als nach endlich vielen Schritten terminierend angenommen werden können.

- Bei schein-terminierenden oder unabhängigen Zyklen ist zunächst zu untersuchen, ob diese Klassifikation nur in der ungeeigneten Auswahl der als produktiv angesehenen Ereignistypen begründet ist. Wenn nein, ist der entsprechende Entwurfsfehler zu identifizieren.

Eine weitergehende Untersuchung der Zyklen kann ferner entsprechend der Aspekte erfolgen, die unter dem Punkt der exemplarischen Verfolgung von Systemabläufen aufgeführt wurden.

4.1.5.2 Projektionen des Erreichbarkeitsgraphen

Oft möchte man bei einer ersten Inspektion des Erreichbarkeitsgraphen aufgrund seines Umfangs zunächst nicht den Graphen insgesamt, sondern nur einschränkende Darstellungen desselben inspizieren [63,69,89]. Hierzu können folgende Maßnahmen getroffen werden:

- Beschränkung der Betrachtung auf Schaltermengen-Abfolgen,
- Zusammenfassen von Schaltermengen in Klassen,
- Einführen einer Klasse verdeckter Schaltermengen.

Bei Verzicht auf die in einem Knoten des Graphen vorliegende Information über die Instanzen- und Kopplungszustände kann die Betrachtung auf die im System möglichen Abfolgen von Schaltermengen, also auf Wörter über der Menge im Graphen vorkommender Schaltermengen, eingeschränkt werden.

Zur weitergehenden Einschränkung kann dieses Alphabet auf eine kleinere Menge von Zeichen abgebildet werden.

Es kann z.B. bei Verwendung einer Übereinkunft-Kopplung anstelle einer Schaltermenge nur noch der Bezeichner des betroffenen Ports als Zeichen verwendet werden, um zu untersuchen, in welcher Abfolge Interaktionen an den einzelnen Ports des Systems stattfinden können.

Bei Verwendung einer Übertragung-Kopplung kann z.B. nur nach Nachrichtentyp und Vorzeichen differenziert werden, um zu sehen, in welcher Reihenfolge Nachrichten der verschiedenen Typen erzeugt und verbraucht werden.

Zur weitergehenden Einschränkung können Klassen verdeckter Schaltermengen eingeführt werden. Bei Übereinkunft-Kopplung können z.B. alle Schaltermengen verdeckt werden, die mit einer bestimmten Port-Menge in Verbindung stehen. Man abstrahiert nun von allen Kommunikationsaktionen an diesen - als von untergeordneter Bedeutung angesehenen - Ports.

Bei Übertragung-Kopplung können Nachrichtentypen insgesamt verdeckt werden, um so ebenfalls zunächst einen Einblick in die möglichen Abfolgen als wichtig erachteter Nachrichtentypen zu gewinnen. Außerdem kann hier auch eine starke Reduktion erzielt werden, wenn eines der beiden Vorzeichen für alle Nachrichtentypen verdeckt wird, so daß z.B. nur noch der Empfang von Nachrichten dokumentiert ist.

Die Inspektion derartiger Projektionen gibt in der Regel nicht nur einen sehr hilfreichen ersten Einblick in die dynamischen Eigenschaften des untersuchten Systems. Oft können hier - durch Verwendung mehrerer unterschiedlicher Projektionen - bereits alle als untersuchenswert erachteten Aspekte geprüft werden.

Im Falle der Entdeckung eines Entwurfsfehlers muß man allerdings oft zu seiner genaueren Identifizierung ausgehend von einer Stelle in der Projektion auf die betroffenen Knoten und Kanten des vollständigen Erreichbarkeitsgraphen schließen, um die damit verbundenen Instanzen- und Kopplungszustände genau inspizieren zu können.

4.2 Protokoll-Prüfung

Zur Prüfung von Protokollen und Diensten soll ein Protokoll in Form eines Protokollsystems und ein Dienst in Form einer Instanz oder eines entsprechenden offenen Systems definiert sein. Es können die im folgenden erläuterten einzelnen Maßnahmen unterschieden werden:

- Dienstüberprüfung,
- Protokollüberprüfung,
- Dienstableitung,
- Protokollverifikation.

Bei allen diesen Prüfmaßnahmen besteht die Problematik der sogenannten Zustandsexplosion. Die Maßnahmen setzen die Berechnung des Erreichbarkeitsgraphen voraus. Die Anzahl der Knoten dieses Graphen ist zwar im hier interessierenden Fall beschränkter Systeme mit endlicher Menge von Kommunikationsereignistypen endlich, kann aber sehr groß werden. Sie ist nach oben nur durch das Produkt der Anzahlen von Zuständen der einzelnen Instanzen und der Anzahl der Kopplungszustände beschränkt. Bei den in der Praxis üblicherweise verwendeten Kommunikationsprotokollen können je Protokollinstanz bereits mehrere zehntausend Zustände zu unterscheiden sein, so daß die Berechnung des Erreichbarkeitsgraphen aus Zeit- und Speicheraufwandsgründen nicht mehr durchführbar ist. Zur Behandlung praxisrelevanter Protokolle müssen deshalb Abstraktionsmaßnahmen getroffen werden. Die hier bei der Behandlung von Kommunikationsprotokollen üblichen Maßnahmen werden im folgenden zunächst erläutert.

4.2.1 Abstraktion

Abstraktionsmaßnahmen haben zum Ziel, anstelle eines realitätsnahen, detaillierten Protokollsystems einfachere Modelle zu gewinnen, an denen sich dennoch die wesentlichen Aspekte eines Protokolls untersuchen lassen. Unter Umständen werden auch für dasselbe Protokoll mehrere unterschiedliche Protokollsysteme zur Behandlung verschiedener Aspekte definiert. Ansätze zur formalen Behandlung von Abstraktionen basieren auf vergröbernden Abbildungen des Instanzenzustandsraums [1,73] und auf der Zusammenfassung von Ereignisfolgen zu atomaren Ereignissen [77], haben aber zur Zeit noch nicht zur Entwicklung praxisreifer Werkzeuge geführt.

Eine Abstraktion wird deshalb i.a. noch ohne ausdrückliche Bezugnahme auf eine formale Basis in freier Argumentation begründet und vom Entwerfer eines Protokolls ohne erwähnenswerte Rechnerunterstützung im Rahmen eines kreativen Prozesses erarbeitet (Ansätze zur weitergehenden Unterstützung wurden in [27,51] untersucht). Die Ergebnisse anschließender formalismus-gestützter Maßnahmen sind deshalb immer im Zusammenhang mit der Zulässigkeit der getroffenen Abstraktionsmaßnahmen zu sehen.

Im einzelnen sind Abstraktionsmaßnahmen bezüglich folgender Aspekte üblich:

- Anzahl der Protokollinstanzen und Dienstzugangspunkte,
- Rollenverteilung der Protokollinstanzen,
- Phasenstruktur des Protokollablaufs,
- Kontrollparameter der Dienstprimitive,
- Instanzeninterne Ablaufsteuerung,
- Nutzdaten,
- Direkte Kopplung.

Diese Maßnahmen werden üblicherweise im Verbund zur Erstellung analysierbarer Protokollsysteme angewendet.

4.2.1.1 Protokollinstanzen und Dienstzugangspunkte

Ein Protokollsystem wird auf eine möglichst kleine Menge von Protokollinstanzen beschränkt.

Bei Kommunikationsdiensten des ISO/OSI-Modells stehen die einzelnen Dienstleistungen oft im Zusammenhang mit genau zwei Dienstzugangspunkten. Dienstleistungen, die unterschiedliche Zugangspunktpaare betreffen sind voneinander weitgehend unabhängig. Steht die Dienstleistung im Kontext einer Verbindung, ergibt sich sogar eine Unabhängigkeit zu anderen, dasselbe Zugangspunktpaar, aber fremde Verbindungen betreffenden Dienstleistungen.

Hier empfiehlt es sich, die System-Schnittstelle des Protokollsystems auf zwei Zugangspunkte zu beschränken, und nur zwei Protokollinstanzen zu ihrer direkten Unterstützung vorzusehen. Zusätzliche Instanzen werden nach Möglichkeit vermieden.

Die Anzahl der berücksichtigten Dienstzugangspunkte des Basisdiensts hängt von der Menge der vorgesehenen Protokollinstanzen und den zwischen ihnen zu erfassenden Verbindungen ab.

4.2.1.2 Rollen

Die meisten Kommunikationsprotokolle sind in der Hinsicht symmetrisch, daß jede Instanz potentiell gleichartige Funktionen ausführen kann, um an beliebigen Zugangspunkten alle Dienstleistungstypen des Zieldienstes zu unterstützen. Sobald allerdings durch einen initialen Stimulus eines Nutzers der Zusammenhang einer bestimmten Dienstleistung definiert ist, sind die Funktionen der betroffenen Instanzen - bezogen auf diese spezielle Dienstleistung - unterschiedlich. Den Instanzen können für die Erbringung einer bestimmten Dienstleistung unterschiedliche Rollen zugeordnet werden.

Die Rollenzuordnung kann genutzt werden, um die Zustandsanzahl der einzelnen Protokollinstanzen im Modell zu vermindern. Man entwirft das Modell nur noch für einen Zieldienst, bei dem a priori eine feste Zuordnung von Stimuli- und Reaktionentypen zu einzelnen Zugangspunkten angenommen wurde. Damit werden für einzelne Protokollinstanzen gewisse Rollen irrelevant und müssen nicht mehr im Modell vorgesehen werden. Auch das Modell des Basisdienstes kann vereinfacht werden.

4.2.1.3 Phasenstruktur

Bei vielen Kommunikationsdiensten ist eine unter Umständen auch mehrstufige typabhängige zeitliche Klammerung von Dienstleistungen vorgesehen. Das heißt, es gibt Dienstleistungstypen, welche einen bestimmten Zusammenhang öffnen, Typen, die nur im Rahmen eines geöffneten Zusammenhangs erlaubt sind, und Typen, die einen Zusammenhang schließen. Häufigstes Beispiel ist der Zusammenhang einer Verbindung. Die Dienstleistung Datentransfer kann nur nach erfolgreichem Verbindungsaufbau in Anspruch genommen werden.

Solche Klammerstrukturen des Zieldienstes führen in der Regel dazu, daß der Dienstbetrieb global in zeitliche Phasen der Art 'Öffnen einer Klammer', 'Betrieb auf Klammerebene', 'Schließen einer Klammer' strukturiert werden kann. Für jede Phase ist in sehr offensichtlicher Weise nur eine Teilfunktionalität der einzelnen Protokollinstanzen relevant. Die Übergänge zwischen zwei Phasen werden durch wenige Verhaltensschritte der einzelnen Instanzen hergestellt.

Man kann anstelle eines einzigen, alle Phasen detailliert darstellendenden Modells mehrere Protokollsysteme vorsehen. Bei jedem System konzentriert sich die Modellierung auf eine Phase und sieht andere Phasen nur sehr rudimentär vor.

4.2.1.4 Kontrollparameter

Kontrollparameter kommen in einem Protokollsystem als Komponenten folgender Elemente vor:

- Zieldienstprimitive,
- Protokolldateneinheiten,
- Basisdienstprimitive.

Der Typ eines Dienstprimitivs, d.h. im Modell der entsprechende Kommunikationsereignistyp, setzt sich wie in Kap. 3.3 beschrieben aus mehreren Komponenten zusammen, die in Nutzdaten und eine Menge von Kontrollparametern gegliedert sind. Die Kontrollparameter steuern die detaillierte Abwicklung einer Dienstleistung. In der Regel sind sehr viele Kombinationen der Kontrollparameter erlaubt, denen die Protokollinstanzen durch entsprechende Varianten in ihrer Funktionalität gerecht werden. So berücksichtigen sie die Kontrollparameter eines an ihrer Schnittstelle vom Nutzer erzeugten Stimulus entweder direkt oder leiten sie u.U. auch in abgeänderter Form als Kontrollparameter in Protokolldateneinheiten weiter. Von Interesse ist es hier, durch Vernachlässigung einzelner Kontrollparameter oder durch Bündelung von Parameterkombinationen die Anzahl der im Verhalten der Protokollinstanzen zu unterscheidenden Fälle zu verringern, um das Modell zu vereinfachen.

Die Kontrollparameter 'Zugangspunktadresse' und 'Verbindungsendpunktidentifikation' können im Zusammenhang mit einer geeigneten Reduktion der Anzahl von Dienstzugangspunkten und Protokollinstanzen oft vernachlässigt werden.

Ebenfalls können Parameter zur Qualität einer Dienstleistung oft entfallen. Hier wird bei den betroffenen Protokollinstanzen die Auswertung der Parameter als indeterministisch gefällte Entscheidung modelliert.

Parameter zu Dienstleistungstypvarianten können unter Umständen dadurch vernachlässigt werden, daß die Betrachtung auf wenige Grundtypen eingeschränkt wird.

Neben den vom Nutzer des Zieldienstes vorgegebenen Kontrollparametern gibt es solche zur protokollinternen Ablaufsteuerung. Ihre Werte werden von den Protokollinstanzen festgelegt, und sie treten als Kontrollparameter von Protokolldateneinheiten auf. Sie beeinflussen in der Regel den protokollinternen Ablauf so maßgeblich, daß Abstraktionsmaßnahmen - wenn überhaupt - nur in geringem Umfang möglich sind. Eine wichtige Klasse solcher Kontrollparameter sind z.B. die sogenannten Sequenznummern in Sliding-Window-Protokollen (vgl. [111]), die den Flußkontrollmechanismus steuern. Hier kann unter Umständen eine Abstraktion von der realen Fenstergröße derart vorgenommen werden, daß im Modell kleinere Fenster vorgesehen werden.

4.2.1.5 Instanzeninterne Ablaufsteuerung

Der Ablauf einer Instanz wird meistens nicht nur von den Kontrollparametern der Dienstprimitive und Protokolldateneinheiten gesteuert. Viele Protokollmechanismen basieren zusätzlich auf lokalen Zustandskomponenten, die einzelnen Mechanismen zugeordnet werden können. Sie werden beim Start des Systems mit einer festen Vorgabe initialisiert und zur internen Ablaufsteuerung der Instanz gelesen und verändert. Wichtige Beispiele sind lokale Zähler zur Verwaltung der Sequenznummern-Vergabe oder zur Limitierung von Fehlerbehebungsversuchen.

Bei Zählern zur Sequenznummern-Verwaltung kann die im vorigen Abschnitt erwähnte Verminderung der Fenstergrößen zur Reduktion des Zustandsraums beitragen.

Bei Zählern zur Limitierung von Wiederholungsversuchen kann anstelle der Verringerung der Maximalzahl auch eine umgekehrte Strategie verfolgt werden. Unter der Annahme, daß die Wiederholungsanzahl nicht limitiert ist, kann ein solcher Zähler vollständig vernachlässigt werden.

4.2.1.6 Nutzdaten

Die Nutzdaten-Komponente eines Dienstprimitivs oder einer Protokolldateneinheit ist aus Nutzersicht wichtig. Sie beeinflußt aber in ihrem genauen Wert den Protokollablauf nicht. Von Interesse sind nur:

- Länge der Repräsentation eines Nutzdatums,
- Identität der Nutzdaten korrespondierender Dienstprimitive.

Die Länge der zur Darstellung eines Nutzdatums benötigten Nachricht besitzt Einflüsse auf den Systemablauf, wenn ein Protokoll Mechanismen wie Segmentierung und Blockung vorsieht. Zur Untersuchung kann die Nutzdaten-Komponente durch einen neu eingeführten Kontrollparameter Nutzdaten-Länge modelliert werden.

Zur Prüfung der Identität der Nutzdaten korrespondierender Dienstprimitive sollte von der i.a. sehr großen Anzahl der möglichen unterschiedlichen Nutzdaten abstrahiert werden, da solche Daten im Protokollsystem zwischengespeichert werden und so die Anzahl der Knoten des Erreichbarkeitsgraphen bedeutend erhöhen.

Eine Möglichkeit zur Lösung dieses Problems besteht darin, eine symbolische, vom exakten Wert eines Nutzdatums abstrahierende Behandlung im Erreichbarkeitsgraphen zu unterstützen. Dies ist bei den gebräuchlichen Analysetechniken nicht vorgesehen.

Dort können stattdessen die Nutzdaten von Dienstprimitiven des Zieldienstes im Modell vollständig vernachlässigt werden. Die Nutzdaten von Protokolldateneinheiten sind dann ebenfalls vernachlässigbar. In einem solchen Modell ist nun allerdings die Identität unterschiedlicher Nutzdaten des Zieldienstes nicht mehr formal prüfbar. Die Prüfung beschränkt sich auf die übrigen Aspekte der Lebendigkeit und Sicherheit des Systems. Zur Untersuchung der Identität der Nutzdaten werden anschließend inspizierende Maßnahmen durchgeführt.

4.2.1.7 Direkte Kopplung

Die Anzahl der Instanzen eines Protokollsystems kann auch dadurch vermindert werden, daß der Basisdienst nicht mehr explizit als Instanz im System vorhanden ist. Anstelle eines indirekten Protokolls wird nun ein direktes Protokoll modelliert. Die Aufgabe des Basisdienstes - die Kopplung der Protokollinstanzen - wird im Modell von der standardmäßigen Kopplungskomponenten getragen.

Hier lassen sich allerdings nur verwertbare Ergebnisse erzielen, wenn die zur Kopplung der Instanzen im indirekten Protokoll vom Basisdienst benötigte Funktionalität in verträglicher Weise durch die standardmäßige Kopplung der Modellierungstechnik zur Verfügung gestellt wird. Dies ist im Einzelfall zu entscheiden und kann bei Verwendung eines Übertragung-Modells aufgrund der Ausrichtung dieses Kopplungskonzepts auf die Grundzüge realer Kommunikationsdienste in der Datentransfer-Phase von Protokollen oft gegeben sein.

4.2.1.8 Zeitüberwachungsmaßnahmen

Um Nachrichtenverluste durch den Basisdienst zu erkennen, werden in Telekommunikationsprotokollen Zeitüberwachungsmaßnahmen getroffen. Da in modernen Protokollen auch die Ankunft einer empfängerseitig als nicht-behebbar verfälscht erkannten Nachricht durch Ignorieren auf den Fall des Nachrichtenverlusts zurückgeführt wird, kommt derartigen Maßnahmen eine zentrale Bedeutung zu.

Eine Zeitüberwachungsmaßnahme sieht typischerweise vor, daß eine Protokollinstanz A, welche eine Protokolldateneinheit a an eine Partnerinstanz B sendet, gleichzeitig mit dem Senden unter Angabe einer Zeitdauer einen 'Weckauftrag' an das Betriebssystem absetzt. Die Zeitdauer ist so bemessen, daß nach der Übertragung der Protokolldateneinheit a die Partnerinstanz B reagieren und die Übertragung einer rückmeldenden Protokolldateneinheit b noch so veranlassen kann, daß b mit großer Wahrscheinlichkeit noch rechtzeitig von A empfangen und erkannt wird. A wird in einem solchen geglückten Fall den Weckauftrag umgehend stornieren, bevor er zu einer Meldung führt. Wenn die Übertragung von a und/oder b durch Verlust oder Verfälschung gestört wurde, wartet A vergebens auf b, wird aber nach Verstreichen der Zeitdauer durch eine entsprechende Meldung zu Wiederholungsmaßnahmen veranlaßt.

Die Bemessung der Zeitkonstanten hängt von den Leistungsparametern des Basisdienstes und der Implementierung der Protokollinstanzen ab und hat großen Einfluß auf die Leistung des Zieldienstes. Dieser Aspekt kann bei der rein funktionellen Betrachtung nicht behandelt werden.

Weil die Ankunft einer Zeitüberwachungs-Meldung auch das Verhalten einer Instanz wesentlich beeinflußt, können Zeitüberwachungsmaßnahmen bei der funktionellen Modellierung aber nicht vernachlässigt werden.

Man kann hierzu folgendermaßen vorgehen. Je Protokollinstanz und Zeitüberwachungsmaßnahmen-Typ wird eine einfache zusätzliche Zeitgeber-Instanz in das Protokollsystem aufgenommen. Sie wird durch unparametrisierte Weckaufträge und Stornierungswünsche von der Protokollinstanz stimuliert und sendet nach endlicher aber ansonsten nicht näher bestimmter Zeit eine Zeitablauf-Meldung an die Protokollinstanz zurück. Stornierungswünsche werden so behandelt, daß sie indeterministisch entweder die nächste Ablauf-Meldung unterdrücken oder wirkungslos bleiben. Die Zeitgeber-Instanz soll ansonsten völlig unabhängig von den übrigen Systemkomponenten sein. Auf diese Weise können bei der funktionellen Analyse des Protokollsystems alle möglichen Fälle bis hin zur zu spät gekommenen Stornierung eines Weckauftrags erfaßt werden.

4.2.2 Maßnahmen

Gesamtaufgabe eines Entwurfs ist die Erarbeitung der grundlegenden funktionellen Architektur eines Kommunikationssystems. Als Vorgaben treten hierbei auf:

- Vorstellungen über und Anforderungen an den vom Kommunikationssystem zu erbringenden Dienst,
- der gegebene Basisdienst,
- eine Menge zusätzlicher Randbedingungen zur Architektur, wie z.B. Standards oder aus der vorgesehenen Implementierungsumgebung resultierende Anforderungen.

Bei strikter Top-Down-Strukturierung des Entwurfs ergeben sich folgende Phasen:

- Entwurf des Zieldienstes und Beschreibung als Instanz oder offenes System,
- Aufteilung in Schichten und Abgrenzung der obersten Schicht durch ein Modell ihres Basisdienstes,

- Entwurf oder Auswahl sowie Modellierung des Protokolls der obersten Schicht in Form eines Protokollsystems,
- Bearbeitung der untergeordneten Schichten.

In der Praxis ergeben sich oft Abweichungen zu dieser Top-Down-Vorgehensweise. Dienste werden z.B. häufig nur durch Aufzählung der Anforderungen grob umrissen, so daß die Dienstentwurf-Phasen weitgehend übersprungen werden. Dies erfolgt insbesondere bei Bottom-Up-Vorgehensweise. Hier kann dann das Protokollsystem einer niederen Schicht als Modell des Basisdienstes der nächsthöheren Schicht verwendet werden.

4.2.2.1 Dienstüberprüfung

Ausgangsbasis einer Dienstüberprüfung ist die Spezifikation eines offenen Systems oder einer Instanz, das (bzw. die) einen Kommunikationsdienst modelliert. Die Spezifikation kann aus zwei verschiedenen Gründen entstanden sein:

- Die Spezifikation ist das Ergebnis eines Dienstentwurfs. Sie soll zur Absicherung des Entwurfs isoliert untersucht werden.
- Die Spezifikation ist das Ergebnis der Modellierung eines als vorgegeben angenommenen Dienstes. Sie soll später als Modell des Basisdienstes in einem Protokollsystem dienen und vorher untersucht werden, um die vorgenommene Modellierung abzusichern.

Definiert die Spezifikation ein einfaches offenes System, d.h. eine Instanz, dann wird im Rahmen der Dienstüberprüfung im wesentlichen das Kommunkationsverhalten der Instanz inspiziert und mit den Entwurfsintentionen verglichen.
Im Sinne eines Tests kann der Dienst in einen Testrahmen eingebettet werden, der aus einer Menge als typisch angesehener Nutzerinstanzen besteht. Hierdurch ergibt sich ein geschlossenes System, dessen Ablauf anhand seines Erreichbarkeitsgraphen untersucht werden kann. Interessant ist, ob der entworfene Dienst für die Nutzer verwertbare Dienstleistungen erbringt, und ob sich auf der Basis des Dienstes eine sichere und lebendige Anwendung ergibt.

Definiert die Spezifikation ein aus mehreren Instanzen zusammengesetztes System, dann können die vorgenannten Maßnahmen mit der Ersatzinstanz dieses Systems durchgeführt werden. Außerdem kann die interne Zusammensetzung des Systems anhand des Erreichbarkeitsgraphen des offenen Systems daraufhin untersucht werden, ob die Spezifikation im Sinne der allgemeinen Kriterien konsistent ist.

4.2.2.2 Protokollüberprüfung

Ausgangsbasis einer Protokollüberprüfung ist die Spezifikation eines Protokollsystems. Sie ist das Ergebnis eines Protokollentwurfs und wird zur Absicherung des Entwurfs isoliert überprüft.

Die Vereinbarung eines Protokollsystems umfaßt die Definitionen der einzelnen Protokollinstanzen und des Basisdienstes. Es handelt sich um ein offenes zusammengesetztes System, dessen Instanzen in der Regel ein unendliches Kommunikationsverhalten besitzen. Anhand des Erreichbarkeitsgraphen sind deshalb zunächst die Fragestellungen zur Sicherheit, Lebendigkeit und Fairness zu untersuchen, um grobe Entwurfsfehler auszuschließen. Lebendigkeitsaspekte werden i.a. mit der Analyse der Zyklen des Erreichbarkeitsgraphen behandelt, auf die sich die spezifischen Kriterien der Prüfung beziehen.

Darüberhinaus können die im vorigen Abschnitt besprochenen Maßnahmen und Fragestellungen zur Dienstüberprüfung ebenfalls - anstatt auf das unmittelbare Modell eines Dienstes - auf ein Protokollsystem angewendet werden, da ja seine System-Schnittstelle einer Dienstschnittstelle entsprechen soll.

4.2.2.3 Protokollverifikation

Bei der Protokollverifikation existieren sowohl die Definition eines Protokollsystems als auch eine hierzu in unabhängiger Weise entwickelte Spezifikation des Zieldienstes. Die Protokollverifikation soll den Nachweis erbringen, daß das Protokollsystem den vorgegebenen Zieldienst in korrekter Weise erbringt.

Die Maßnahme wird als vergleichende Maßnahme durchgeführt. Die Fragestellung betrifft die Verhaltensgleichheit oder Verträglichkeit des Kommunikationsverhaltens an der System-Schnittstelle des Protokollsystems mit dem Kommunikationsverhalten des gewünschten Zieldienstes.

Bei erfolgreicher Verifikation kann als gesichert angenommen werden, daß das entworfene Protokoll gegenüber dem Zieldienst funktionell korrekt ist und die hierdurch definierten Vorgaben voll erfüllt. Dies impliziert oft die Annahme, daß der Entwurf eines Protokolls bereits allein durch eine erfolgreiche Verifikation in ausreichendem Maße abgesichert ist. So konzentrieren sich auch manche gängigen Spezifikations- und Verifikationstechniken im wesentlichen auf die Unterstützung dieser Analyseform.

Es soll an dieser Stelle jedoch davon abgeraten werden, die Protokollverifikation als alleinige Maßnahme zur Protokollprüfung vorzusehen. Auch aus der Sicht der Verifikation korrekte Protokolle können noch Schwachstellen enthalten, die nur im Rahmen einer umfassenden Protokollüberprüfung erkannt werden können und die als schwerwiegende Entwurfsfehler zu werten sind. So kann z.B. das Vorhandensein irrelevanter Spezifikationsaussagen den Nutzen einer Spezifikation als Implementierungsvorgabe wesentlich mindern. Verklemmungen von Teilen des Protokollsystems und unproduktive Abläufe können bei der Verifikation verdeckt bleiben.

4.2.2.4 Dienstableitung

Ausgangsbasis einer Dienstableitung ist wie bei der Protokollüberprüfung ebenfalls die Spezifikation eines Protokollsystems. Es wird die Ersatzinstanz dieses Systems berechnet. Sie beschreibt den tatsächlich vom Protokoll erbrachten Zieldienst. Die Dienstableitung ist an sich keine Prüfmaßnahme sondern kann als wichtige vorbereitende Teilmaßnahme innerhalb von Prüfungen auftreten. Sie kann unter drei Aspekten durchgeführt werden:

- Einzelmaßnahme zur Protokollüberprüfung,
- Vorbereitung der Protokollverifikation,
- Vorbereitung der Analyse der nächsthöheren Schicht eines Kommunikationssystems.

Im Rahmen einer Protokollüberprüfung stattfindende Überprüfungen des tatsächlich erbrachten Dienstes können durch die Verwendung der Ersatzinstanz anstelle des komplexen Protokollsystems erleichtert werden.

Ebenso kann unter Umständen der Vergleich des an der System-Schnittstelle eines Protokollsystems bestehenden Kommunikationsverhaltens mit dem gewünschten Verhalten eines vorgegebenen Zieldienstes anhand der Ersatzinstanz des Protokollsystems einfacher sein. Dies gilt insbesondere, wenn sich die Verifikation nicht allein auf einen streng formalen Vergleich stützt.

Wurde bei Bottom-Up-Vorgehensweise die Spezifikation eines Zieldienstes übergangen, so kann die Ersatzinstanz eines Protokollsystems bei der Analyse der nächsthöheren Schicht als Modell des dortigen Basisdienstes verwendet werden.

5. Spezifikationstechniken

Nachdem in den vorangegangenen Kapiteln die Modellierung und Analyse von Protokollen und Diensten allgemein besprochen wurden,, sollen in diesem Kapitel einzelne Spezifikationstechniken vorgestellt werden. Aufgrund der Vielzahl inzwischen vorgeschlagener Techniken wurde eine enge Auswahl getroffen. Vorher soll zur Orientierung eine umfassende Übersicht und Einordnung der Techniken gegeben werden.

5.1 Übersicht und Klassifikation

Die Spezifikationstechniken stellen Formen zur Definition operationaler Modelle von Protokollen und Diensten zur Verfügung. Sie können nach zugrundegelegtem Modellierungskonzept und der Form der Systembeschreibung klassifiziert werden.

5.1.1 Modellierungskonzept

Das mit einer Technik vorgegebene Modellierungskonzept schränkt die in einer Technik definierbaren Modelle ein und legt einen Rahmen zum Modell-Realitätsbezug fest. Es betrifft:

- Ereignisstruktur eines Systemmodells,
- Kopplungsprinzip und Ausprägung,
- Klassen behandelbarer Kommunikationsverhalten.

Die Strukturierung der Menge der Kommunikationsereignistypen eines Systems ist zunächst von der Kardinalität der definierbaren Ereignistypmengen geprägt. Gebräuchlich ist die Beschränkung auf endliche oder zumindest abzählbare Mengen. Ferner werden besondere flache oder auch hierarchische Strukturen und deren Realitätsbezug vorgegeben.

Die Kopplungskomponente von Systemmodellen ist innerhalb einer Technik standardisiert. Neben der Festlegung des Grundprinzips werden die verwendbaren Verkabelungsprinzipien - wie Ports oder Kanäle - eingeschränkt und spezielle Ausprägungen der Prinzipien - wie Zwei/Mehrparteien-Kommunikation, Kanalkapazität, Kanaldisziplin, Nachrichtenstruktur, Adressierung - vorgeschrieben.

Die Instanzen werden durch das an ihrer Schnittstelle bestehende Kommunikationsverhalten definiert. Startverhalten und Folgeverhalten entsprechen möglichen Zuständen einer Instanz. Es kann danach unterschieden werden, ob die Zustandsmenge einer Instanz generell auf wenige Elemente beschränkt ist, ob sie endlich oder zumindest abzählbar ist. Auch können - in Verbindung mit dem Konzept zur Strukturierung der Ereignistypmenge - hierarchische Strukturen für den Zustandsraum vorgegeben werden.

Zur groben Klassifizierung kann auf die mögliche Komplexität von Instanzen und Kopplung, d.h. auf die Kardinalität der entsprechenden Zustandsmengen Bezug genommen werden. Es können drei Klassen von Modellierungskonzepten unterschieden werden:

- instanzen-konzentriert,
- kopplungs-konzentriert,
- zweigeteilt.

Instanzen-konzentriert wird im folgenden ein Modellierungskonzept genannt, wenn der Schwerpunkt einer Modellbildung auf der Beschreibung der einzelnen Instanzen liegt. Eine Instanz kann differenziert durch Bezugnahme auf mehrere Instanzenzustände definiert werden. Das Konzept zur Modellierung der Kopplung bietet hier dagegen keine Möglichkeit, spezielle Kopplungsverhalten zu definieren. Die Menge der möglichen Kopplungszustände ist generell auf ein Element reduziert.

Kopplungs-konzentriert wird ein Modellierungskonzept genannt, wenn die Verhältnisse umgekehrt sind. Hier bestehen große Freiheitsgrade, spezielle Kopplungsverhalten in eine Systemdefinition einzubringen. Instanzen als solche sind formal jedoch nur in einer auf einen einzigen Zustand beschränkten elementaren Form vorgesehen.

Zweigeteilt wird ein Modellierungskonzept genannt, wenn sowohl komplexe Instanzen als auch Kopplungen mit spezifischem Kopplungsverhalten definierbar sind.

Unter dem Aspekt der leichten Erlernbarkeit besitzen die instanzen- oder kopplungs-konzentrierten Techniken Vorteile, weil hier in der Regel nur ein einziger in sich geschlossener Mechanismus zur Modellierung von Instanzen bzw. Kopplungen vorkommt. Dagegen werden zweigeteilte Techniken als problem-adäquater angesehen, weil auch die interessierenden realen Systeme zumeist sowohl aus komplexen Kopplungen als auch aus komplexen Instanzen bestehen.

Wichtige Beispiele sind für eine instanzen-konzentrierte Technik CCS [83,84,85], für eine kopplungs-konzentrierte Technik Petri-Netze [98] und für eine zweigeteilte Technik erweiterte endliche Automaten [10,11,38,87].

5.1.2 Spezifikationsform

Ein operationales Modell kann auf zwei Arten bestimmt werden:

- konstruktiv,
- deskriptiv.

Im konstruktiven Ansatz geht man davon aus, daß durch die Spezifikation genau ein Modell definiert werden soll. Die Spezifikation enthält also Aussagen zur Konstruktion dieses Modells. Sie vereinbart die einzelnen Elemente des Modells und definiert darüber die Zusammensetzung des Systems. Die Spezifikationssprache einer solchen Technik dient der exakten Definition eines bestimmten Modells aus der Klasse der dem Modellierungskonzept entsprechenden Modelle. Eine leere Spezifikation definiert hier in der Regel ein nur aus dem Stopverhalten bestehendes System. Die drei unter Kap. 5.1.1 genannten Spezifikationstechniken CCS, Petri-Netze und erweiterte endliche Automaten sind als konstruktive Techniken zu sehen.

Im deskriptiven Ansatz geht man ebenfalls von einer durch das Modellierungskonzept der Technik bestimmten Klasse von Modellen aus. Die Spezifikation dient hier aber nicht der exakten Definition genau eines Modells, sondern sie soll aus der Menge aller modellierungskonzept-konformen Modelle eine Teilmenge so bestimmen, daß jedes Modell der Teilmenge den Entwurfsintentionen entspricht [65,67]. Dies erfolgt durch Spezifikationsaussagen, die jeweils einzelne für Modelle dieser Teilmenge geforderte Eigenschaften fordern. Zur formalen Notation der Anforderungen werden Formeln eines Kalküls verwendet. Eine leere Spezifikation sagt hier in der Regel aus, daß alle nach dem Modellierungskonzept bildbaren Modelle als spezifikationskonform angesehen werden.

Die Vor- und Nachteile beider Ansätze ergeben sich zunächst aus der unterschiedlichen Anzahl der konformen Modelle zu einer Spezifikation. Deskriptive Techniken lassen mehrere Modelle zu und unterstützen so eine abstrakte, mehrere unterschiedliche Implementierungen zulassende Spezifikation, die unter Einbringung zusätzlicher Aussagen in Richtung auf die angestrebte Implementierung präzisiert werden kann. Auf diese Weise kann mit derselben Spezifikationstechnik beginnend mit dem Grobentwurf bis hin zum Programmentwurf durchgängig gearbeitet werden.

Konstruktive Techniken definieren genau ein Modell auf einer im wesentlichen vom Modellierungskonzept bestimmten Abstraktionsebene. Hierbei besteht die Gefahr, daß mit einer Spezifikation bereits Implementierungsentscheidungen vorweggenommen werden. Die Verfeinerung einer Grobspezifikation in eine implementierungsnähere ist in der Regel mit einem Wechsel des verwendeten Modellierungskonzepts verbunden. Auf der anderen Seite kann dies aber auch als Vorteil gewertet werden. Das durch eine konstruktive Spezifikation vereinbarte Modell ist eindeutig definiert und kann deshalb in einfacher Weise als sogenannter Rapid Protoype [8,9,35] verwendet werden.

Weitere Vor- und Nachteile sind in der Kontext-Bindung einzelner Spezifikationsaussagen begründet. Eine deskriptive Spezifikation setzt sich im wesentlichen aus einzelnen separat voneinander interpretierbaren Aussagen zusammen. Dies kommt einer wichtigen Vorgehensweise des frühen Entwurfs nämlich der Sammlung von System-Anforderungen entgegen. Ferner ermöglicht es eine freizügige Gliederung einer Spezifikation. Als Nachteil hieraus ist allerdings zu werten, daß in der Regel widersprüchliche Aussagen in derselben Spezifikation syntaktisch nicht ausgeschlossen werden können. So können leicht wertlose - weil in ihren Widersprüchen nicht mehr erfüllbare - Spezifikationen entstehen. In einer konstruktiven Spezifikation sind alle Aussagen mit der Definition desselben einen Modells befaßt. Sie sind deshalb nur im gemeinsamen Kontext zu lesen.

Wichtig für die Anwendung einer Technik ist, daß die Produktivität bei der Entwicklung eines Kommunikationssystems insgesamt gefördert wird. Formale Spezifikation und Analyse verursachen zusätzlichen Personalaufwand im Verlauf eines Projekts, der sich in der Gegenüberstellung zu dem Personalaufwand rechtfertigt, der zur Korrektur spät entdeckter Entwurfsfehler benötigt wird. Dies kann a priori kaum bewertet werden. Folglich hängt die Akzeptanz, die eine Technik findet, davon ab, daß ihr Einsatz bereits in der Entwurfsphase ersichtliche Vorteile bringt. Sie muß auch aus subjektiver Sicht eines Entwerfers eine sehr gut lesbare und leicht verständliche Formulierung der Entwurfsergebnisse gestatten, die weiterhin ohne großen Erklärungsbedarf als Implementierungsvorgaben dienen können. In [76] wird hierzu auch vorgeschlagen, Sicherheitseigenschaften mit konstruktiven Mitteln zu beschreiben, während Lebendigkeitsanforderungen deskriptiv per temporallogischen Formeln notiert werden.

Weil sie ein Verständnis für über den üblichen Erfahrungsbereich hinausgehende Konzepte wie Formelsprachen und Kalküle erfordern, finden allerdings - in einem auf die Produktion von Hard/Software-Systemen ausgerichteten Umfeld - die deskriptiven Spezifikationstechniken zur Zeit selten Verwendung, obwohl gerade sie die freizügige Definition der bei Kommunikationssystemen wichtigen spezifischen Kriterien unterstützen.

Die deskriptiven Spezifikationstechniken können in Abhängigkeit zur Auslegung des verwendeten Kalküls weiter in zwei Klassen gegliedert werden:

- logische Techniken,
- Assertionstechniken.

Unter logischen Techniken sollen solche verstanden werden, die als Spezifikationssprache die Formelmenge eines allgemeinen logischen Kalküls, z.B. prädikatenlogische oder temporal-logische Formeln verwenden. Assertionstechniken dagegen verwenden die Formeln eines speziellen auf die Behandlung der Korrektheit von Hard/Software-Systemen zugeschnittenen Kalküls. Beide Arten werden in nachfolgenden Abschnitten zusammenfassend vorgestellt.

Die konstruktiven Spezifikationstechniken können ebenfalls weiter gegliedert werden. Hier bezieht sich die Gliederung auf die Definition des operationalen Modells:

- direkt,
- algebraisch.

In einer direkten Spezifikationstechnik wird ein operationales Modell in seinem Aufbau als Transitionssystem direkt definiert. Hierzu gehören die im folgenden in eigenen Unterkapiteln behandelten Techniken der Petri-Netze und der erweiterten endlichen Automaten. In einer algebraischen Spezifikationstechnik wird von der inneren Transitionssystem-Eigenschaft einzelner Instanzen weitgehend abstrahiert. Das an einer Instanzen-Schnittstelle auftretende Kommunikationsverhalten wird mit algebraischen Mitteln als Lösung eines Gleichungssystems definiert. Im folgenden wird CCS als erster Vertreter dieser Form in einem eigenen Unterkapitel vorgestellt.

Eine weitere Gliederung - insbesondere der konstruktiven Techniken - kann noch nach der Darstellungsform der Spezifikation in Dokumenten erfolgen. Dies hat zwar keine konzeptuelle Bedeutung, da im wesentlichen die verschiedenen verwendeten Darstellungsformen ineinander überführt werden können, kann aber die Akzeptanz einer Technik beeinflussen:

- textuell - tabellarisch,
- textuell - programmiersprachlich,
- graphisch.

Die graphische Darstellung, z.B. durch Zustands-Übergangs-Diagramme, fördert - zumindest bei Modellen geringerer Komplexität - die Verständlichkeit einer Spezifikation. Bei umfangreichen Modellen und zur Vereinfachung der rechnergestützten Bearbeitung finden textuelle Darstellungen Verwendung. Der Gebrauch rein tabellarischer Formen mit sehr einfacher Syntax, z.B. Wertetabellen einer Zustands-Übergangs-Relation, wird inzwischen durch programmiersprach-artige syntaktische Formen abgelöst, weil dann bereits durch eine syntaktische und semantische Analyse viele Schreibfehler rechnergestützt erkannt werden können (z.B. in SDL/PR [25,33], ESTELLE [22,57]).

5.1.3 Logische Techniken

Der Vorteil der deskriptiven Techniken, die freizügige Wahl der Abstraktionsebene einer Spezifikation durch den Entwerfer sowie die durchgängige Verwendbarkeit derselben Technik vom Grobentwurf bis hin zur Programmspezifikation, ist insbesondere bei den logischen Techniken ausgeprägt, weil hier die Formelsprache eines universellen logischen Kalküls eingesetzt wird. Deshalb sind in diesem Bereich in jüngerer Zeit sehr viele Ansätze zu finden.

So gibt das CIL-Verfahren ein an der Ausführung der speziellen nebenläufigen und modularen Programmiersprache CIL orientiertes Modellierungskonzept vor [64,66,68]. Prädikatenlogische Formeln dienen zur Beschreibung des Verhaltens von Programm-Modulen an ihrer Schnittstelle. Aus dem Programmtext automatisch ableitbare Programmaxiome beschreiben detailliert die Ausführung eines Moduls. Spezifikationen höherer Abstraktionsebenen wie Dienst- und Protokollspezifikationen werden ebenfalls durch Formelmengen gebildet.

Zur Analyse und Verifikation dient die Ableitbarkeitsbeziehung des klassischen Prädikatenkalküls. Ein Modul gilt gegenüber einer Modulspezifikation als korrekt, wenn aus den Programmaxiomen des Moduls die Modulspezifikation ableitbar sind. Ein Protokoll ist korrekt, wenn die Zieldienstspezifikation aus der Protokollspezifikation und der Spezifikation des Basisdienstes folgt. Eine Menge von Modulspezifikationen beschreibt eine korrekte Protokollimplementierung, wenn daraus die Protokollspezifikation abgeleitet werden kann. Auch logische Tests sind im Sinne der Überprüfung einzelner, per Formeln freizügig definierbarer Kriterien möglich. Ein Kriterium ist nachgewiesen, wenn aus den

Formeln der betreffenden Spezifikationen oder aus den Programmaxiomen der betroffenen Module das Kriterium gefolgert werden kann.

Aufgrund der erreichbaren Verträglichkeit zwischen Spezifikationen unterschiedlicher Entwurfsstadien kann in diesem Ansatz auch die Korrektheit getroffener Abstraktionsmaßnahmen und maschinennaher Implementierungsentscheidungen formal geprüft werden. Der Einsatz der klassischen Prädikatenlogik erlaubt ferner auch die symbolische Behandlung von Werten z.B. bei den Nutzdaten von Diensten. Durch Aufnahme von Induktionsregeln können außerdem auch verallgemeinerte Systeme - z.B. unter beliebiger aber als fest angenommener Anzahl von Zugangspunkten oder Fenstergrößen - behandelt werden. Die spezielle Auslegung des CIL-Kalküls erlaubt auch die Bezugnahme zu Realzeit-Aspekten und Leistungseigenschaften.

Aus dieser Sicht stellt sich ein logisches Verfahren als äußerst flexibel und leistungsfähig dar. Die möglichen Nachweise werden mit einem hohen Formalisierungsgrad geführt. Kehrseite der Medaille ist jedoch - neben der eingeschränkten Akzeptanz, die Formeln im Entwickler-Umfeld finden - die nur mit großem technischen Aufwand mögliche Rechnerunterstützung. Hier werden recht universell gehaltene automatische Beweiser benötigt, die zur Zeit von der Vielzahl der auftretenden Axiome noch gern überfordert werden. Mit dem CIL-Verfahren wurde ein interaktiver Beweiser vorgestellt, der Folgen von Ableitungsschritten nach im Dialog vorgegebenen Strategien automatisch durchführt [64]. Im Bereich der Programmverifikation wird weitergehend die Beweissteuerung so unterstützt, daß sie nicht mittels logischer Begriffe sondern in Termen der Programmiersprache definiert werden kann. Damit haben sich im Bereich der Programmverifikation sehr gute Ergebnisse erzielen lassen. Im Bereich der Protokollprüfung ist jedoch mit diesem Werkzeug noch eine intensive Beschäftigung des Entwerfers mit der Steuerung von Ableitungsprozessen und den unterlegten Prinzipien erforderlich.

Der Automatisierungsgrad kann wesentlich erhöht werden, wenn im Vergleich zur klassischen Prädikatenlogik eingeschränkte Kalküle verwendet werden. Dies kann gleichzeitig mit einer spezielleren Ausrichtung der Formelsprache auf Kommunikationssysteme einhergehen, so daß auch die übrigen Voraussetzungen zur Akzeptanz, wie Lesbarkeit und Erlernbarkeit der Technik, besser erfüllt werden. In diesem Zusammenhang sind verschiedene Ansätze zur Verwendung temporal-logischer Formeln zu Spezifikationszwecken und eingeschränkter - nach Möglichkeit entscheidbarer - Kalküle zur Analyse zu sehen (z.B. [29,44,45,74,75,93,94,107]).

Neben der prädikatenlogischen Technik CIL und den verschiedenen temporallogischen Ansätzen wird die Verwendung der Logikprogrammiersprache PROLOG zu Spezifikationszwecken [13,79,108] vorgeschlagen.

5.1.4 Assertionstechniken

Assertionstechniken verwenden spezielle auf den Nachweis der funktionellen Korrektheit von Programmsystemen zugeschnittene Kalküle. Sie orientieren sich an den im Bereich der sequentiellen Programmierung vorgeschlagenen Korrektheitskalkülen [47].

Die Formelsprache eines solchen Kalküls besteht aus Assertionen, die neben logischen Bedingungen auch Programm- oder Systembildungskonstrukte enthalten. Im Bereich nebenläufiger Systeme wurden verschiedene, eng am Hoare'schen Kalkül orientierte Korrektheitskalküle vorgeschlagen [3,18,92]. Sie sehen im wesentlichen die Mechanismen globaler Variablen sowie der Aufspaltung und Vereinigung von Kontrollflüssen zur Bildung nebenläufiger Systeme vor. Sie konzentrieren sich auf die Korrektheit terminierender, über globale Variablen eng gekoppelter nebenläufiger Systeme und haben damit für die Behandlung nachrichten-gekoppelter, i.a. nicht-terminierender Kommunikationssysteme wenig Bedeutung erlangt.

Speziell für nachrichten-gekoppelte und u.U. nicht-terminierende Systeme wurde in [86] ein Korrektheitskalkül vorgeschlagen. Der Kalkül konzentriert sich auf die Behandlung der Prinzipien zur Bildung komplexer hierarchischer Systeme aus nachrichten-gekoppelten Prozessen und Subsystemen. Die Assertionen sehen Prozesse als Programmeinheiten und sowie Prädikate über den Folgen ausgetauschter Nachrichten vor. Es können Sicherheitseigenschaften im erweiterten Sinn spezifiziert und nachgewiesen werden.

5.2 Petri-Netze

Mit dem Ansatz der bereits mehrfach erwähnten Petri-Netze [98] wurde bereits sehr früh auf die besondere Problematik des Entwurfs nebenläufiger Systeme aufmerksam gemacht, und es wurden im Rahmen dieses Ansatzes die wichtigsten grundlegenden Begriffe und Verfahren zur Systemanalyse geprägt (vgl. Kap. 4.1.2). Petri-Netze finden nicht nur im Bereich von Kommunikationssystemen breite Akzeptanz.

Es handelt sich um eine konstruktive und direkte Spezifikationstechnik. Ein System wird durch einen Graphen definiert. Zum Einsatz können neben tabellarisch-textuellen auch in sehr eingängiger Weise graphische Formen kommen.

Das Modellierungskonzept ist kopplungs-konzentriert. Die Kopplung ist eine puffernde Übertragung-Kopplung, und jedem Nachrichtentyp wird ein eigener Kanal beschränkter oder auch unendlicher Kapazität zugeordnet. Instanzen sind elementare über einem einzigen Zustand definierte Kommunikationsverhalten, die keine Auswahl-Indeterminismen und keine Spontan-Übergänge vorsehen. Weiterhin können nur geschlossene Systeme modelliert werden. Für die Spezifikation von Diensten und Protokollen müssen deshalb zusätzliche Vereinbarungen zur Darstellung von Protokollinstanzen und Schnittstellen getroffen werden.

Die Analyse eines Petri-Netz-Modells basiert auf den hier definierten Kriterien der Lebendigkeit, Sicherheit und Beschränktheit und der Inspektion des ableitbaren Erreichbarkeitsgraphen. Zusätzlich sind sogenannte Platz- und Transitionsinvarianten berechenbar, die spezifische Aussagen über wichtige Eigenschaften eines Systems enthalten.

Der Ansatz der Petri-Netze wird im folgenden in einer einfachen grundlegenden Ausprägung vorgestellt. Zu erwähnen ist, daß eine Erweiterung, die sogenannten Prädikat-Transitionsnetze, auch im Bereich der funktionellen Behandlung von Kommunikationsprotokollen genutzt wird [23,32] und unterschiedliche Modellerweiterungen zur Behandlung von Realzeitaspekten in Diskussion sind [78, 96,114].

5.2.1 Modell

Ein Petri-Netz ist in seiner Grundform als zweigeteilter, gerichteter und zusammenhängender Graph definiert. Knoten des Graphen sind eine endliche Anzahl sogenannter Plätze und eine ebenfalls endliche Anzahl sogenannter Transitionen. Zwei Sorten gerichteter Kanten sind möglich, solche die von einem Platz zu einer Transition führen, und solche die von einer Transition zu einem Platz führen. Def. 5.1 enthält die entsprechende Definition. In einer graphischen Darstellung eines Petri-Netzes werden Plätze im allgemeinen als Kreise, Transitionen als Rechtecke und Kanten als Pfeile dargestellt.

Mit diesen Mitteln kann ein Netz definiert werden, das der statischen Struktur eines realen Systems entspricht. Hierbei können die verschiedenen Plätze einzelnen Kanälen einer Kopplung entsprechen.

Die verschiedenen Transitionen entsprechen einzelnen elementaren Instanzen. Die 'Verkabelung' der Transitionen miteinander mittels Kanten und Plätzen bildet insgesamt die Kopplung eines Systemmodells.

Zur Beschreibung der Dynamik eines Systems dienen:

- Markierung,
- Schaltregel.

Eine Markierung ist eine Funktion, die einzelnen Plätzen eine natürliche Zahl, ihre Belegung mit Marken, zuordnet. In der Graphik werden hierzu üblicherweise Punkte in den Plätzen notiert.

Def. 5.1

Gegeben sei eine endliche Menge P von sogenannten Plätzen,
eine endliche Menge T von sogenannten Transitionen,
eine Menge R von Kanten aus $(P \times T) \cup (T \times P)$ und
eine Anfangsmarkierung genannte Funktion m_0, welche jedem Platz eine natürliche Zahl zuordnet.
Jeder Knoten k aus $P \cup T$ komme mindestens in einer Kante (k, k') und mindestens in einer Kante (k", k) vor.
Je zwei Knoten aus $P \cup T$ seien durch mindestens eine Kantenfolge miteinander verbunden.
Ein solches Quadrupel $<P, T, K, m_0>$ heißt **Petri-Netz.**

Die Schaltregel bezieht sich auf die sogenannten Eingangs- und Ausgangsplätze von Transitionen und betrifft jeweils eine Transition. Als Eingangsplätze einer Transition werden alle Plätze bezeichnet, von denen eine Kante auf die Transition führt, als Ausgangsplätze alle, auf die eine von der Transition ausgehende Kante auftrifft. Die Schaltregel besagt, daß eine Transition dann schalten kann, wenn alle ihre Eingangsplätze je mit mindestens einer Marke belegt sind. Wenn eine Transition schaltet, entfernt sie aus allen Eingangsplätzen je eine Marke und fügt in allen Ausgangsplätzen je eine Marke hinzu.

Def. 5.2

Gegeben sei ein Petri-Netz $N = <P, T, R, m_0>$ mit
$P = \{p_1, p_2, .., p_n\}$ und $T = \{t_1, t_2, ..., t_m\}$.
E sei eine Menge von Kommunikationsereignistypen mit den Instanzen-Schnittstellen $E_i = \{t_i\}$ für i in [1..m]. $\mathbb{I} = \{I_1, .. I_m\}$ sei eine Menge von Instanzen I_i, wobei I_i die Form einer unendlichen Liste hat, deren Kanten mit t_i beschriftet sind.
K sei eine Kopplung über E mit dem Zustandsraum $\mathbb{N}^n$ (N: natürliche Zahlen mit 0).
s[i] selektiere die i-te Komponente eines Vektors s aus $\mathbb{N}^n$.
Für den Startzustand s_0 der Kopplung gelte:

$s_0[i] = m_0(p_i)$ für alle i aus [1..n].

K enthalte je t aus T genau alle Tupel ({t}, s, {t}, s'), die folgenden Bedingungen 1) und 2) genügen.

1) $s[i] > 0$ für alle i aus [1..n] mit $(p_i, t) \in R$.
2) $s'[i] = s[i]-1$ für alle i aus [1..n] mit $(p_i, t) \in R$ und $(t, p_i) \notin R$,
   $s'[i] = s[i]+1$ für alle i aus [1..n] mit $(t, p_i) \in R$ und $(p_i, t) \notin R$,
   $s'[i] = s[i]$ sonst.

Das geschlossene System $<\{\}, E, \{\}, \mathbb{I}, K>$ heißt **entsprechendes System zu N.**

Ausgehend von der Anfangsmarkierung kann anhand der Schaltregel eine Menge möglicher Folgemarkierungen bestimmt werden. Jede Folgemarkierung entsteht aus dem Schalten einer bestimmten Transition. Eine Folgemarkierung kann dann wiederum als Eingangsmarkierung des nächsten Systemschritts verwendet werden und so weiter.

Def. 5.2 beschreibt die derartige Semantik eines Petri-Netzes durch Abbildung auf ein korrespondierendes System kommunizierender Instanzen. Als Menge der Kommunikationsereignistypen wird die Menge der Transitionen verwendet mit der Bedeutung, daß das Schalten einer Transition einem Ereignis entspricht. Jede Transition t korrespondiert so zu einer Instanz mit der Schnittstelle {t} und einem einfachen unendlichen Verhalten. Es sieht keine Spontanübergänge und keine Auswahl-Indeterminismen sondern nur vor, daß die Transition immer zum Schalten bereit ist. Die Hauptfunktion eines Netzes trägt die Kopplung. Sie führt im Kopplungszustand Buch über die momentan bestehende Markierung. Eine Markierung wird per Wertetabelle in Form eines Vektors aus natürlichen Zahlen dargestellt. Die mit den Bedingungen 1) und 2) in Def. 5.2 gegebenen Bildungsgesetze für die Tupel der Kopplungsrelation entsprechen der Schaltregel. Systemschritte werden unmittelbar durch Kopplungsschritte definiert. Die Instanzenschritte behalten für jede Instanz den vorherigen Zustand bei. Anschaltungsschritte kommen nicht vor.

Der Instanzenvektor trägt keine relevante Information, so daß ein Systemzustand mit dem momentanen Kopplungszustand identisch ist, der kurz als Vektor aus natürlichen Zahlen dargestellt werden kann. Der Erreichbarkeitsgraph eines Systems nach Def. 5.2 enthält somit solche Vektoren als Knoten und mit je einer einelementigen Menge beschriftete Kanten. Er entspricht unmittelbar dem Konzept des bei Petri-Netzen sogenannten Markierungsgraphen.

Die Struktur des Zustandsraums der Kopplung kann als Aufteilung in einzelne puffernde Kanäle unbeschränkter Kapazität verstanden werden. Jeder Kanal korrespondiert zu einem Platz des Petri-Netzes und kann Nachrichten eines einzigen, platz-entsprechenden Nachrichtentyps aufnehmen. Aus dieser Sicht ist die durch ein Ereignis dargestellte Kommunikationsaktion nicht einfach. Ein Ereignis führt im allgemeinen dazu, daß mehrere Nachrichten aus verschiedenen Kanälen entnommen und gleichzeitig wieder mehrere Nachrichten erzeugt und in verschiedene Kanäle hinterlegt werden.

Häufig genutzte und nicht vorgestellte Erweiterungen betreffen Kanten-Vielfachheiten und Platz-Kapazitäten. Kanten-Vielfachheiten schreiben vor, daß entlang einer Kante beim Schalten mehrere Marken gleichzeitig erzeugt bzw. verbraucht werden. Platz-Kapazitäten sehen eine endliche maximale Aufnahmefähigkeit für einzelne Plätze vor und führen in die Kopplung Rückstau ein.

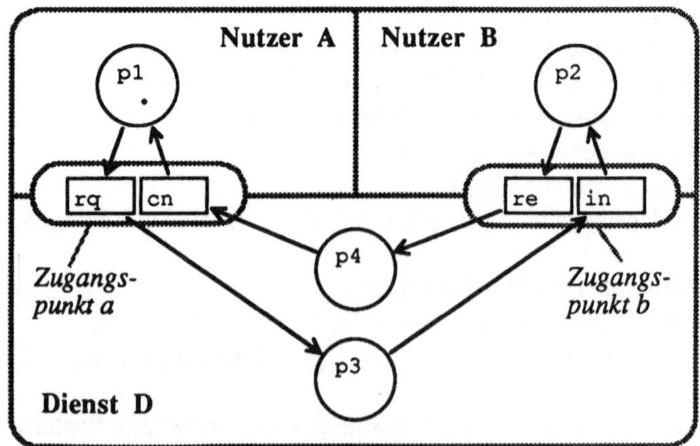

Bild 5.1: Spezifikation eines einfachen bestätigten Dienstes

5.2.2 Spezifikation

Zur Spezifikation von Diensten und Protokollen mittels Petri-Netzen ist zunächst zu vereinbaren, wie eine Dienstschnittstelle dargestellt wird. Damit verbunden ist auch das Problem, daß Dienste und Protokolle nach den Vereinbarungen von Kap. 3 durch offene Systeme definiert werden, Petri-Netze aber nur geschlossene Systeme modellieren. Ferner werden zur Darstellung von Protokollinstanzen auch komplexe Instanzen benötigt, die in Petri-Netzen nicht direkt vorgesehen sind.

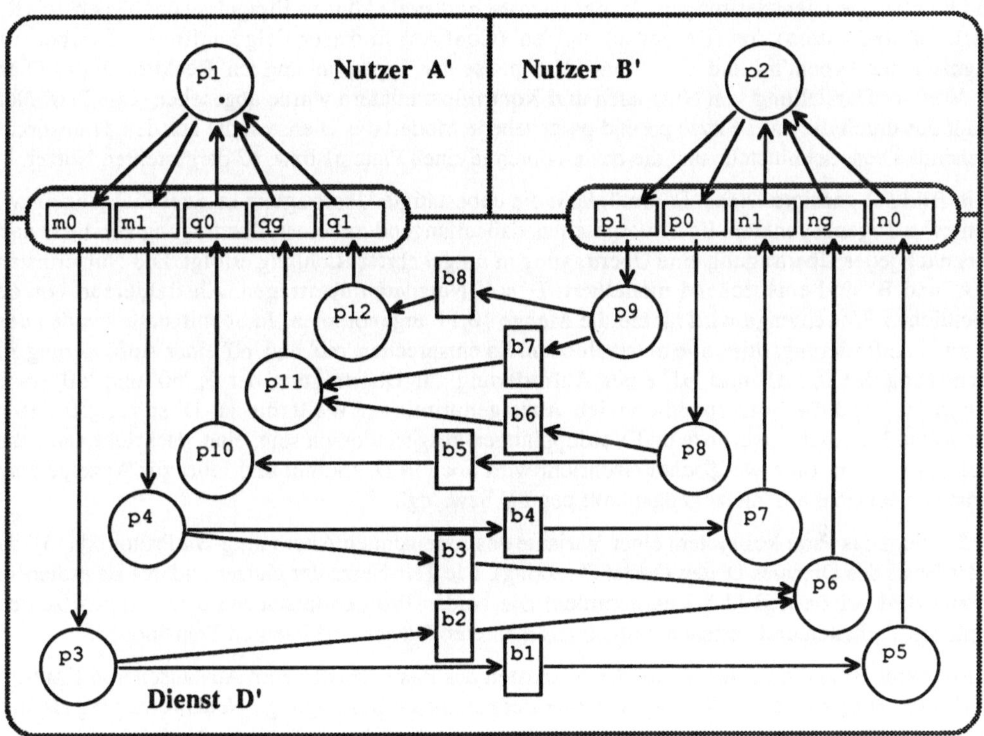

Bild 5.2: Spezifikation eines verfälschenden Dienstes

Zur Darstellung einer Dienstschnittstelle sind zwei Varianten üblich. Einerseits kann ein Dienstzugangspunkt mit einer Menge von Plätzen dargestellt werden. Dies entspricht einem mehr implementierungsorientierten Konzept. Die Schnittstelle ist Teil der Kopplung und besteht aus Kanälen, die für die einzelnen zur Übermittlung von Schnittstellenereignissen verwendeten Nachrichten reserviert sind. Die zweite, im folgenden verfolgte, Variante geht von einer direkten Korrespondenz von Dienstschnittstellenereignissen zu Ereignissen im Modell aus. Ein Dienstzugangspunkt entspricht einer Menge von Transitionen, wobei jede Transition einem bestimmten Dienstprimitiv zugeordnet ist.

Zur Darstellung einer komplexen Instanz werden Bereiche eines Netzes einzelnen Instanzen zugeordnet. Eine Instanz besteht aus denjenigen Plätzen, Transitionen und Kanten, welche die Funktionalität der Instanz im Netz wiedergeben, und ist durch die Transitionen der entsprechenden Dienstzugangspunkte begrenzt.

Offene Systeme, die Bestandteil eines Gesamtsystems bilden, werden analog zu Instanzen dargestellt. Zum Abschluß eines offenen Gesamtsystems können Nutzerinstanzen eingeführt werden.

Es folgen drei Beispiele. Bild 5.1 zeigt die Spezifikation eines einfachen, über zwei Zugangspunkten und vier Dienstprimitiven definierten Dienstes D. Bild 5.2 gibt die Spezifikation eines weiteren Dienstes D' wieder. Er kommt in der folgenden Protokollspezifikation nach Bild 5.3 als Basisdienst vor. Das entsprechende Protokoll soll den Dienst D als Zieldienst erbringen. Somit enthält Bild 5.3 ebenfalls die in Bild 5.1 benutzten Modelle der Nutzerinstanzen A und B.

Der in Bild 5.1 gezeigte Dienst D erbringt für zwei Nutzerinstanzen A und B an zwei Zugangspunkten a und b bestätigte Dienstleistungen. An der Dienstschnittstelle können Ereignisse der Typen 'rq' (Request), 'in' (Indication), 're' (Response) und 'cn' (Confirm) in dieser Folge auftreten. Hierbei sind Ereignisse der Typen 'rq' und 're' Stimuli, Ereignisse der Typen 'in' und 'cn' Reaktionen des Dienstes. Von der Darstellung von Nutzdaten und Kontrollparametern wurde abgesehen. Das Petri-Netz umfaßt das durch die zwei Plätze p3 und p4 gegebene Modell des Dienstes, die aus den Transitionen bestehende Dienstschnittstelle und die beiden durch je einen Platz p1 bzw. p2 dargestellten Nutzer.

Der in Bild 5.2 gezeigte Dienst D' ermöglicht die unbestätigte Übertragung in zwei Richtungen zwischen zwei Zugangspunkten. Es ist vorgesehen, daß anfangend mit einer Übertragung von links nach rechts nach jeder Übertragung eine Übertragung in umgekehrter Richtung erfolgt. Die Nutzerinstanzen A' und B' sind entspechend modelliert. D' soll Nutzdaten übertragen. Abstrahierend von der tatsächlichen Wertemenge wird hierzu die Menge {0,1} angenommen. Je Schnittstelle werden deshalb zwei Anforderungsprimitive unterschieden. So entsprechen 'm0' und 'p0' einer Anforderung zur Übertragung der 0, 'm1' und 'p1' einer Anforderung zur Übertragung der 1, 'n0' und 'q0' sowie 'n1' und 'q1' sind die korrespondierenden Anzeigenprimitive. Weiterhin ist D' störungsbehaftet. Zwar sollen Nachrichtenverluste und Verdopplungen ausgeschlossen sein, eine Nachricht kann aber verfälscht werden. Eine verfälschte Nachricht wird noch in D' erkannt und führt zur Anzeige einer gestörten Nachricht am Zielzugangspunkt per 'ng' bzw. 'qg'.

Bild 5.3 zeigt das Protokollsystem einer Variante des sogenannten Alternating-Bit Protokolls [5], das auf der Basis des Dienstes D' den Dienst D erbringt. Die Teil-Netze der Nutzer und des Basisdienstes sind aus Bild 5.1 bzw. Bild 5.2 entnommen. Die beiden Protokollinstanzen S und E besitzen ein komplexes Verhalten und bestehen deshalb aus mehreren Plätzen und internen Transitionen.

Das Protokoll nutzt die beiden Werte der Nutzdaten des Basisdienstes zum Austausch von Kontrollinformation. Hierbei hat ein Wert sowohl eine Bedeutung als Bestätigung / Neuanforderung als auch als Sequenzzähler zum Erkennen wiederholter aber bereits korrekt empfangener Nachrichten.

Am Beispiel, an den beiden Protokollinstanzen, fällt auf, daß die eigentliche Stärke des Petri-Netz-Konzepts nicht im Sinne einer kompakten Spezifikation genutzt wird, sondern eher zu einer etwas umständlichen Umschreibung eines endlichen Automaten führt. Petri-Netze lassen zwar einerseits in Form der Transitionen nur elementare Instanzen mit einfachem Verhalten bezüglich Kommunikationsereignissen zu, aber andererseits kann ein Kommunikationsereignis bereits einer komplexen Aktion durch Bündelung von mehreren Empfangs- und Sendeaktionen entsprechen. An den Schnittstellen von Kommunikationsdiensten treten nur einfache Kommunikationsaktionen auf, da komplexe Aktionen als Folgen einfacher Primitive dargestellt werden. Die Möglichkeit zur kompakten Darstellung komplexer Aktionen per Transitionen kann deshalb nur in sehr eingeschränktem Maße genutzt werden.

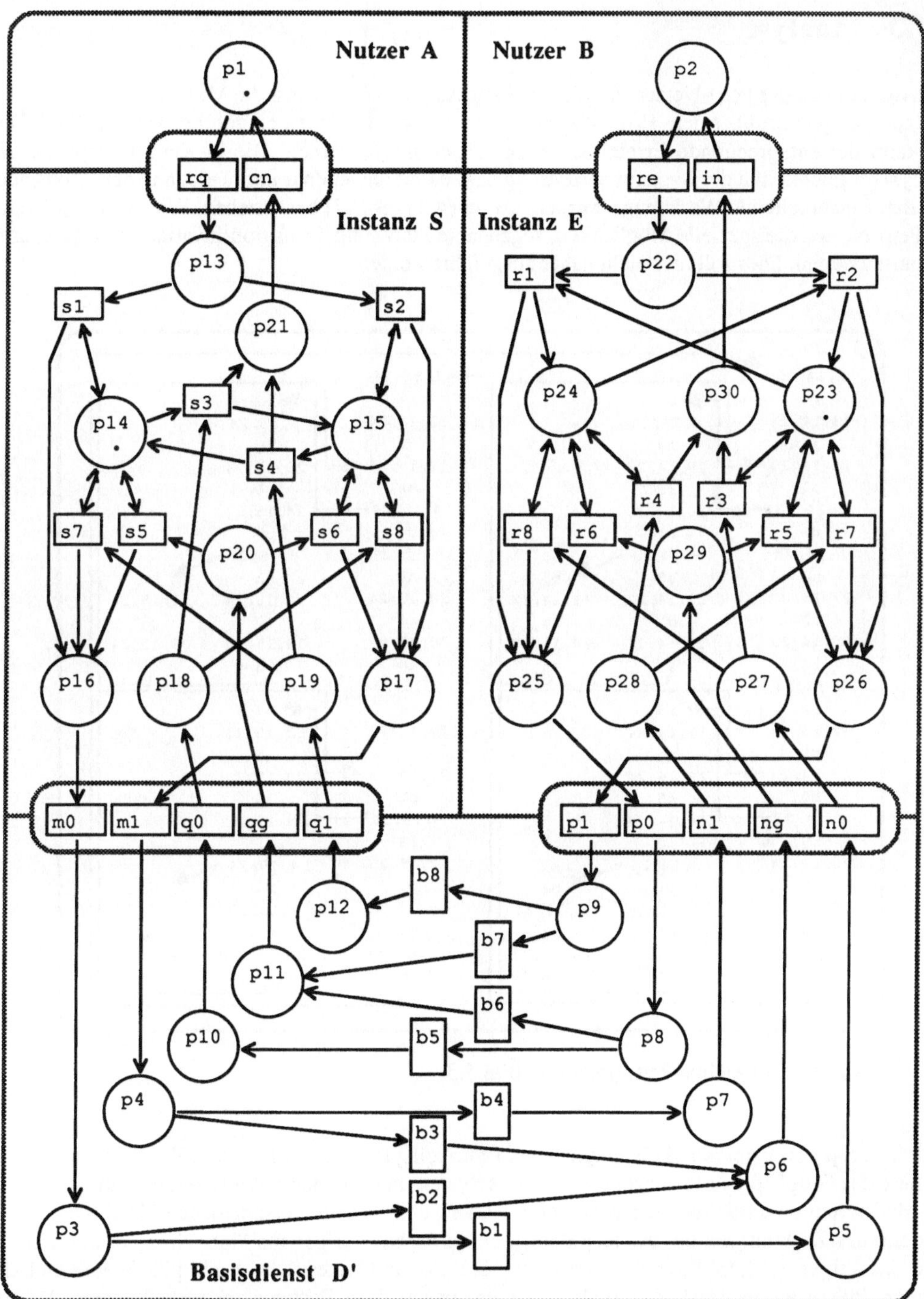

Bild 5.3: Protokollsystem - Beispiel

5.2.3 Analyse

Zur Analyse von per Petri-Netzen definierten Systemen stehen zunächst die Mittel zur Verfügung, die in Kap. 4 allgemein über dem Erreichbarkeitsgraphen von Systemen eingeführt wurden. Nach Def. 5.2 kann der entsprechende Erreichbarkeitsgraph ermittelt werden. Die in Kap. 4 besprochenen Analysemöglichkeiten der Systemüberprüfung sind damit anwendbar und werden in der Praxis auch genutzt. Entsprechende Werkzeuge werden z.B. in [4,23,89,117] beschrieben. Weiterhin ergibt sich bei Petri-Netzen die spezielle Möglichkeit, sogenannte Platz- und Transitionsinvarianten zu berechnen und auszuwerten. Dies soll hier nicht näher ausgeführt werden.

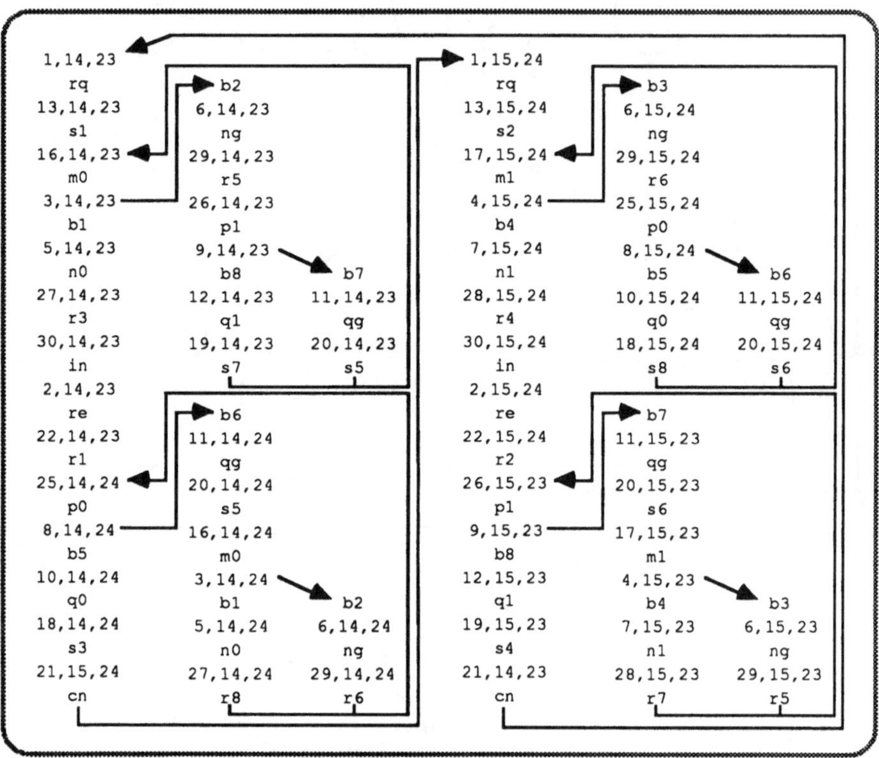

Bild 5.4: Erreichbarkeitsgraph von Bild 5.3

Bild 5.4 zeigt den Erreichbarkeitsgraphen des Protokollsystems nach Bild 5.3. Zur kompakten Darstellung des Graphen wurde ausgenutzt, daß das System in besonderer Weise beschränkt ist. Es sind nur Markierungen erreichbar, die genau drei Marken und zwar an verschiedenen Plätzen enthalten. Anstelle des Zustandsvektors der Kopplung werden deshalb Tripel aus Platz-Nummern notiert. So steht das Tripel '1,14,23' für eine Markierung, bei der die Plätze p1, p14 und p23 je eine und alle übrigen Plätze keine Marken enthalten. Es entspricht dem Startzustand des Systems. Da die Schaltermenge eines Systemschritts immer nur ein Element enthält, werden nur die Namen der betroffenen Transitionen aufgeführt. Vertikal nach unten führende Pfeile wurden weggelassen.

Aus dem Erreichbarkeitsgraph kann nun z.B. abgelesen werden, daß es sich um ein beschränktes und lebendiges System handelt (vgl. Kap. 4). Es tritt ein Hauptzyklus auf, innerhalb dessen eine Dienstleistung des Zieldienstes vollständig abgewickelt wird. Nebenzyklen befassen sich mit Wiederholungen und werden nur durch Verfälschungen des Basisdienstes initiiert. Sie terminieren jeweils spätestens mit der ersten ungestörten Übertragung. Unter der Annahme, daß der Basisdienst unbeachtet bereits erfolgter Störungen immer wieder auch ungestörte Übertragungen durchführt, kann so die Terminierung der Nebenzyklen nach endlicher Zeit als gesichert angenommen werden. Damit entspricht der erbrachte Dienst der Zieldienstvorgabe nach Bild 5.1. Aus der Betrachtung der Abzweigungen der Nebenzyklen und ihrer Wiederaufsetzpunkte in den Hauptzyklus wird ferner ersichtlich, daß mit einem entsprechenden realen System auch die korrekte Übertragung von Nutzdaten des Zieldienstes gewährleistet werden kann.

5.3 Algebraische Spezifikationen

Der Ansatz algebraischer Spezifikationstechniken wurde wesentlich von CCS (Calculus of Communication Systems) [83,84,85] geprägt. In enger Verwandtschaft hierzu stehen die neuere Vorgehensweise zu CSP (Communicating Sequential Processes) [48,49] und die in Standardisierung befindliche Spezifikationssprache LOTOS [15,19,58]. Auch Prozeß-Algebren nach [7,21] und die Analysetechnik TCSP [90,91] stehen in enger Verbindung.

Es handelt sich um konstruktive, aber indirekte Spezifikationstechniken. Kommunikationsverhalten sowie Systeme werden mit algebraischen Mitteln beschrieben. Sie entsprechen einer Lösung eines Gleichungssystems. Die eingesetzten Kopplungsmodelle verfahren nach dem Prinzip der Übereinkunft.

Schwerpunktmäßig werden offene Systeme behandelt. Die Analyse konzentriert sich auf die Ermittlung der Ersatzinstanz.

Im folgenden wird die Spezifikationstechnik CCS näher vorgestellt.

5.3.1 CCS-Grundmodell

In CCS werden übereinkunft-gekoppelte Systeme definiert, deren Kopplung durch Ports erfolgt. Ein Interaktionssereignistyp ist ein Tripel, das eine Portangabe, eine Instanzenadresse und ein Vorzeichen enthält. Das Vorzeichen ermöglicht eine besondere Form der Zwei-Parteien-Übereinkunft. Eine Interaktion besteht immer aus zwei komplementären Ereignissen und kommt so der Darstellung einer gerichteten Nachrichtenübergabe entgegen.

Die Instanzen eines CCS-Systems heißen Agenten. Ein Agent wird durch ein Gleichungssystem beschrieben, dessen Lösung das Kommunikationsverhalten des Agenten in der Baumdarstellung angibt. Syntaktisch besteht ein Gleichungssystem aus einzelnen Gleichungen, deren linke Seiten durch Agentenvariablen und deren rechte Seiten durch Terme gebildet werden. In den Termen können neben der Konstante 'nil' auch Agentenvariablen als Atome vorkommen, so daß unendliche Verhalten durch rekursive Gleichungen beschrieben werden können.

Def. 5.3

Gegeben sei eine endliche Menge von Ports $P = \{p_1, p_2, .., p_n\}$,
eine endliche Menge von Agentenbezeichnern $A = \{a_1, a_2, .., a_m\}$,
und ein besonderer Agentenbezeichner b aus A.
Unter Aktion werde ein Ausdruck nach folgender Syntax verstanden.

Aktion ::= 'τ' | <Port> | '-' <Port>

Unter Term werde ein Ausdruck nach folgender Syntax verstanden.

Term ::= <Agentenbezeichner> | 'nil' |
<Aktion> '*' <Agentenbezeichner> |
<Term> '+' <Term>

Eine Gleichung besitze folgende Syntax.

Gleichung ::= <Agentenbezeichner> '=' <Term>

GLS sei ein Gleichungssystem über A, d.h. es enthalte je a_i aus A genau eine Gleichung, in der a_i die linke Seite bildet.
Ein Quadrupel B = <P, A, GLS, b> heißt **Agent**.

Die Terme werden darüber durch die grundlegenden Operatoren '*' (Aktionspräfix) und '+' (Auswahl) sowie die definierbaren Operatoren '|' (Komposition), '\' (Restriktion) und '[]' (Umbenennung) gebildet. Hierbei entsprechen Komposition, Restriktion und Umbenennung bereits Konzepten zur Bildung von Systemen. Im folgenden beschränkt sich der Agentenbegriff deshalb auf ausschließlich mittels grundlegender Operatoren beschriebene Kommunikationsverhalten. Systembildungsoperatoren enthaltende Agenten werden als Subsysteme aufgefaßt, deren Ersatzinstanz der Rückführung der Systembildungsoperatoren auf die grundlegenden Operatoren entspricht.

Def. 5.4

Gegeben sei ein Agent B = <P, A, GLS, b> mit $P = \{p_1, p_2, .., p_n\}$, $A = \{a_1, a_2, .., a_m\}$ und GLS = $\{ g_i : g_i$ hat die linke Seite $a_i\}$. Es gelte $b=a_k$.
E_b bestehe aus der Menge von Tripeln {(v,p,b) : p aus P, und v aus {+, -}} vereinigt mit {(ε,b)}. Die Tripel bilden die Interaktionsereignistypen, das Paar den Spontanereignistyp einer Schnittstelle.
V sei ein Kommunikationsverhalten über E_b und entspreche der rechten Seite von g_k.
Hierbei gilt ein Verhalten V als einem Term t entsprechend, wenn es einer der folgenden Bedingungen genügt.

1) t = 'nil', und V ist ein Blatt.
2) t = 'a_i', und V entspricht der rechten Seite von g_i.
3) t = '$t_1 + t_2$', und V entsteht durch Verschmelzung der Wurzeln der t_1 bzw. t_2 entsprechenden Verhalten.
4) t = 'τ * t_1', und von der Wurzel von V geht genau eine mit (ε,b) beschriftete Kante auf einen t_1 entsprechenden Teilbaum aus.
5) t = 'p * t_1', und von der Wurzel von V geht genau eine mit (+,p,b) beschriftete Kante auf einen t_1 entsprechenden Teilbaum aus.
6) t = '-p * t_1', und von der Wurzel von V geht genau eine mit (-,p,b) beschriftete Kante auf einen t_1 entsprechenden Teilbaum aus.

V wird ein B **entsprechendes Kommunikationsverhalten** genannt.

Def. 5.3 zeigt die Syntax der Vereinbarung eines Agenten. Als Aktion wird die syntaktische Darstellung eines Spontanereignistyps ('τ') oder eines Interaktionsereignistyps (Port bzw. -Port) der Schnittstelle des Agenten bezeichnet. Als atomare Terme treten Agentenvariablen und das Konstantensymbol 'nil' auf. Hierbei steht 'nil' für ein Stop-Verhalten, eine Agentenvariable verweist auf die rechte Seite der diese Variable festlegenden Gleichung. Ansonsten entsprechen Terme einem Verhaltensschritt (Aktionspräfix) oder der Verschmelzung zweier Verhalten (Auswahl).

Def. 5.4 gibt eine Korrespondenz von Termen zu Kommunikationsverhalten in der Baumdarstellung nach Kap. 2.3.2 an. Die Menge der entsprechenden Kommunikationsverhalten bildet die Lösungsmenge des Gleichungssystems. Je nach Auslegung des Gleichungssystems kann sie leer sein (z.B. bei dem aus der Gleichung 'a = p * nil + a' bestehenden System), beliebige Verhalten umfassen (z.B. bei dem aus der Gleichung 'a = a' bestehenden System) oder, wie eigentlich beabsichtigt, nur ein Verhalten enthalten. Um letzeres sicherzustellen, muß nur gefordert werden, daß jede Rekursion mindestens einen Aktionspräfix-Schritt durchläuft. Auf solche Gleichungssysteme soll die Betrachtung beschränkt bleiben.

Def. 5.5

Gegeben sei eine endliche Menge von Agenten $\mathbb{B} = \{B_1, B_2, .. ,B_n\}$,
mit $B_i = <P_i, A_i, GLS_i, b_i>$ für i in [1..n].
P_0 sei eine weitere Menge von Ports, die Menge der Schnittstellenports.
P sei die Vereinigung aller P_i für i in [1..n], die Menge aller internen Ports.
P_v sei eine Teilmenge von P, die Menge sogenannter verdeckter Ports.
f_U sei eine Abbildung, die jedem Paar aus $\{+, -\}\times(P\setminus P_v)$ ein Paar aus $\{+, -\}\times P_0$ zuordnet.
Die Mengen A_i der Agentenbezeichner der verschiedenen Agenten B_i seien paarweise disjunkt.
Unter Komposition werde ein Ausdruck nach folgender Syntax verstanden.

Komposition ::= <Agentenbezeichner> |
<Komposition> '|' <Agentenbezeichner >

Unter Restriktion werde ein Ausdruck nach folgender Syntax verstanden.

Restriktion ::= '(' <Komposition> ')' '\' <Portmenge>
Portmenge definiere P_v in nicht näher bezeichneter Syntax.

Unter Umbenennung werde ein Ausdruck nach folgender Syntax verstanden.

Umbennung ::= <Restriktion> '[' <Aktionsabbildung> ']'
Aktionsabbildung definiere f_U in nicht näher bezeichneter Syntax.

C sei eine solche Umbennung, deren Komposition genau alle Agentenbezeichner b_i der in $\mathbb{B}$ enthaltenen Agenten B_i je einmal enthalte.
Ein solches Tripel $<P_0, \mathbb{B}, C>$ heißt **Agentensystem.**

Def. 5.5 führt die auf den grundlegenden Agenten aufbauenden allgemeinen Agenten ein. Sie werden im folgenden Agentensysteme genannt und anhand der Kombination aller drei Systembildungsoperatoren vorgestellt. Ein Agentensystem entspricht einem offenen System kommunizierender Instanzen. Die in der Komposition vorkommenden Agenten bilden die Instanzen des Systems. Die Restriktion und die Umbenennung dienen der Definition der System-Anschaltung.

Die Semantik eines Agentensystems wird in Def. 5.6 anhand der Abbildung auf ein entsprechendes System kommunizierender Instanzen erklärt. Die Abbildung basiert auf der Modellierung der Ports als instanzenschnittstellen-übergreifende Klassen von Interaktionsereignistypen. Die Menge der Schnittstellenports bestimmt die System-Schnittstelle, die Abbildung f_U eines Agentensystems bestimmt die

Auslegung der Systemanschaltung. Die Kopplung verfährt nach dem Übereinkunft-Prinzip, wobei eine Übereinkunft immer aus zwei komplementären Aktionen verschiedener Agenten an demselben Port besteht.

Def. 5.6
Gegeben sei ein Agentensystem AS = $<P_0, \mathbb{B}, C>$ mit der Agentenmenge
$\mathbb{B} = \{B_1, B_2, .. ,B_n\}$, mit $B_i = <P_i, A_i, GLS_i, b_i>$ für i in [1..n],
und der Menge von Schnittstellenports P_0.
P sei die Vereinigung aller P_i für i in [1..n].
f_U sei die in C verwendete Aktionsabbildung.
$\mathbb{I}$ sei die Menge der den einzelnen Agenten aus $\mathbb{B}$ entsprechenden Kommunikationsverhalten,
$\mathbb{I} = \{V_i : V_i$ entspricht B_i für i aus $[1..n]\}$.
E sei die Vereinigung aller Schnittstellen der Verhalten aus $\mathbb{I}$.
E_0 bestehe aus der Menge von Tripeln $\{(v,p,s) : p$ aus P_0, und v aus $\{+, -\}\}$ vereinigt mit $\{(\varepsilon,s)\}$. Die Tripel bilden die Interaktionsereignistypen, das Paar den Spontanereignistyp einer System-Schnittstelle. E_0 sei disjunkt zu E.
A sei eine System-Anschaltung und bilde genau die in E enthaltenen Interaktionsereignistypen (v,p,b_i) auf (v',p',s) aus E_0 ab, für die f_U das Paar (v,p) auf das Paar (v',p') abbildet.
K sei eine Kopplung über E mit nur einem Kopplungszustand '/' und enthalte für alle p aus P und alle Paare (i,j) aus [1..n]×[1..n] mit i≠j genau alle Tupel (bm, /, sm, /), die folgender Bedingung genügen.

$$bm = \{(+, p, b_i), (-, p, b_j)\}, \text{ und } sm = bm.$$

Das System $< E_0, E, A, \mathbb{I}, K>$ heißt das zu AS **entsprechende System**.

Im Gegensatz zur oben vorgenommenen Darstellung unterscheidet CCS nicht zwischen Agentensystemen und Agenten. So können innerhalb eines in einer Agentendefinition verwendeten Terms auch Subterme auftreten, die einem Agentensystem entsprechen, also Systembildungsoperatoren enthalten. Hierdurch können Rekursionen entstehen, die über Kompositionsoperatoren führen. Dies ist mit den in Def. 5.3 und Def. 5.4 gegebenen Vereinbarungen ausgeschlossen und soll, da es zur formalen Behandlung von Kommunikationsprotokollen in der Regel nicht genutzt wird, nicht weiter verfolgt werden.

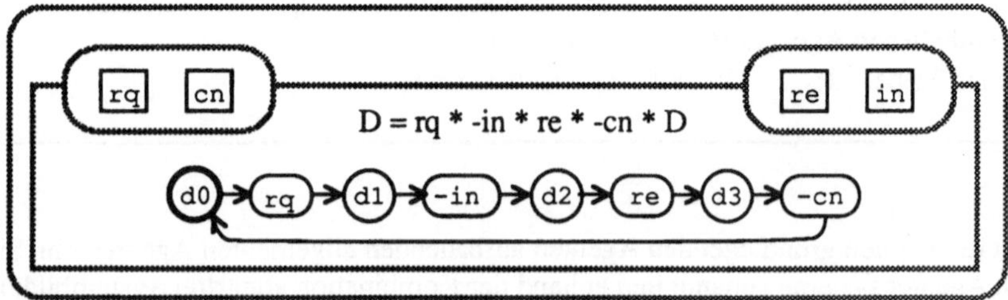

Bild 5.5: Einfacher bestätigter Dienst D

5.3.2 Spezifikation

Zur Spezifikation eines Dienstes wird der Dienst als Agent oder Agentensystem modelliert. Die Dienstschnittstelle entspricht einer Menge von Ports, die in einzelne, den Zugangspunkten zugeordnete Klassen gegliedert ist.

Bild 5.5 zeigt in dieser Weise die Spezifikation des einfachen bestätigten Dienstes, der bereits in Bild 5.1 als Beispiel herangezogen wurde. Das Bild enthält neben dem aus einer rekursiven Gleichung bestehenden Gleichungssystem auch die Darstellung als Automat.

Bei der Nutzung der Vorzeichen der Aktionen wurde eine Konvention eingehalten. Und zwar werden positive Aktionen den Dienststimuli und negative den Dienstreaktionen zugeordnet. Dies ist allerdings nur eine Konvention, die im formalen Modell nicht unterstützt wird. Die Übereinkunft-Kopplung zwischen Nutzern und Dienst weist die Verantwortung für das Auftreten einer Interaktion in symmetrischer Weise an beide beteiligten Partner zu.

Bild 5.6 zeigt die Spezifikation des Bild 5.2 entsprechenden verfälschenden Dienstes D'.

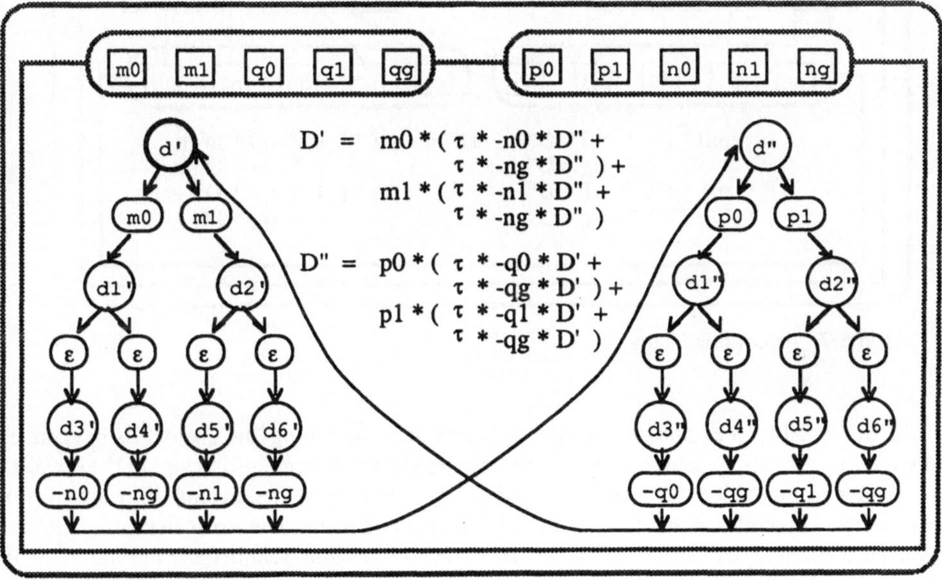

Bild 5.6: Verfälschender Dienst D'

An diesem Beispiel soll auf eine notwendige besondere Sorgfalt bei der Beschreibung indeterministischer Reaktionen einer Instanz hingewiesen werden. So könnte z.B. - angeregt durch das negative Vorzeichen einer Reaktion und der hierdurch nahegelegten Spontaneität ihrer Erzeugung - D' auch durch die Gleichung 'D' = m0 * (-n0 * D" + -ng * D") + m1 * (-n1 * D" + -ng * D")' definiert werden. Bei der im folgenden Bild 5.7 gezeigten Einbettung des Dienstes D' in das dort gegebene spezielle System hätte dies sogar keine Folgen für die Vollständigkeit der Analyse. Dennoch trifft dies das eigentliche Verhalten des verfälschenden Dienstes nicht. In einer Umgebung, in der z.B. nie eine Bereitschaft für Interaktionen an dem Port 'ng' besteht, würde D' nie verfälschend wirken, weil aufgrund der Übereinkunft-Kopplung auch die Sendeseite in ihrer Auswahl des nächsten Verhaltensschritts beeinflußt wird. Wenn Übereinkunft-Interaktionen zur Darstellung gerichteter Stimuli und Reaktionen verwendet werden, sind derartige Spezifikationsfehler häufig. Um sie auszuschließen, sollte darauf geachtet werden, daß Reaktionen nie als erstes Aktionspräfix eines Auswahl-Terms vorkommen.

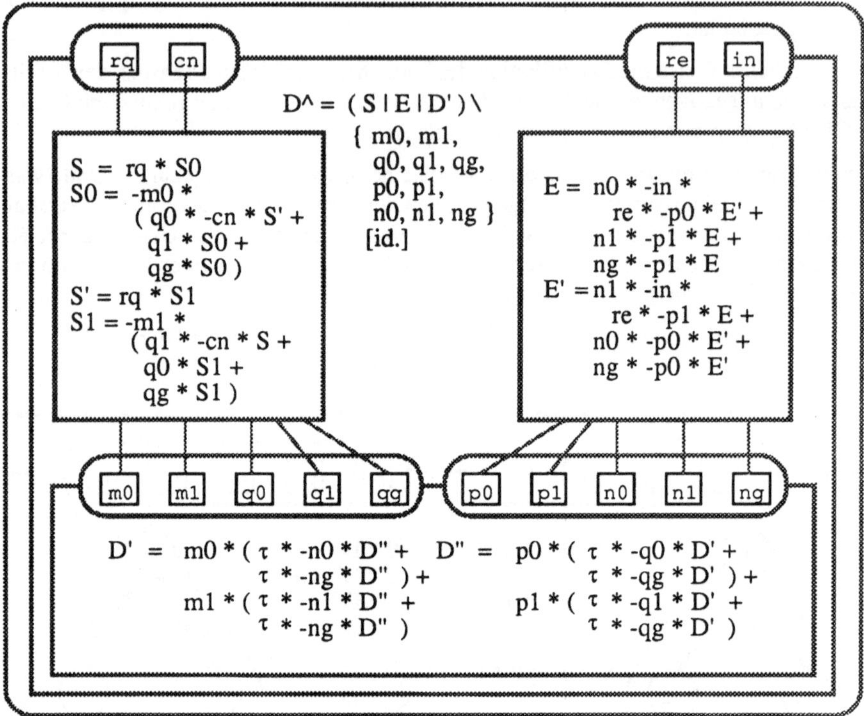

Bild 5.7: Protokollsystem

Bild 5.7 stellt die Bild 5.3 entsprechende Spezifikation des Alternating-Bit-Protokolls in Form eines Agentensystems vor, das an seiner System-Schnittstelle ein Verhalten entsprechend D^ aufweist. D^ entsteht aus der Komposition der Agenten S und E - dies sind die beiden Protokollinstanzen - sowie des Basisdienstes D' und soll zur Vorgabe D verhaltensgleich sein. Die Ports der Schnittstelle des Basisdienstes werden in der Restriktion verdeckt, so daß die System-Schnittstelle nur durch die Ports der Schnittstelle des Zieldienstes dargestellt wird. Aktionen werden nicht umbenannt, deshalb verweist die Umbennungsoperation auf die Identitätsfunktion.

5.3.3 Analyse

Im wesentlichen wird die Analyse eines Agentensystems in CCS dadurch vorgenommen, daß das Kommunikationsverhalten der Ersatzinstanz des Agentensystems ermittelt und seine Spezifikation in eine möglichst einfache und leserliche Form überführt wird, um es inspizieren oder auch mit der Spezifikation der Zieldienstvorgabe vergleichen zu können [60]. Hierzu ist in CCS die Relation der Observation Equivalence zwischen Agenten erklärt, die etwas schärfer als die in Kap. 2.3.3 eingeführte Verhaltensgleichheit ist.

Die Entscheidung der Äquivalenz zweier Agenten sowie die Vereinfachung von Gleichungssystemen und Termen sollen mit algebraischen Mitteln auf der Basis eines aus Gleichungen bestehenden Axiomensystems erfolgen. Dafür wird eine Relation der abstrakten Gleichheit von Termen benötigt. Die Observation Equivalence wäre hierfür wünschenswert, da sie die in CCS grundlegende Auffassung über die Äquivalenz von Kommunikationsverhalten wiedergibt. Sie kann allerdings nicht verwendet werden, weil sie für den Auswahloperator keine Kongruenzeigenschaften besitzt, die Subterme einer Auswahl aber ebenfalls als Term behandelt werden sollen. Deshalb ist eine strengere Relation erklärt (Observation Congruence [83]). Sie wird bei der Angabe des Axiomensystems zugrundegelegt. Anhand der Axiome können die definierenden Gleichungen eines Kommunikationsverhaltens durch Termersetzung umgeformt werden.

In [84,85] ist ein solches Axiomensystem angegeben, das für endliche Agenten vollständig ist, und anhand dessen endliche Agenten in eine eindeutige Normalform überführt werden können. Für unendliche Agenten existiert ein solches System nicht. Die angegebenen Axiome sind jedoch auch hier korrekt und können zur Reduktion angewendet werden, so daß sich in der Praxis auch bei unendlichen Agenten Analyseergebnisse erzielen lassen.

Zur rechnergestützten Reduktion von CCS-Gleichungssystemen wurde in [40] die Verwendbarkeit des Ansatzes der Termersetzungssysteme untersucht. Es kann allerdings kein entsprechendes endliches Regelsystem erzeugt werden. Unter Einschränkung auf reguläre Agenten konnte ein Werkzeug entwickelt werden, das Agenten- und Agentensystem-Definitionen in eine reduzierte Agenten-Form überführt.

Der Zeit- und Speicheraufwand bei der Bearbeitung praktischer Problemstellungen wurde mit dem entsprechenden Aufwand der Berechnung und Speicherung des Erreichbarkeitsgraphen verglichen. Es zeigte sich, daß durch die Einbettung der algebraischen Verfahren bei diesen Problemstellungen keine wesentlichen Einsparungen erzielt werden konnten. Dies resultiert daher, daß bei der Analyse eines Protokollsystems zunächst die Komposition der Protokollinstanzen und des Basisdienstes aufgelöst werden muß. Das Axiomensystem enthält hierfür nur die rekursive Definition der Kompositionsoperation. Eine Anwendung dieser Definition entspricht der Berechnung aller möglichen Folgezustände eines Knoten im Erreichbarkeitsgraphen und führt zu Subtermen, die den einzelnen Folgezuständen zugeordnet werden können und wiederum den Kompositionsoperator enthalten. Für echte Vereinfachungen stehen nur Axiome zur Verfügung, die nicht auf den Kompositionsoperator Bezug nehmen.

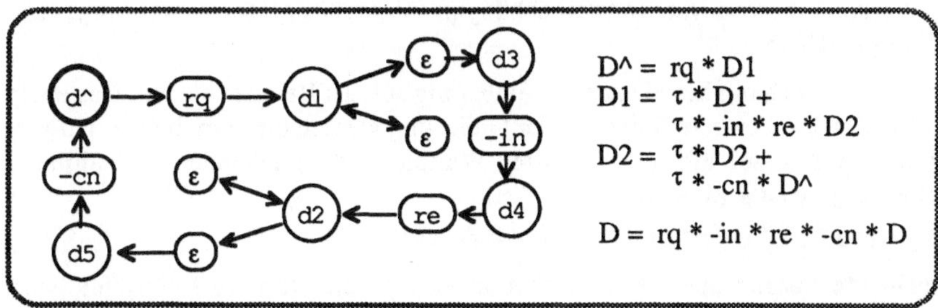

Bild 5.8: Ersatzinstanz des Protokollsystems

Weiterhin soll erwähnt werden, daß der Erreichbarkeitsgraph eines Protokollsystems wesentlich mehr an für Analysezwecke wichtiger Information zur Verfügung stellt als die der Ersatzinstanz entsprechende reduzierte CCS-Spezifikation. Dies sei am Beispiel des Protokollsystems zum Alternating-Bit-Protokoll verdeutlicht.

Bild 5.8 zeigt das an der Zieldienst-Schnittstelle bestehende Verhalten des Protokollsystems nach Bild 5.7. Aus der Spezifikation des Verhaltens D^ kann abgelesen werden, daß das Verhalten in den Zuständen D1 und D2 unter Umständen durch Spontanübergänge für unendlich lange Zeit verzögert werden kann. Es ist deshalb nicht verträglich zur Zieldienstvorgabe D nach Bild 5.5, die eine Abwicklung einer Dienstleistung in endlicher Zeit verspricht. Damit kann in CCS die Korrektheit dieses Protokolls gegenüber der Zieldienstvorgabe nicht nachgewiesen werden.

Die Inspektion von D^ ergibt, daß es mit D im Aufbau der möglichen Folgen von Dienstprimitiven übereinstimmt. Wenn die verzögernden Spontan-Zyklen in den Zuständen D1 und D2 als in endlicher Zeit terminierend angenommen und somit eliminiert werden können, ergibt sich die Gleichheit beider Verhalten. Zur Sicherung dieser Annahme wird es allerdings notwendig, die den Zyklen entsprechenden internen Abläufe im Protokollsystem näher zu inspizieren. Eine derartige Inspektion kann anhand des Erreichbarkeitsgraphen durchgeführt werden. In der Spezifikation von D^ werden aber alle internen Abläufe durch τ verdeckt.

5.3.4 Nachrichtenaustausch

CCS und verwandte Techniken sehen im Grundmodell kein besonderes Konzept zur Modellierung eines Nachrichtenaustauschs vor. Dies wird nur durch die Vorzeichen von Aktionen vorbereitet. Die Einführung von Nachrichten erfolgt auf einer zweiten Stufe.

Die Erweiterung sieht vor, daß der Datenaustausch weiterhin dem Grundkonzept der symmetrisch synchronisierten Übereinkunft an einem Port folgt. Ergänzend besteht aber die Möglichkeit, daß ein Sender, d.h. die mit der negativen Aktion beteiligte Partei, einen Datenwert bestimmt, und daß ein Empfänger, d.h. die mit der positiven Aktion beteiligte Partei, nach der Interaktion auf diesen Datenwert Bezug nehmen kann.

Hierzu wird die Syntax von CCS um Datentypen, Datenvariablen und Datenausdrücke in der Art üblicher Programmiersprachen erweitert. Agentenbezeichner auf der linken Seite einer Gleichung und positive Aktionen können mit Datenvariablen, negative Aktionen und Agentenbezeichner auf der rechten Seite einer Gleichung mit Datenausdrücken versehen werden. Weiterhin wird ein Verzweigungsterm eingeführt. Das Konstrukt 'if <Datenausdruck mit Ergebnistyp boolean> then <Term$_1$> else <Term$_2$>' erlaubt die von Datenwerten abhängige Auswahl zwischen zwei Folgeverhalten entsprechend Term$_1$ und Term$_2$.

Folgende aus einer Gleichung bestehende Vereinbarung soll als Beispiel dienen. Das entsprechende Verhalten ist über einem Port p definiert. In der Gleichung werden die Variablen x und y verwendet. Datentyp von x und y sei ein aus den drei Werten 0..2 bestehender Aufzählungstyp. Die Datenoperation '$x \oplus y$' sei als '(x + y) modulo 3' erklärt.

$$A_x = \quad -p_{x\oplus 2} * p_y * (\text{ if } y<1 \text{ then } A_{y\oplus 1} \text{ else } A_{y\oplus 2})$$

Eine entsprechende Instanz übergibt zunächst an Port p den Wert '$x\oplus 2$', anschließend liest sie ebenfalls an Port p einen Wert, der danach mit der Variablen y angesprochen werden kann. In Abhängigkeit zu y verhält sie sich dann entsprechend der Vereinbarung mit einer initialen Belegung von x mit '$y\oplus 1$' oder mit '$y\oplus 2$'. Das Nachrichtenkonzept erlaubt so die kompakte Spezifikation nachrichten-austauschender Systeme. Grundlegende Synchronisation und Nachrichtenwerte können auf zwei unterschiedlichen Ebenen abgehandelt werden.

In der Rückführung auf das Grundmodell vereinbart die Gleichung nicht ein einziges Kommunikationsverhalten A_x, sondern eine Klasse von Verhalten $\{A_0, A_1, A_2\}$, die weiterhin nicht über dem einen Port p sondern der Klasse von Ports $\{p_0, p_1, p_2\}$ definiert sind. Die Gleichung vertritt folgendes, aus drei Gleichungen bestehende Gleichungssystem. Das 'if-then-else'-Konstrukt geht in einer Auswahl über alle Ports der p entsprechenden Klasse auf.

$$A_0 = \quad -p_2 * (p_0 * A_1 + p_1 * A_0 + p_2 * A_1)$$
$$A_1 = \quad -p_0 * (p_0 * A_1 + p_1 * A_0 + p_2 * A_1)$$
$$A_2 = \quad -p_1 * (p_0 * A_1 + p_1 * A_0 + p_2 * A_1)$$

Mit diesem Konzept der Rückführung ist die Semantik der Erweiterungen erklärt. Da zu Analysezwecken zusätzliche Mittel nicht gegeben sind, bleiben die in Kap. 4.2.1 besprochenen Abstraktionsmaßnahmen von wichtiger Bedeutung. Es können mithilfe des Nachrichten-Konzepts zwar sehr differenzierte Modelle in kompakter Form spezifiziert werden, die Problematik der Zustandsexplosion bei der Analyse bleibt davon aber unberührt.

5.3.5 Varianten

Eine sehr wichtige Variante von CCS ist LOTOS (Language for Temporal Ordering Specification nach [58]). LOTOS soll im Rahmen der Standardisierung von Protokollen und Diensten des ISO/OSI-Modells in Zukunft Verwendung finden. Es ist sehr eng an CCS orientiert und unterscheidet sich hiervon hauptsächlich in der Form der Kopplung. Und zwar wird ein Konzept der Mehr-Parteien-Übereinkunft verfolgt. Eine Interaktion findet nur statt, wenn alle momentan an das betroffene Port gebundene Instanzen hierzu bereit sind. Das überlagerte Konzept zum Nachrichten-Austausch muß nun symmetrisch sein, da potentiell auch mehrere Sender an derselben Interaktion beteiligt sind. An die Stelle der Übergabe eines von einer Seite bestimmten Werts tritt die Übereinkunft über einen die Bedingungen aller Seiten erfüllenden Wert. Weiterhin sind über den grundlegenden Operatoren spezielle Operatoren definiert, die auf häufige Mechanismen in Protokollinstanzen Bezug nehmen, wie z.B. die asynchrone Unterbrechung eines Verhaltens. Von der Analyseseite her wird auf die in CCS vorhandene Theorie verwiesen. Zur Behandlung endlicher Agentensysteme stehen Termersetzungssysteme zur Verfügung und zur Inspektion unendlicher Systeme werden nicht-erschöpfende Ablaufsimulationen vorgeschlagen [36,59].

Ferner ist CSP [48,49] mit CCS vergleichbar. Anstelle des 'if-then-else'-Konstrukts werden hier Guarded Commands zur datenwert-abhängigen Ablaufsteuerung verwendet. Zu Analysezwecken wird die Abbildung von CSP-Termen auf Ausdrücke der Programmiersprache LISP vorgeschlagen. Der Wert eines entsprechenden LISP-Ausdrucks entspricht den möglichen Interaktionsfolgen bei Systemablauf.

Der Ansatz der Prozeß-Algebra nach [7] ist in der Semantik der Systembildungsoperatoren und der Syntax von Spezifikationen ebenfalls eng mit CCS verwandt. Hier werden verschiedene Axiomensysteme angegeben, die für endliche Agentensysteme konfluent und terminierend sind, so daß die effiziente Auswertung anhand von Termersetzungssystemen möglich ist. Das Konzept der Ersatzinstanz offener Systeme mit der Abstraktion von system-internen Interaktionen wird allerdings nicht unterstützt.

In [90,91] wird mit TCSP eine umgekehrte Vorgehensweise zur Korrektheitssicherung beim Systementwurf vorgeschlagen. Sie orientiert sich am Ansatz der Programmtransformation. An die Stelle der nachträglichen Analyse eines Entwurfsergebnisses tritt ein formal gesicherter, schrittweise verfeinernder Systementwurf. Ausgehend von der Spezifikation des Verhaltens der Ersatzinstanz wird anhand der Anwendung von Tranformationsregeln eine entsprechende Implementierung gewonnen. Das Verfahren könnte z.B. für den schrittweisen Entwurf eines Protokollsystems aus einer Zieldienstspezifikation eingesetzt werden. Zur Zeit ist noch keine Rechnerunterstützung verfügbar. Die Spezifikationstechnik zu TCSP ist deskriptiv. Sie sieht Prädikate über den Experimenten eines Verhaltens vor. Die Transformationsregeln gründen auf einer in den Bereich der möglichen Experimente abbildenden denotationalen Semantik von CSP, das als 'Implementierungssprache', d.h. zur Beschreibung von Agentensystemen, eingesetzt wird. Insofern ist CSP das einzige Bindeglied zwischen dem algebraischen Ansatz und TCSP, und TCSP hätte auch unter der Rubrik deskriptive Techniken aufgeführt werden können. Es wurde jedoch hier eingereiht, weil die zugrundeliegenden Konzepte der Verhaltensgleichheit und des Experimentsbegriffs eng zu denen von CCS korrespondieren.

5.4 Erweiterte endliche Automaten

Das weithin aus der Modellierung von Hardware-Komponenten bekannte Konzept endlicher Automaten wurde bereits sehr früh zur formalen Beschreibung von Protokollen verwendet [80,81] und prägt auch die in den heutigen Dokumenten zur Standardisierung von Protokollen übliche Darstellung von Protokollinstanzen in Form von Ereignis-Übergangs-Tabellen (z.B. in den gegenwärtigen, auf [56] aufbauenden Standards). Es bildet ferner die Grundlage der formalen Spezifikationssprache SDL [25,33], die nicht zuletzt deshalb als am weitesten verbreitet angesehen werden kann, weil sie in der Regel von den Postverwaltungen zur technischen Dokumentation öffentlicher Telekommunikationseinrichtungen zwingend vorgeschrieben wird. Auch im Bereich der Normungsbestrebungen zum ISO/OSI-Modell ist eine entsprechende Spezifikationssprache ESTELLE in Entwicklung [22,57], wobei langfristig eine Harmonisierung zwischen SDL und ESTELLE erreicht werden soll.

Zur Beschreibung eines Protokolls werden die einzelnen Protokollinstanzen jeweils als endliche Automaten modelliert. Dazu sollen einleitend zwei Aspekte angesprochen werden:

- Erweiterungen,
- Automatentypen.

Die im Bereich der Spezifikation von Kommunikationsprotokollen gebräuchlichen Erweiterungen des reinen Konzepts endlicher Automaten können nach folgenden Stichwörtern klassifiziert werden:

- Auswahl-Indeterminismus und Spontanübergänge,
- Bildung von Systemen aus Automaten,
- Daten,
- Transitionszeit,
- Transitionsprioritäten.

Hierbei befaßt sich der Punkt 'Daten' auch mit der Möglichkeit, nicht-reguläre Verhalten zu beschreiben. Dieser Punkt wie auch die nachfolgenden 'Transitionszeit' und 'Transitionsprioritäten' werden im folgenden erst nach der Einführung eines Grundmodells behandelt. Die beiden erstgenannten Punkte müssen sich schon in diesem Grundmodell widerspiegeln. Die im folgenden zunächst unter dem Attribut 'erweitert' angesprochenen Eigenschaften betreffen die Möglichkeiten, Systeme aus miteinander gekoppelten Automaten zu vereinbaren und innerhalb eines Automaten Indeterminismus und Spontanübergänge vorzusehen.

Das Konzept eines endlichen Automaten findet sich im wesentlichen in zwei Ausprägungen und Interpretationen:

- Akzeptor / Produzent einer regulären Sprache,
- Produzent eines Ein/Ausgabe-Verhaltens.

Ein als Akzeptor eingesetzter Automat ist über einem Alphabet von Eingabezeichen vereinbart (vgl. z.B.[55] und Kap. 2.3.5). Er erzeugt keine Ausgaben, sondern führt ausgehend vom Startzustand

Transitionsfolgen durch, die einem Wort über dem Eingabealphabet entsprechen. Alle Wörter, die derart in einen sogenannten Finalzustand führen, gelten als akzeptiert.

Zur Modellierung technischer Apparaturen, die im Ablauf der Zeit mit Eingaben stimuliert werden und Ausgaben erzeugen, finden Automaten mit Ein- und Ausgabealphabet Verwendung. Bekannt sind die Konzepte des Moore- und des Mealy-Automaten (vgl. z.B. [17]). Ein/Ausgabe-Funktionen, die Stimuli-Folgen auf Reaktionen-Folgen abbilden, können kompakt und in einer Weise spezifiziert werden, die enge Korrespondenzen zwischen Modell und realem Apparat gestattet. Während beim Moore-Automat Ausgaben an Zustände gebunden sind, ordnet der Mealy-Automat Ausgaben den Transitionen zu.

Das Konzept des Mealy-Automaten liegt ebenfalls den wichtigen, auf Automaten basierenden Protokollspezifikationstechniken zugrunde (z.B. ESTELLE und SDL). Zur Beschreibung auswahl-indeterministischer Verhalten wird dabei die Zustandsübergangsfunktion durch eine entsprechende Relation ersetzt, die mehrere mögliche Transitionen je Kombination aus Momentanzustand und Eingabezeichen zu definieren erlaubt.

Die Ausrichtung der Ereignisse an der Schnittstelle eines Automaten als Eingabe- und Ausgabe-Aktionen führt zur Verwendung des Übertragung-Prinzips bei der Kopplung zwischen Automaten. Hier geht man in der Regel von einer Kopplung aus, die in eine Menge zueinander unabhängiger Kanäle strukturiert ist. Die Kanäle sind dabei puffernd, von unbeschränkter Kapazität und besitzen eine First-In-First-Out-Disziplin. Im allgemeinen wird jeder Instanz eine Menge von Kanälen fest und exklusiv zugeordnet. Ein Kanal fungiert dabei sozusagen als Briefkasten. Beliebige Instanzen können in den Kanal Nachrichten eingeben, aber nur eine Instanz greift lesend darauf zu.

Im folgenden wird ein Grundmodell vorgestellt, dessen Instanzen auf dem Konzept des Mealy-Automaten basieren, und das eine typische kanal-strukturierte Kopplung vorsieht. Seine Anwendung zur Spezifikation und Analyse wird am Beispiel des Alternating-Bit-Protokolls verdeutlicht. Abschließend werden die oben angesprochenen übrigen Konzept-Erweiterungen umrissen.

5.4.1 Modell

Das Modell einer Instanz ist in Def. 5.7 erklärt. Es basiert auf einer Erweiterung des Konzepts eines Mealy-Automaten. An die Stelle der Zustandsübergangs- und der Ausgabefunktion tritt die Relation Δ, so daß für dieselbe Kombination aus Momentanzustand und Eingabezeichen mehrere Kombinationen aus Folgezustand und Ausgabezeichen möglich sind. Das Leerzeichen ε kann anstelle einer Eingabe verwendet werden, um eine spontane Transition zu definieren, anstelle einer Ausgabe für eine reaktionsfreie Transition.

Def. 5.7

Gegeben seien eine endliche Menge A_e von Eingabezeichen,
eine endliche Menge A_a von Ausgabezeichen,
eine endliche Menge S von Zuständen
mit dem ausgezeichneten Element s_0 aus S, dem Startzustand.
Das sogenannte Leerzeichen ε sei weder in A_e noch in A_a enthalten.
Δ sei eine Relation aus $(S \times A_e \cup \{\varepsilon\}) \times (A_a \cup \{\varepsilon\}) \times S$, die Menge der Transitionen.
Ein solches Quintupel $< A_e, A_a, S, s_0, \Delta >$ heißt **erweiterter endlicher Automat**.

Def. 5.8 gibt eine Abbildung eines solchen erweiterten endlichen Automaten in ein entsprechendes Kommunikationsverhalten an. Schnittstellenereignisse sind der Empfang eines Eingabezeichens und die Erzeugung eines Ausgabezeichens. Den einzelnen Zuständen des Automaten entsprechen Knoten des Kommunikationsverhaltens, wobei die Verhaltensschritte der Knoten zu den von den entsprechenden Zuständen ausgehenden Transitionen korrespondieren.

Da eine Transition sowohl eine Eingabe als auch eine Ausgabe umfaßt, wird sie unter Einführung eines Zwischenzustands durch zwei aufeinanderfolgende Verhaltensschritte dargestellt. Jeder Zwischenzustand sieht hierbei nur genau einen Verhaltensschritt für die Erzeugung der entsprechenden Ausgabe vor. Damit besteht eine Instanz nach Erhalt einer Eingabe und Auswahl einer entsprechenden Transition auf der Erzeugung der in der Transition vorgeschriebenen Ausgabe.

Def. 5.8

Gegeben sei ein erweiterter endlicher Automat $D = < A_e, A_a, S, s_0, \Delta >$.
E_d sei eine Schnittstelle mit dem Spontanereignistyp (ε,d),
$E_d = \{(+,e,d) : e \in A_e\} \cup \{(-,a,d) : a \in A_a\} \cup \{(\varepsilon,d)\}$;
hierbei sei d eine beliebige Identifikation für D.
(+,e,d) heißt der zu einem Eingabezeichen e, (-,a,d) der zu einem Ausgabezeichen a und (ε,d) der zum Leerzeichen ε gehörige Ereignistyp.
V sei ein Kommunikationsverhalten über E_d und entspreche s_0. Hierbei entspricht ein Verhalten V einem Zustand s, wenn es einer der beiden folgenden Bedingungen genügt.

1) Von s gehen keine Transitionen aus, und V ist ein Blatt.
2) Genau je von s ausgehender Transition (s, e, a, s') geht von der Wurzel von V eine mit dem zu e gehörigen Ereignistyp beschriftete Kante auf einen Teilbaum V' aus; von der Wurzel von V' geht eine einzige mit dem zu a gehörigen Ereignistyp beschriftete Kante auf einen s' entsprechenden Teilbaum aus.

V heißt das zu D mit der Kennung d **entsprechende Kommunikationsverhalten**.

Def. 5.9 vereinbart unter dem Begriff Automatensystem einen Verbund aus einer endlichen Menge von Automaten, die über Kanäle miteinander interagieren. Die Ein- und Ausgabezeichen codieren gleichzeitig den eigentlichen, inhaltsbezogenen Typ einer Nachricht und die Adresse des von einem Nachrichtenaustausch betroffenen Kanals. Die Zuordnung von Kanälen zu Zeichen ist anhand der Kanaladressierungsfunktion wählbar. Eine explizite Zuordnung von Kanälen zu Instanzen erfolgt nicht. Sie kann freizügig durch Reservierung von Kanaladressen für Eingabezeichen einzelner Instanzen dargestellt werden. Die System-Schnittstelle ist in eine Eingabe- und eine Ausgabe-Schnittstelle gegliedert. Die Eingabe-Schnittstelle erlaubt die Beeinflussung der Instanzen des Systems von außen, die Ausgabe-Schnittstelle die Erzeugung von System-Reaktionen durch Instanzen.

Def. 5.9

Gegeben sei eine endliche Menge von erweiterten endlichen Automaten $\mathbb{D}$.
N_e sei die Vereinigung der Mengen der Eingabezeichen der Automaten aus $\mathbb{D}$,
N_a die Vereinigung der Mengen der Ausgabezeichen.
Gegeben seien ferner eine endliche Menge von Kanälen $\mathbb{C}$,
eine möglicherweise partielle Abbildung f_K von $N_e \cap N_a$ nach $\mathbb{C}$, die Kanaladressierung,
eine endliche Menge von Zeichen N_e', die Eingabeschnittstelle-Nachrichtentypen,
eine endliche Menge von Zeichen N_a', die Ausgabeschnittstelle-Nachrichtentypen,
eine möglicherweise partielle Abbildung A_e von N_e nach N_e', die Eingabe-Anschaltung,
und eine möglicherweise partielle Abbildung A_a von N_a nach N_a', die Ausgabe-Anschaltung.
Ein solches 7-Tupel $<\mathbb{D}, \mathbb{C}, f_K, N_e', N_a', A_e, A_a>$ heißt **Automatensystem**.

Def. 5.10 gibt die Abbildung eines Automatensystems in ein entsprechendes System kommunizierender Instanzen an. Die Automaten der einzelnen Instanzen werden durch die entsprechenden Kommunikationsverhalten vertreten. Die System-Anschaltung ergibt sich aus der Vereinigung von Ein- und Ausgabeanschaltung des Automatensystems. Der Zustandsraum der Kopplung gibt die Zusammensetzung aus Kanälen wieder. Die Tupel der Kopplungsrelation sind so ausgelegt, daß Nachrichten der Kanaladressierung entsprechend eingespeichert und ausgelesen werden.

Def. 5.10

Gegeben sei ein Automatensystem DS = $<\mathbb{D}, \mathbb{C}, f_K, N_e', N_a', A_e, A_a>$ mit
$\mathbb{D} = \{D_1, D_2, .. D_n\}$ und $\mathbb{C} = \{C_1, C_2, .. C_m\}$.
$D = \{d_1, d_2, .. d_n\}$ sei eine Menge von Instanzenkennungen.
$\mathbb{I}$ sei die Menge der den einzelnen Automaten entsprechenden Kommunikationsverhalten,
$\mathbb{I} = \{ I_i : I_i$ entspricht D_i mit der Kennung d_i für i aus [1..n]$\}$.
E sei die Vereinigung der Schnittstellen der Instanzen aus $\mathbb{I}$, $E = E_1 \cup E_2 \cup .. \cup E_n$.
$d_0 \notin D$ sei eine Kennung für das Gesamtsystem.
$E_0 = \{(+,e,d_0) : e \in N_e' \} \cup \{(-,a,d_0) : a \in N_a' \} \cup \{(\varepsilon,d_0)\}$ sei die System-Schnittstelle.
A bilde (v, n, d) aus E auf (v', n', d_0) aus E_0 genau dann ab, wenn eine der folgenden Bedingungen 1) oder 2) zutrifft.

1) v = v' = '+', und $A_e(n) = n'$.
2) v = v' = '-', und $A_a(n) = n'$.

N_k sei die Menge aller mit dem Kanal C_k adressierten Nachrichtentypen für k aus [1..m],
$N_k = \{n : n \in (N_e \cap N_a)$ mit $f_K(n) = C_k\}$.
w bezeichne ein Wort über N_k, ε das leere Wort, w z das durch Anfügen des Zeichens z an w und z w das durch Voranstellen des Zeichens z vor w entstehende Wort, N_k^* die Menge aller endlichen Wörter über N_k.
K sei eine Kopplung mit der Zustandsmenge $S_K = N_1^* \times N_2^* \times .. \times N_m^*$ und dem Kopplungsstartzustand $< \varepsilon, \varepsilon,..,\varepsilon>$.
K enthalte je i aus [1..n], je k aus [1..m], je n aus $(N_e \cap N_a)$ und je s aus S_K genau alle Tupel (bm, s, sm, s'), die folgenden Bedingungen 3) oder 4) genügen.
s[i] selektiere hierbei die i-te Komponente eines Vektors aus S_K.

3) bm = sm = $\{(-, n, d_i)\}$, und $n \in N_k$, und
   s'[j] = s[j] für alle $j \neq k$, und s'[k] = n s[k].
4) bm = sm = $\{(+, n, d_i)\}$, und $n \in N_k$, und
   s'[j] = s[j] für alle $j \neq k$, und s[k] = s'[k] n.

Das System $<E_0, E, A, \mathbb{I}, K>$ heißt das zu DS **entsprechende System**.

5.4.2 Spezifikation

Zur Spezifikation eines Dienstes wird der Dienst als Automat oder Automatensystem modelliert. Die verschiedenen Dienststimuli entsprechen den Eingabezeichen, die Reaktionen den Ausgabezeichen. Verbunden mit einer derartigen Modellierung ist meistens gleichzeitig die Vorstellung, daß die reale Dienstschnittstelle durch eine Menge von Kanälen gegeben ist, wobei je Zugangspunkt i.a. zwei Kanäle entsprechend den beiden Richtungen zwischen Dienst und Nutzer vorgesehen sind.

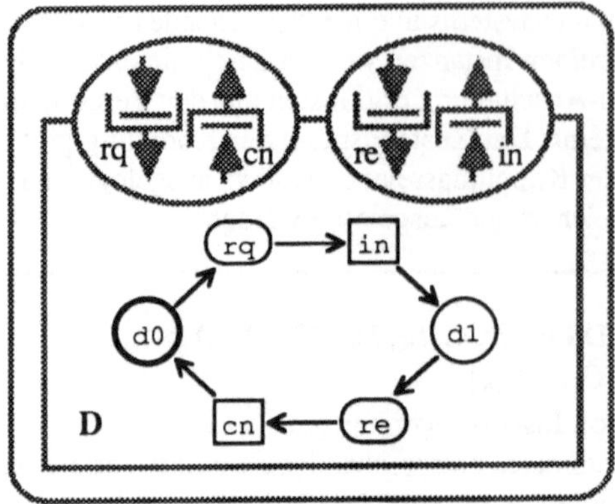

Bild 5.9: Dienst D

Bild 5.9 zeigt eine solche Spezifikation des aus den Bildern 5.1 und 5.5 bekannten einfachen Dienstes D. Der Automat ist als Diagramm dargestellt. Ein Kreis repräsentiert einen Zustand. Eine von Kreis zu Kreis führende Kantenfolge vertritt eine Transition. Ein auf der Kantenfolge liegendes Oval enthält den Stimulus, ein Rechteck die mit der Transition verknüpfte Reaktion. Ovale und Rechtecke, die das Leerzeichen ε enthalten, können entfallen. Startzustand sei der mit 0 numerierte Zustand.

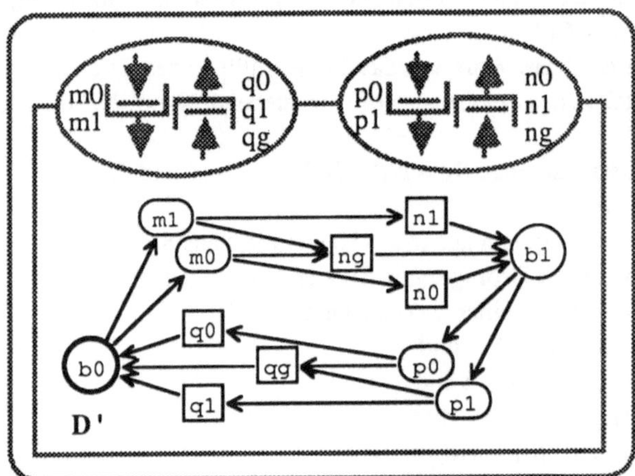

Bild 5.10: Dienst D'

In derselben Weise findet sich in Bild 5.10 die Spezifikation des aus den Bildern 5.2 und 5.6 bekannten unzuverlässigen Dienstes D'. Hier sind je Kombination aus Eingabezeichen und Momentanzustand zwei in der Ausgabe unterschiedliche Transitionen vorhanden. Dies modelliert die Verfälschungseigenschaft des Dienstes.

Bild 5.11 zeigt ein Protokollsystem, das - wie die in den Bildern 5.3 und 5.7 spezifizierten Systeme - der Erbringung des Dienstes D' durch Anwendung des Alternating-Bit-Protokolls dienen soll. Im System befinden sich vier Kanäle, die den Basisdienst an seinen beiden Zugangspunkten mit den Protokollinstanzen S und E verbinden. Die vier Kanäle werden entsprechend der Beschriftung in der Graphik adressiert. Die Zeichen 'rq', 're', 'in' und 'cn' bilden die Schnittstelle des offenen Systems.

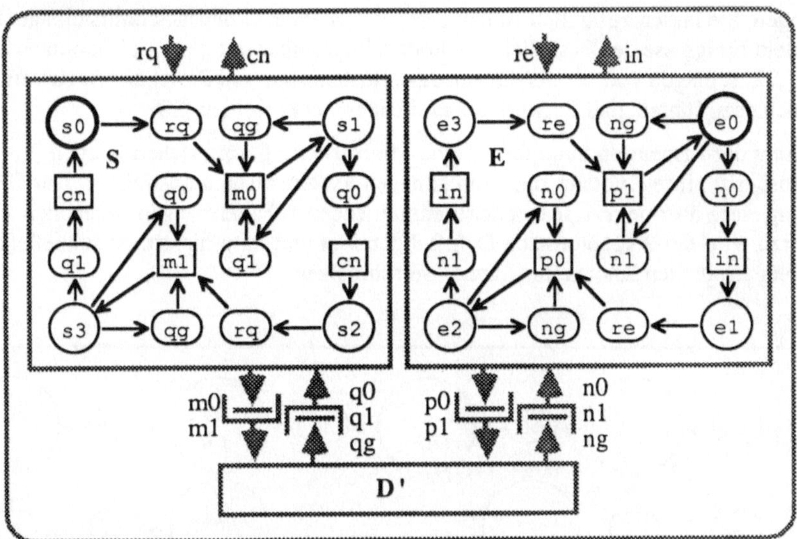

Bild 5.11: Protokollsystem

5.4.3 Analyse

Zur Analyse eines Automatensystems wird in der Regel der Erreichbarkeitsgraph berechnet und wie in Kap. 4 besprochen ausgewertet.

Bild 5.12 zeigt eine Form des Erreichbarkeitsgraphen des Systems nach Bild 5.11. Die Knoten werden durch Kreise, die Kanten durch Pfeile dargestellt, die über ein mit dem entsprechenden Schalterelement beschriftetes Oval führen. Die Knoteninschriften geben den Systemzustand wieder. Die erste Zeile enthält die Nummern der Zustände der drei Instanzen in der Reihenfolge S, D', E, die zweite Zeile gibt den Inhalt der Kanäle an. Da bei diesem System in einem Zustand über alle Kanäle gesehen immer nur maximal eine Nachricht gespeichert ist, erfolgt dies kurz durch die Angabe des entsprechenden Zeichens. Zur Hervorhebung wurden die an der System-Schnittstelle ausgetauschten Nachrichten fett und kursiv gedruckt.

Bild 5.12 zeigt die üblicherweise bei erweiterten endlichen Automaten verwendete Form des Graphen. Sie kann bereits als Projektion des Erreichbarkeitsgraphen nach Kap. 2.5.4 angesehen werden. Während eine Transition zwei Verhaltensschritten einer Instanz entspricht, zu zwei Systemschritten führt und deshalb durch zwei Kanten im vollständigen Graphen vertreten ist, ist in Bild 5.12 eine Transition nur durch jeweils eine Kante dargestellt. Dies bedeutet eine Verdeckung der Sendeereignisse, wobei jedoch das Resultat in der Kopplungskomponenten des Folgezustands sichtbar bleibt. Die Verdeckung der Sendeereignisse kann bei allen Transitionen vorgenommen werden außer bei solchen, die eine Nachricht für die System-Umwelt erzeugen. Dort wird im Bild der Zwischenzustand durch Angabe der Nachricht als Kopplungsinhalt kenntlich gemacht.

Auch weitergehende Projektionen werden vorgeschlagen. So kann die Verdeckung aller nur mit internen Nachrichten befaßten Systemschritte zur Ersatzinstanz (vgl. Kap. 2.5.5) führen und zum Nachweis der Übereinstimmung des erbrachten Dienstes mit der Zieldienstvorgabe verwendet werden [63, 69]. Hier werden ebenso zusätzliche Erwägungen zur Eliminierung interner Zyklen benötigt, wie sie bereits in Kap. 5.3.3 angesprochen wurden. In [63,69] werden auch zu diesem Zweck Projektionen herangezogen. Sie lassen zusätzlich zu den Ereignissen der Zieldienst-Schnittstelle auch als produktiv betrachtete Ereignisse der Basisdienst-Schnittstelle sichtbar mit dem Ziel, spontane Zyklen zu vermeiden. [71,72] schlagen vor, bereits die einzelnen Instanzen durch Projektionen zu vereinfachen. Dies kann jedoch dazu führen, daß Entwurfsfehler nicht entdeckt werden [28].

Zur Erleichterung der Inspektion kann ferner eine Minimisierung vorgesehen werden [63]. Hierbei wird von der Inschrift eines Knotens, d.h. vom genauen Systemzustand abstrahiert. Der Graph wird als Vereinbarung eines über dem Alphabet der vorkommenden Schaltermengen gegebenen Verhaltens aufgefaßt. Hierzu wird der Akzeptor nach Def. 2.8 gebildet und minimisiert. Anschließend werden alle als äquivalent ermittelten Knoten im Graphen verschmolzen.

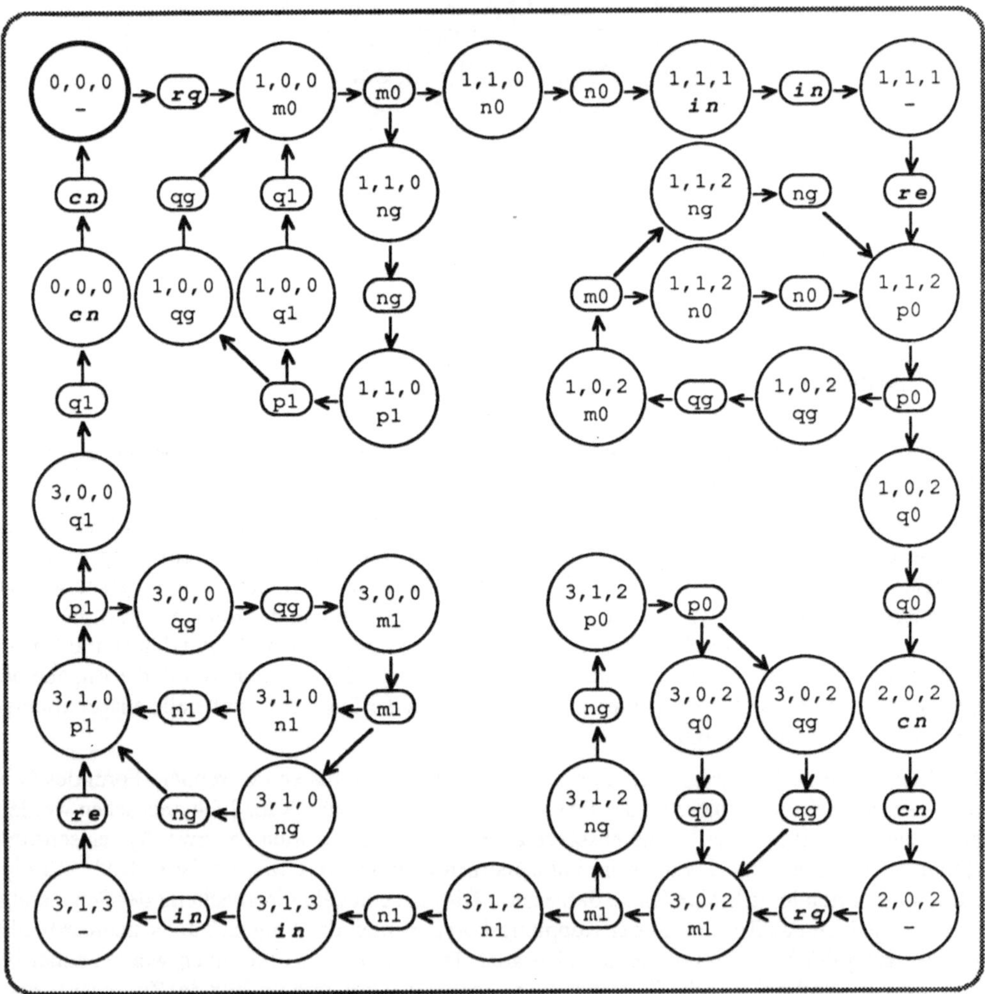

Bild 5.12: Erreichbarkeitsgraph des Protokollsystems

5.4.4 Erweiterungen

Die beiden wichtigen Spezifikationstechniken SDL und ESTELLE folgen dem in den Definitionen 5.7 bis 5.10 vorgestellten Konzept. Darüberhinaus sind Erweiterungen zu den Stichwörtern Daten, Zeit und Transitionsprioritäten vorgesehen.

Zur Behandlung von Daten als Nachrichteninhalte können zu jedem Nachrichtentyp Datenparameter vereinbart werden. Dadurch wird die Menge der Nachrichtentypen, d.h. der Ein- und Ausgabezeichen, in Klassen gegliedert. Jede Klasse entspricht einem Nachrichten-Grundtyp, die Elemente einer Klasse repräsentieren die verschiedenen möglichen Kombinationen von Wertbelegungen der Nachrichtenparameter. Analog dazu wird die Zustandsmenge zweistufig aus einer Menge von Hauptzuständen und Datenvariablen gebildet. Die Zustandsmenge zerfällt je Hauptzustand in Klassen, deren Elemente jeweils die verschiedenen Kombinationen von Wertbelegungen der Variablen wiedergeben.

Anstelle einzelner Transitionen werden in der Spezifikation nun je Konstrukt Klassen von Transitionen vereinbart. Eine Nachrichten-Grundtyp-Angabe, eine Bedingung über Nachrichtenparametern und Variablen sowie eine Hauptzustandsangabe bestimmen die Menge der Momentanzustände und Eingabezeichen einer Transitionsklasse. Zuweisungen an Variable und eine Hauptzustandsangabe bestimmen die Menge der Folgezustände. Ausgaben werden durch die Angabe eines Nachrichten-Grundtyps und von Ausdrücken zur Wertbestimmung der Nachrichtenparameter zugeordnet.

Diese zweistufige Gliederung der Nachrichtentypen und Zustände bedeutet, wenn nur endliche Wertemengen für die Datentypen der Parameter und Variablen erlaubt sind, keine Abkehr vom Grundkonzept nach Def. 5.7 bis 5.10. Durch Berücksichtigung aller möglichen Wertkombinationen kann ein in Nachrichtentypen und Zuständen flach strukturierter Automat gewonnen werden. Die Analyse basiert auf den dann gegebenen, bereits besprochenen Möglichkeiten.

Im Hinblick auf die Kompaktheit und Lesbarkeit bedeutet eine solche zweistufige Gliederung jedoch eine wesentliche Verbesserung. In der Praxis vorkommende Dienste und Protokolle können auch in detaillierter Form sehr kompakt beschrieben werden. Die Lesbarkeit hängt dabei von der dem Entwerfer freistehenden Wahl zwischen Haupt- und Nebenzuständen sowie Nachrichten-Grundtypen und Parametern ab. In [51] wird hierzu ein Kriterium zur sinnvollen und die Lesbarkeit unterstützenden Aufteilung vorgeschlagen. Es fordert, daß Folgezustände und Ausgaben in ihrem Hauptzustand bzw. Grundtyp - soweit sie deterministisch bestimmt sind - nur vom aktuellen Hauptzustand und dem Grundtyp der Eingabe-Nachricht abhängen dürfen. Hierdurch ergibt sich auch bei Abstraktion von Variablen und Parametern ein sinnvoller Automat, der die Grundzüge des beschriebenen Verhaltens in leicht lesbarer Form wiedergibt. Der Detaillierungsgrad dieses Automaten wird durch die Wahl der Grundtypen der Eingabe-Nachrichten bestimmt. Mit Unterstützung eines entsprechenden Werkzeugs wurden in [51] aus der praktischen Produktentwicklung stammende Spezifikationen von Protokollinstanzen in dieser Weise modifiziert. Kriterium und Werkzeug können weiterhin zur Unterstützung der Durchführung von Abstraktionsmaßnahmen nach Kap. 4.2.1 herangezogen werden.

Die Einführung von Variablen und Parametern erlaubt es, Protokollinstanzen in einer derart detaillierten Form zu spezifizieren, daß daraus - in automatischer Weise - vollständige prototypische Implementierungen gewonnen werden können [35]. Sie sind jedoch in ihrem Ablaufverhalten in der Regel nicht zufriedenstellend, weil sie problem- und umgebungsbezogene Optimierungsmöglichkeiten vernachlässigen. Im Hinblick auf die Erzeugung leistungsfähiger Produkte werden deshalb Vorgehensweisen vorgeschlagen, nach denen automatisch erzeugte Teile durch kreativ entwickelte Teile ergänzt werden [8,9,12].

Die Analyse derart detaillierter Spezifikationen bereitet aufgrund der hier massiv wirksam werdenden Zustandsexplosion Schwierigkeiten. Neben Abstraktionsmaßnahmen sind hierzu zwei weitere Ansätze zu nennen, die von einer direkten Verwendung der detaillierten Spezifikation eines Protokollsystems ausgehen. [52,53,54] schränkt die Analyse ein und verwendet eine speicher- und zugriffsoptimierte Darstellung der Systemzustände. [2] plant den Einsatz spezieller leistungsfähiger Hardware-Elemente zur Erreichbarkeitsanalyse.

Neben Nachrichtenparametern müssen zur detaillierten Spezifikation einer Protokollinstanz auch Zeitüberwachungsmaßnahmen beschrieben werden. ESTELLE sieht hierzu spezielle, zeitlich verzögert durchgeführte Transitionen vor.

Zur Einschränkung des Auswahl-Indeterminismus in Zuständen, in denen mehrere verschiedene Transitionen durchführbar sind, ist - wie z.B. bei ESTELLE - die Einführung eines Prioritäten-Konzepts möglich. Es sieht vor, einzelnen Transitionen oder Transitionsklassen unterschiedliche Priortäten so zuzuordnen, daß im Falle einer indeterministischen Auswahl nur die Wahl unter den höchstprioren Transitionen getroffen wird.

6. Strukturierter Erreichbarkeitsgraph

Bei der Analyse von Kommunikationsprotokollen ergeben sich auch unter Abstraktionsmaßnahmen meistens so umfangreiche Erreichbarkeitsgraphen, daß sinnvollerweise nur noch Projektionen des Graphen zu Inspektionen herangezogen werden [89].

Die Berechung einer Projektion kann in zwei Schritten erfolgen. Der vollständige Graph wird zunächst berechnet und anschließend in die gewünschte Projektion abgebildet. Im Gegensatz dazu soll hier ein Algorithmus zur direkten Berechnung von Projektionen vorgestellt werden. Er erlaubt durch die Zusammenfassung beider Schritte Speichereinsparungen und eröffnet die Möglichkeit für den Einsatz von Parallelverarbeitung auf Prozeßebene zur zeitlichen Beschleunigung. Er unterstützt zusätzlich die Auswertung von Projektionen und wendet wichtige allgemeine Kriterien erschöpfend auf alle erreichbaren Globalzustände an [63, 69].

Der Algorithmus strukturiert den Erreichbarkeitsgraphen in einen Hauptgraphen, die gewünschte Projektion, und eine Menge von Untergraphen, die unabhängig voneinander berechnet, ausgewertet und gespeichert werden können. Im Verlauf der Berechnung sind die Untergraphen nur temporär von Bedeutung. Sie können nach ihrer Auswertung gelöscht werden, so daß sich ein nicht unwesentlicher Speichergewinn ergeben kann. Die gegenseitige Unabhängigkeit der Untergraphen erlaubt eine Verteilung ihrer Berechnung und Auswertung auf verschiedene Prozessoren, so daß hierdurch ein Ansatzpunkt zur zeitlichen Beschleunigung gegeben ist.

Im folgenden wird zunächst der grundlegende Algorithmus zur Berechnung von Projektionen mit einigen Varianten zur Leistungssteigerung vorgestellt und anschließend an einem Beispiel verdeutlicht. Danach werden die zusätzlichen Maßnahmen zur gleichzeitigen Auswertung von Haupt- und Untergraphen erläutert. Abschließend wird auf eine Anpassung des Algorithmus für Systeme mit nebenläufigen Wirkungsketten eingegangen.

6.1 Grundkonzept

Der grundlegende Algorithmus zur Berechnung des strukturierten Erreichbarkeitsgraphen soll im Vergleich mit der Berechnung des vollständigen Erreichbarkeitsgraphen vorgestellt werden. Def. 6.1 zeigt einen solchen Algorithmus.

An Datentypen werden zunächst solche für die formale Spezifikation eines Systems, für Ereignistypen und für Mengen von Ereignistypen benötigt. Ein Knoten des Graphen entspricht einem Vektor des Typs 'gsta' aus einzelnen Instanzenzuständen und - bei Übertragung-Kopplung - einzelnen Kanalzuständen. Der Typ 'link' dient der Repräsentation einer Kante des Graphen. Die Typen 'gset' und 'lset' erlauben die Darstellung von Knoten- bzw. Kantenmengen. Der Index-Typ 'komp' wird später zur Selektion von Komponenten aus 'gsta' verwendet. 'kset' erlaubt in diesem Zusammenhang die Bildung von Indexmengen.

Der vollständige Erreichbarkeitsgraph wird von der Prozedur 'ErzeugeGraph' als Knotenmenge G und Kantenmenge L berechnet. Parametrisiert wird die Prozedur mit einer Systemspezifikation S und der Vereinigung E der Alphabete der Instanzen und der Schnittstelle des Systems. Beginnend mit der leeren Kantenmenge L und der nur den Systemstartzustand enthaltenden Knotenmenge G werden in einer Schleife über die Elemente aus G die jeweiligen Nachfolgezustände und Kanten berechnet und zu G bzw. L hinzugefügt. Der Algorithmus terminiert, wenn alle erreichbaren Systemzustände in G vorliegen und L alle möglichen Systemschritte enthält.

Der Unteralgorithmus 'Nachfolger' übernimmt die Berechnung der Nachfolgezustände und Kanten zu einem Momentanzustand g. Die Berechnung der Kanten erfolgt gemäß Def. 2.20 aus Kap. 2.5 und greift auf die Systemspezifikation S zu.

Def. 6.1

```
type    spec  = Systemspezifikation ;
        evnt  = Ereignistyp ;
        eset  = Menge über evnt ;
        gsta  = Globalzustand, Vektor über Einzelzustandskomponenten ;
        gset  = Menge über gsta ;
        link  = Systemschritt, Tripel aus ( gsta × eset × gsta ) ;
        lset  = Menge über link ;
        komp  = Zustandskomponenten-Index ;
        kset  = Menge über komp ;

ErzeugeGraph  (  E : eset ;           (* Menge der Ereignistypen *)
                 S : spec →           (* Systemspezifikation *)
                 G : gset ;           (* Knoten des Graphen *)
                 L : lset ) ;         (* Kanten des Graphen *)
  var    G': gset ;  (* weiterzuverfolgende Knoten *)
         g : gsta ; G" : gset ; L" : lset ;
  begin  G := { globaler Startzustand nach Def. 2.14 } ;
         G' := G ;  L:= {} ;
         while G' ≠ {} do
           begin  g := one_of G' ; G' :=G'\{g} ;
                  Nachfolger ( E, S, g → G", L") ;
                  G" := G"\G ; G := G∪G" ; G' := G'∪G" ; L := L∪L" ;
           end ;
  end ;

Nachfolger   ( E : eset ;             (* Menge der Ereignistypen *)
               S : spec ;             (* Systemspezifikation *)
               g : gsta →             (* Momentanzustand *)
               G : gset ;             (* Folgezustände *)
               L : lset   ) ;         (* Kanten *)
  begin  L:= { l : l ist Systemschritt zu g nach Def. 2.20 } ;
         G := { g' : (g,sm,g') ∈ L } ;
  end ;
```

Der Speicherbedarf des Algorithmus rührt von den Datenstrukturen zu L und G her. Hierbei kann L, da keine Lese-Zugriffe im Algorithmus vorkommen, als externe, sequentiell geschriebene Liste gehalten und somit vernachlässigt werden. Bei G hingegen muß mit jedem in G" neu berechneten Folgezustand dessen Enthaltensein in G entschieden werden, um die Terminierung des Algorithmus sicherzustellen, so daß G aus Laufzeitgründen im Arbeitsspeicher anzulegen ist. Der Aufwand hierzu ist ausschlaggebend für den Speicheraufwand des Algorithmus. Er ist proportional zur Anzahl erreichbarer Systemzustände.

Der Zeitaufwand des Algorithmus setzt sich aus dem Aufwand zur Berechnung von Folgezuständen und Systemschritten durch die Prozedur 'Nachfolger' und aus dem Aufwand zur Berechnung der Mengendifferenz zwischen G und G" in der Schleife des Hauptalgorithmus zusammen. Enthält G viele Knoten, und wird G wie üblich speichersparend als Element-Liste dargestellt, dann überwiegt der Zeitaufwand zur Mengendifferenzbildung den zur Nachfolgerberechnung wesentlich.

Ansatzpunkt zur Beschleunigung der Berechnung durch den Einsatz von Parallelverarbeitung ist, daß i.a. bereits nach wenigen Durchläufen der Hauptschleife mehrere Elemente in G' vorliegen, auf die in voneinander unabhängiger Weise die Prozedur 'Nachfolger' angewendet werden kann. Mehrere Prozessoren können so gleichzeitig mit Nachfolger-Berechnungen befaßt sein. Engpaß bleibt allerdings die Berechnung der Mengendifferenz und die Übernahme der Nachfolger-Ergebnisse, die, um die Konsistenz von G und G' sicherzustellen, sequentiell vorgenommen werden müssen und im Zeitbedarf überwiegen.

Def. 6.2

```
ErzeugePGraph (  s : eset ;   (* Menge sichtbarer Ereignistypen *)
                 E : eset ; S : spec → G : gset ; L : lset ) ;
  var    K : kset ;   (* für s\E relevante Zustandskomponenten *)
         g : gsta ; G', G" : gset ; L" : lset ;
  begin  K := { k : Alphabet von Komponente k enthält Elemente aus E\s } ;
         G := { globaler Startzustand nach Def. 2.15 } ;
         G' := G ; L:= {} ;
         while G' ≠ {} do
           begin  g := one_of G' ; G' :=G'\{g} ;
                  PNachfolger (K, s, E, S, g → G", L") ;
                  G" := G"\G ; G := G∪G" ; G' := G'∪G" ; L := L∪L" ;
           end ;
  end ;

PNachfolger  (  K : kset ;     (* für E\s relevante Zustandskomponenten *)
                s, E : eset ; S : spec ; g : gsta →
                G : gset ; L : lset  ) ;
  var    go, g' : gsta ; Go  : gset ;
  begin  L := {} ;
         go := <g[k] : k ∈ K > ;
         ErzeugeSubgraph ( s, E, S, go → Go ) ;
         while Go ≠ {} do
           begin  go := one_of Go ; Go := Go\{go} ;
                  g' := <g[i], go[k] : k ∈ K, i ∉ K > ;
                  L := L ∪ { (g,sm,g") : (g',sm,g") ist Systemschritt
                                         mit sm als Teilmenge von s } ;
           end ;
         G := { g" : (g,sm,g") ∈ L } ;
  end ;

ErzeugeSubgraph ( s, E : eset ; S : spec ; g : gsta → G : gset ) ;
  var    G', G" : gset ;
  begin  G := {g} ; G' := G ;
         while G' ≠ {} do
           begin  g := one_of G' ; G' :=G'\{g} ;
                  SubNachfolger ( s, E, S, g → G") ;
                  G" := G"\G ; G := G∪G" ; G' := G'∪G" ;
           end ;
  end ;

SubNachfolger  ( s, E : eset ; S : spec ; g : gsta → G : gset );
  var    L : lset ;
  begin  L := { l : l=(g,sm,g') ist Systemschritt zu g mit
                    sm als Teilmenge von E\s } ;
         G := { g' : (g,sm,g') ∈ L } ;
  end ;
```

Def. 6.2 zeigt den Algorithmus zur Berechnung des strukturierten Erreichbarkeitsgraphen. Im Vergleich zu Def. 6.1 besitzt der Algorithmus einen ähnlichen Aufbau. Auch gelten die Datentypvereinbarungen aus Def. 6.1. Der Hauptalgorithmus 'ErzeugePGraph' berechnet ebenfalls aus einer Systemspezifikation eine Zustandsmenge G und eine Kantenmenge L. G und L entsprechen jedoch hier einer Projektion des Erreichbarkeitsgraphen.

Die Projektion wird durch die Menge sichtbarer Ereignistypen s bestimmt. Der Parameter s ist so zu wählen, daß für einen beliebigen Systemschritt die Schaltermenge sm entweder ganz in s oder ganz außerhalb s liegt. Diese Vorbedingung kann leicht durch eingeschränkte Möglichkeiten zur Wahl von s sichergestellt werden. Der Ergebnisgraph enthält nun in G neben dem globalen Startzustand nur solche Systemzustände, die in direkter Folge eines Systemschritts mit Schaltern aus s erreicht werden. Als Kanten in L werden alle direkten und indirekten Wege des vollständigen Erreichbarkeitsgraphen zwischen den Knoten in G repräsentiert. Jeder Weg enthält genau als letzten Schritt einen mit Schaltern aus s ausgeführten Systemschritt. Die Schaltermenge des letzten Schritts bildet die zweite Komponente eines Tripels aus L.

Der Algorithmus 'ErzeugePGraph' sieht analog zu 'ErzeugeGraph' eine Prozedur zur Nachfolger-Ermittlung vor. 'PNachfolger' ermittelt allerdings nun nichtmehr einzelne Systemschritte, sondern derartige Wege als Elemente von L". Hierzu berechnet 'PNachfolger' einen Untergraphen mithilfe der Prozedur 'ErzeugeSubgraph'. Startzustand des Untergraphen ist der aktuelle Zustand g. Der Untergraph repräsentiert neben g alle von g aus mit s-fremden Schaltern erreichbaren Zustände. Die Berechnung in 'ErzeugeSubgraph' und 'SubNachfolger' entspricht in ihren Grundzügen der aus Def. 6.1. Unterschiedlich ist nur, daß mögliche Systemschritte mit s-internen Schaltern ignoriert werden.

Zur Speicheroptimierung der Untergraphen wird herangezogen, daß Zustandskomponenten existieren können, die bei Beschränkung auf s-fremde Schalter ignorierbar sind. Die für die Knoten von Untergraphen relevanten Zustandskomponenten K können in einer Vorbereitungsphase von 'ErzeugeP-Graph' anhand der Systemspezifikation bestimmt werden. Bei der Berechnung der Untergraphen muß dann nur ein den Komponenten aus K entsprechender Zustandsraum berücksichtigt werden. Weiterhin kann 'ErzeugeSubgraph' auf die Speicherung der Kantenmenge verzichten, weil 'PNachfolger' nur auf die Knoten von Untergraphen Bezug nimmt.

Im Anschluß an die Berechnung der Knotenmenge eines Untergraphen ermittelt 'PNachfolger' zu allen diesen Knoten die möglichen Systemfolgeschritte mit s-internen Schaltern und gibt sie an 'ErzeugePGraph' weiter. Dann kann die Speicherdarstellung der Knotenmenge des Untergraphen gelöscht werden. Damit fallen zur permanenten Speicherung im Arbeitsspeicher nur noch die Knoten des Hauptgraphen an. Der insgesamt gegebene Arbeitsspeicherbedarf wird zusätzlich nur um den Platz zur Aufnahme des umfangreichsten Untergraphen erhöht.

Aufgrund der Vorbedingung zur Wahl von s bleibt die Berechnung erschöpfend in dem Sinne, daß alle möglichen Systemschritte in der Projektion ihren Niederschlag finden. So wird auch im Spezialfall s=E der Algorithmus nach Def. 6.1 ausgeführt. Die Speichereinsparungen sind von der Wahl des Sichtbarkeitsbereichs s und der speziellen Auslegung des zu untersuchenden Systems abhängig. Im Fall s=E ergibt sich kein Gewinn.

Der oben beschriebene Algorithmus kann weiterhin in Richtung auf eine mehrstufige Strukturierung verfeinert werden. Hierbei kann die Wahl der Sichtbarkeitsbereiche für Untergraphen und nachgeordnete Graphen ausgehend von s vorab so bestimmt werden, daß sich spätestens ab der zweiten Stufe eingeschränkte Mengen relevanter Zustandskomponenten K ergeben, um den Speicherbedarf nachgeordneter Untergraphen zu reduzieren.

Bei der Diskussion des Zeitbedarfs muß zunächst angemerkt werden, daß der Algorithmus 'ErzeugePGraph' im Vergleich zum Algorithmus 'ErzeugeGraph' ohne zusätzliche Maßnahmen zu längeren Laufzeiten führen kann. Die nun kleinere Anzahl von Elementen in G führt zwar zu einer schnelleren Berechnung der Mengendifferenz mit G". Der Algorithmus 'ErzeugeGraph' wendet aber die Prozedur 'Nachfolger' auf jeden erreichbaren Systemzustand nur einmal an, während im Algorithmus 'ErzeugePGraph' in G verdeckte Zustände im Verlauf der Berechnung unterschiedlicher Untergraphen mehrfach verfolgt werden können.

Um diesen Nachteil zu mildern, kann eine andere Eigenschaft der Untergraphen ausgenutzt werden. Durch die Vernachlässigung von Zustandskomponenten in Untergraphen kann unter Umständen für unterschiedliche Zustände des Hauptgraphen derselbe Untergraph verwendet werden. Solange genügend Arbeitsspeicher zur Verfügung steht, sollte deshalb das Löschen der Knotenmenge G' eines berechneten Untergraphen unterbleiben. An die Stelle einer wiederholten Berechnung tritt dann der Rückgriff auf die gespeicherte Knotenmenge G' eines zum selben Startzustand bereits erzeugten Untergraphen.

Zur völligen Vermeidung von Mehrfachverfolgungen derselben Systemzustände können alle Untergraphen vollständig und unter Hinzunahme der Kanten in einem umfassenden (i.a. nicht-zusammenhängenden) Untergraphen gespeichert werden. An die Stelle der wiederholten Berechnung eines Untergraphen tritt dann die Suche eines dem Startknoten entsprechenden Knotens im Untergraphen. Die vom Hauptalgorithmus gewünschte Menge G' entspricht der Menge aller von diesem Knoten aus über Kanten erreichbaren Knoten.

Neben der möglichen Speichereinsparung soll als wesentlicher Vorteil des Algorithmus 'ErzeugePGraph' die hier gegebene Möglichkeit zur Beschleunigung der Berechnung durch den Einsatz von Parallelverarbeitung auf Prozeßebene genannt werden. Im Vergleich zum Algorithmus 'ErzeugeGraph' ergibt sich im Hauptalgorithmus in der Regel eine verminderte Knotenmenge G, so daß die Bildung der Mengendifferenz vom tatsächlichen Zeitaufwand her vermindert wird. Im Vergleich der Ausführungszeiten von 'Nachfolger' und 'PNachfolger' zeigt sich ein gegenteiliger Effekt. Die Nachfolger-Ermittlung umfaßt nun den Aufbau eines Untergraphen. Im Verbund kann sich ein wesentlich besseres Verhältnis der Laufzeiten zwischen sequentiell auszuführender Ergebnisübernahme in den Hauptgraphen und der parallel bearbeitbaren Nachfolger-Ermittlung ergeben.

6.2 Beispiel

Die vorangegangenen Betrachtungen über die Leistungsfähigkeit des Algorithmus 'ErzeugePGraph' wurden an einer Implementierung auf einer Einprozessormaschine und der Behandlung auch umfangreicher Beispiele bestätigt. Es ergaben sich Speichereinsparungen zwischen 40% und 85%. Im folgenden soll zur Verdeutlichung das einfache, bereits bekannte Beispiel des Alternating-Bit-Protokolls verwendet werden.

Bild 6.1 zeigt die Spezifikation des Protokollsystems. Es wird eine Übereinkunft-Kopplung verwendet, deren Ports den beiden Dienstschnittstellen entspechen. Um Anschaltungsschritte vernachlässigen zu können, wurde das Protokollsystem durch Aufnahme zweier Nutzerinstanzen L und R abgeschlossen. Die Instanzen werden durch Diagramme indeterministischer Automaten vereinbart (vgl. Kap. 2.3.5).

Bild 6.2 gibt den vollständigen Erreichbarkeitsgraphen zum System nach Bild 6.1 wieder. Die Zustände der Instanzen werden in den Kreisen - den Systemzuständen - durch Ziffern dargestellt. Die Ziffern entsprechen den Indizes der Zustandsbezeichner in Bild 6.1. Sie sind im Zustandsvektor entsprechend der Lage der betroffenen Instanz in Bild 6.1 angeordnet. Die Schaltermengen der Kanten - der Systemschritte - werden durch die Angabe je eines Portnamens im Oval angegeben. So steht 'rq' für die Schaltermenge {(rq,L),(rq,S)}. Da immer nur genau zwei Instanzen dasselbe Port in ihren Alphabeten referenzieren, ist diese Form der Angabe eindeutig.

Ausgehend von einem Sichtbarkeitsbereich, der alle Ereignistypen zu den die Instanz S umgebenden Ports umfaßt, wurde nun eine Berechnung nach Def. 6.2 ausgeführt. Bild 6.3 zeigt die aufgetretenen Untergraphen A, B, C, D, E und F. In den Knoten der Untergraphen konnten die Zustandskomponenten der Instanzen L und S vernachlässigt werden, da die Ereignistypen des Komplements des Sichtbarkeitsbereichs nur im Alphabet der übrigen Instanzen R, E, und D' vorkommen.

Bild 6.4 zeigt den Hauptgraphen dieses Beispiels. Zur Verdeutlichung der Einordnung der Untergraphen wurden sie als Rechtecke in die Graphik mitaufgenommen.

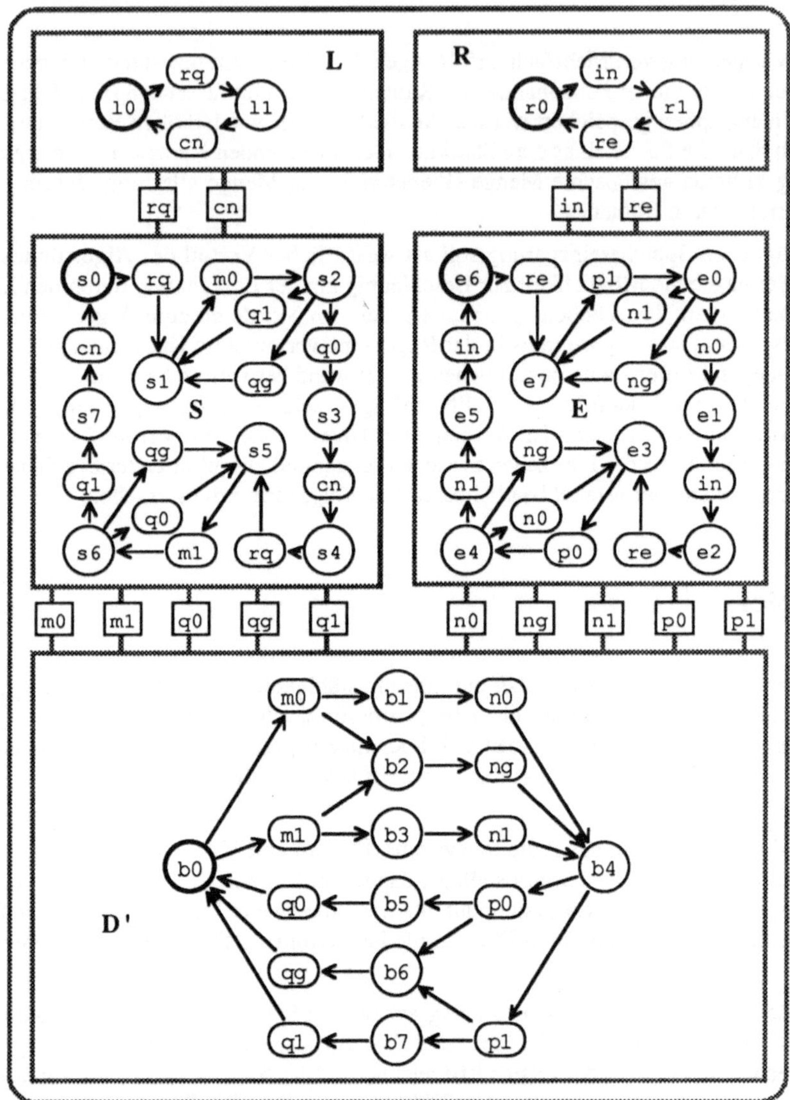

Bild 6.1: Geschlossenes System zum Alternating-Bit-Protokoll

Von den - in Bild 6.1 enthaltenen - 32 erreichbaren Systemzuständen sind in der Projektion noch 16 sichtbar. Der größte Untergraph umfaßt 6 Zustände über jedoch nur 3 Komponenten, so daß sich im groben eine Speicherersparnis von (32-16-6*3/5)/32 also ca. 40% ergibt.

Weiterhin ist zu sehen, daß aufgrund der Beschränkung der Zustandskomponenten der Untergraphen die Untergraphen A und F je zweifach angesprochen werden, also bereits durch eine von den Startknoten ausgehende Mehrfachverwendung Laufzeit-Gewinne erzielbar sind. Dem ist zwar gegenüberzustellen, daß aufgrund der strukturierten Berechnung die Systemzustände <1,0;6,7;4> jeweils in den Untergraphen D und E sowie <1,0;2,3;4> jeweils in den Untergraphen B und C je zweimal verfolgt werden, jedoch ergibt sich noch ein Zeitgewinn von zwei eingesparten Systemschritten.

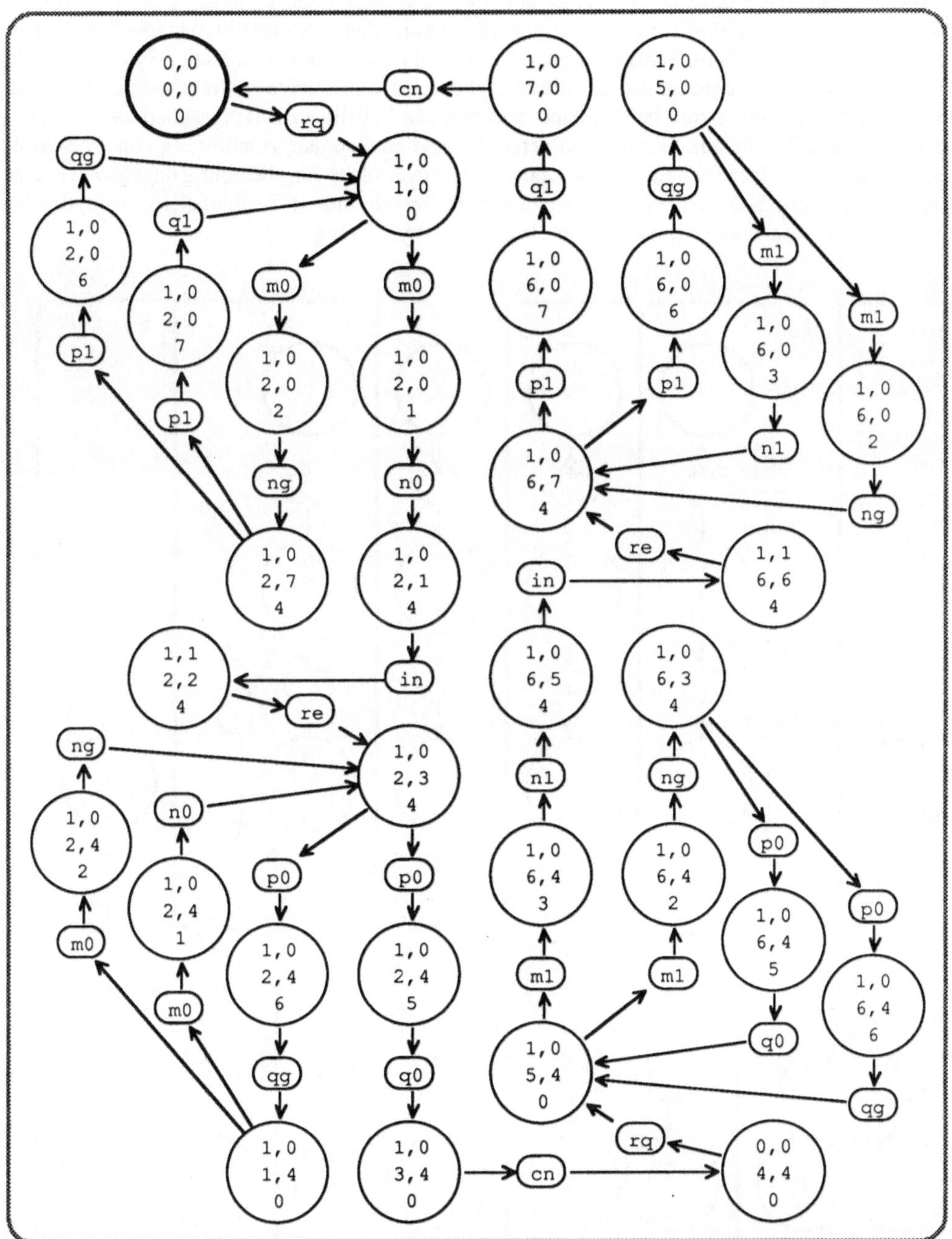

Bild 6.2: Erreichbarkeitsgraph zu Bild 6.1

Durch die vollständige Speicherung aller Untergraphen können - allerdings zu weiteren Speicherkosten - etwas größere Laufzeitgewinne erzielt werden. Einer der beiden eingeschränkten Zustände <0;3;4> oder <0;7;4> ist in jedem Untergraph vorhanden.

Im Hinblick auf eine mögliche Parallelisierung der Berechnung von Untergraphen können Zeitgewinne erwartet werden. Das Verhältnis des Zeitbedarfs zwischen Nachfolger-Ermittlung und Nachfolger-Eingliederung ist im Vergleich zur vollständigen Berechnung des Erreichbarkeitsgraphen günstiger, weil die Untergraphen mehrere Schritte umfassen. Obwohl es sich um ein einfaches System handelt, bei dem kein Kopplungsindeterminismus auftritt, und das nur eine einzige auswahl-indeterministisch agierende Instanz enthält, treten bereits nach dem zweiten Schritt im Hauptgraphen zwei parallel weiter-verfolgbare Knoten auf. Nimmt man vereinfachend an, daß jede Ausführung von 'PNachfolger' dieselbe Zeit von einer Einheit benötigt und daß die Nachfolger-Eingliederung dagegen vernachlässigbar ist, dann ergeben sich bei streng sequentieller Berechnung 16 Zeiteinheiten, bei optimaler Nutzung zweier zusätzlicher Prozessoren zur Nachfolger-Berechnung nur 9.

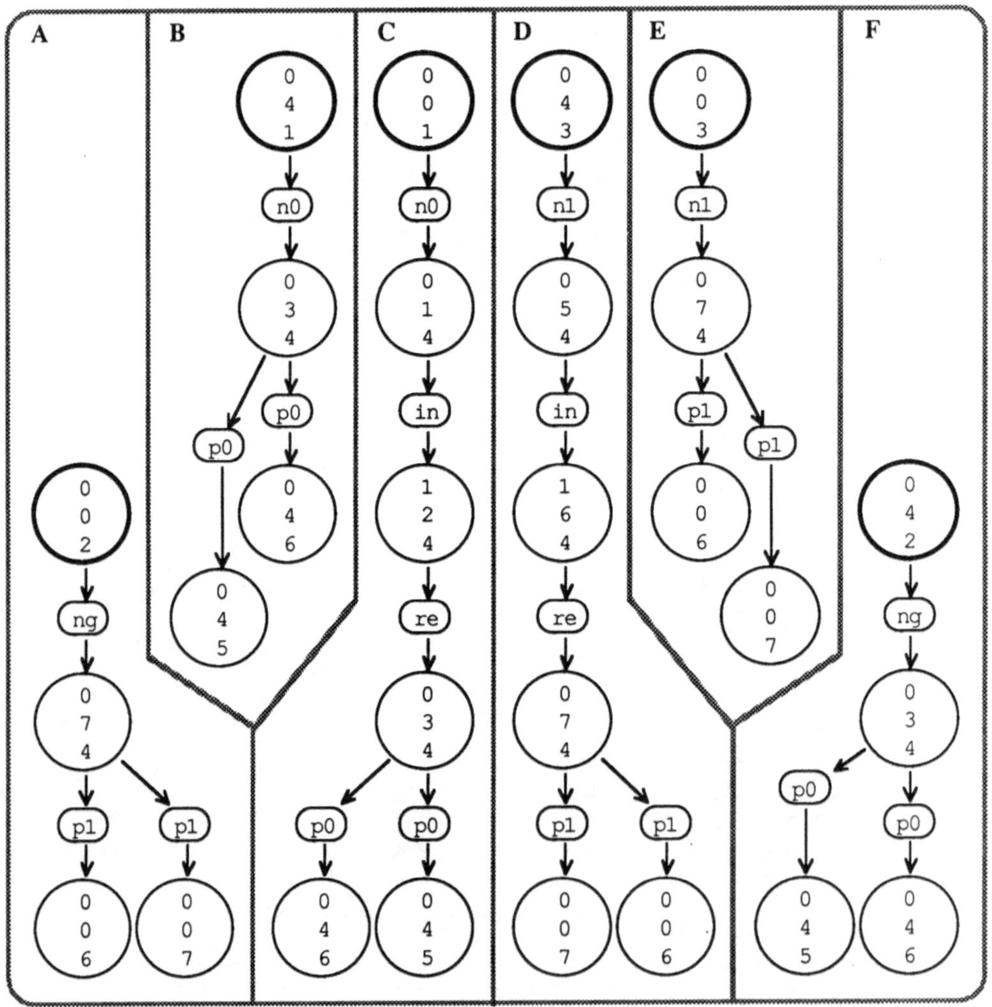

Bild 6.3: Subgraphen zu Bild 6.2

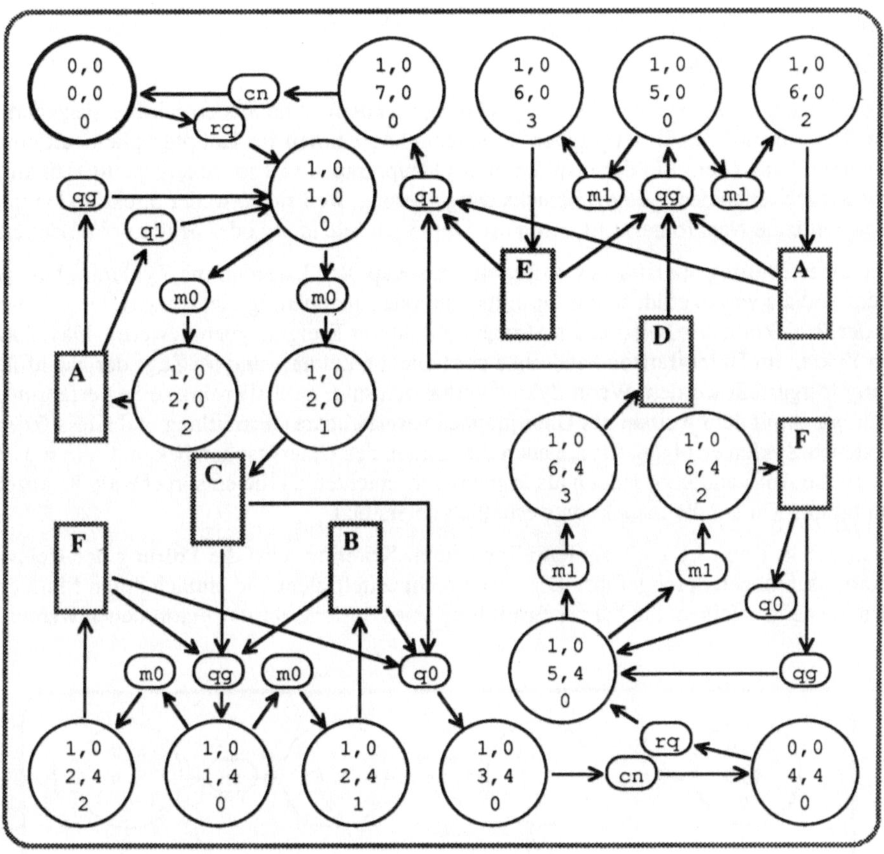

Bild 6.4: Projektion von Bild 6.2 nach {rq, cn, n0, n1, q0, q1, qg }

6.3 Auswertung

Als Ergebnis einer Berechnung des in Def. 6.2 vorgeschlagenen Algorithmus tritt eine Projektion des Erreichbarkeitsgraphen auf, die in ihrem Sichtbarkeitsbereich in weiten Grenzen frei gewählt werden kann. Bei geeigneter Wahl des Sichtbarkeitsbereichs können in ihrem Umfang sehr eingeschränkte Projektionen erzielt werden, so daß die Auswertung durch Inspektion sehr erleichert wird.

Zur Berechnung einer Projektion werden einerseits alle erreichbaren Systemzustände erschöpfend berechnet und verfolgt. Andererseits verdeckt das inspizierbare Ergebnis, die Projektion, Systemzustände und Teilabläufe deren Eigenschaften sinnvollerweise ebenfalls bei der Inspektion zu berücksichtigen wären. Besteht z.B. in einem Untergraphen neben der Möglichkeit zur Ablauffortsetzung im Hauptgraphen auch die Möglichkeit zur Terminierung des Systemablaufs, dann bleibt dies im Hauptgraphen verdeckt.

Nach der Erzeugung eines Untergraphen und vor dem Löschen wird deshalb eine Auswertung ausgeführt, die solche Eigenschaften ermittelt und im Hauptgraphen durch Kennzeichnung der betroffenen Knoten dokumentiert. Sie behandelt:

- Terminierungsknoten im Untergraph,
- Zyklen im Untergraph.

Enthält ein Untergraph einen Terminierungsknoten, von dem keine Systemschritte ausgehen, so wird der dem Startzustand des Untergraphen entsprechende Knoten im Hauptgraphen mit einer Stop-Kennzeichnung versehen. Bei der Inspektion des Hauptgraphen ist so sichergestellt, daß alle Terminierungsmöglichkeiten des Systems berücksichtigt werden, weil sie entweder direkt im Hauptgraphen durch dort fehlende Nachfolger oder durch die Stop-Kennzeichnung oder beides dokumentiert sind.

Im Sinne einer Prüfung spezifischer Kriterien nach Kap. 4.1.3 werden die Zyklen in Untergraphen untersucht und als verzögernd, schein-terminierend oder unabhängig klassifiziert. Der Sichtbarkeitsbereich der Projektion wird hierbei als Menge produktiver Ereignistypen gewertet. Das Vorhandensein von Zyklen im Untergraphen kann ohne zusätzlichen Zeitaufwand im Zuge der Nachfolger-Eingliederung festgestellt werden. Wenn Zyklen vorhanden sind, muß allerdings eine - erfahrungsgemäß im Zeitaufwand mit dem Aufbau des Untergraphen vergleichbare - Ermittlung und Klassifizierung der verschiedenen Zyklen erfolgen, für die auch die Kanten des Untergraphen bekannt sein müssen. Dieser zusätzliche Aufwand wird jedoch als lohnenswert erachtet, da die entsprechende Kennzeichnung der Hauptgraph-Knoten die Inspektion wesentlich unterstützt.

Bezüglich der in Kap. 4.1.2 genannten allgemeinen Kriterien wird die Prüfung der Relevanz von Spezifikationsaussagen durchgeführt. Dies kann recht zeiteffizient und einfach durch Markierung der Spezifikationsteile erfolgen, die bei der Ermittlung eines Systemschritts angesprochen werden.

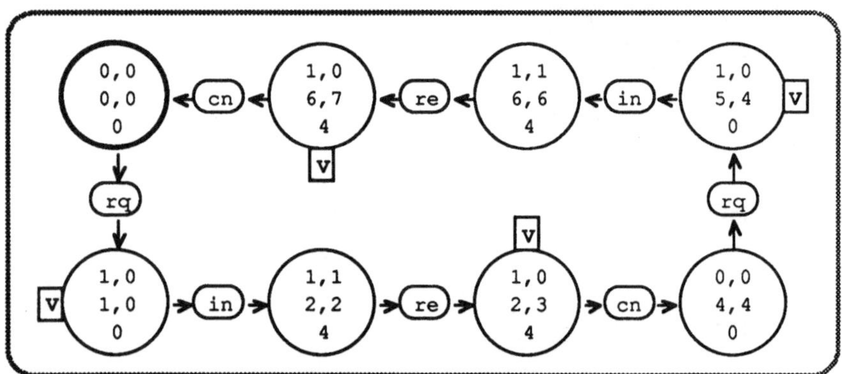

Bild 6.5: Projektion von Bild 6.2 nach Zieldienst-Primitiven

Aufgrund dieser Maßnahmen können nun Lebendigkeits-, Sicherheits- und Fairnessaspekte einzelner Instanzen anhand geeigneter Projektionen untersucht werden. Der Sichtbarkeitsbereich kann hierzu die Ereignistypen der Instanzenschnittstelle und die der Zieldienstschnittstelle umfassen.

Bild 6.5 zeigt als Beispiel den Hauptgraphen des Systems nach Bild 6.1 zum Sichtbarkeitsbereich, der alle Schnittstellenereignistypen der Zieldienstschnittstelle, also die mit den Ports 'rq', 'cn', 'in' und 're' verbundenen Typen, umfaßt. Hier treten Zyklen in Untergraphen auf, die alle als verzögernd klassifiziert werden und im Hauptgraphen anhand der 'V'-Kennzeichnung der vorangehenden Knoten ersichtlich bleiben. Die Inspektion des Hauptgraphen und der Vergleich mit der Zieldienst-Vorgabe ergibt, daß genau der gewünschte Zieldienst erbracht wird, wenn von einer Terminierung dieser Zyklen in endlicher Zeit ausgegangen werden kann. Da die Zyklen nur verzögernd sind, besteht die Möglichkeit, eine entsprechende Annahme durch weitergehende Analysen und Berücksichtigung von Leistungsaspekten zu begründen, während dagegen beim Auftreten von schein-terminierenden oder unabhängigen Zyklen in diesem Anwendungsfall von einem Entwurfsfehler ausgegangen werden könnte, der durch nachfolgende Analysen näher einzugrenzen wäre.

6.4 Nebenläufigkeitsmuster

Das Beispiel aus Bild 6.1 enthält nebenläufig ablaufende Instanzen. Da die Aktionen der einzelnen Instanzen zur Erfüllung eines gemeinsamen System-Ziels, nämlich der Erbringung des Zieldienstes, ausgeführt werden, und nur die hierzu beitragenden Aktionen im Systemmodell repräsentiert sind, ist die Nebenläufigkeit der Instanzen natürlich durch wechselseitige Kommunikation reglementiert. Im Falle des gewählten Beispiels erfolgt dies so streng, daß zu einem Zeitpunkt immer nur genau zwei Instanzen eine Aktion durchführen können. Der Ablauf des Gesamtsystems wird sozusagen durch eine einzige zeitlich sequentielle Wirkungskette geprägt.

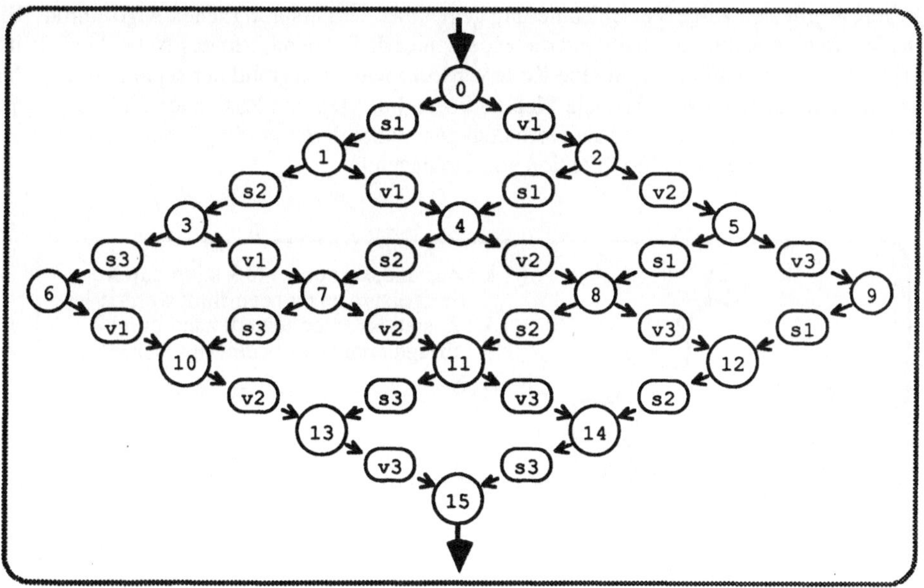

Bild 6.6: Nebenläufigkeitsmuster im Erreichbarkeitsgraphen

Für in der Praxis eingesetzte Protokolle können solche Modelle in der Regel nur unter starken Abstraktionsmaßnahmen erreicht werden. Einerseits sehen reale Protokolle Zeitüberwachungsmaßnahmen vor. Die Weckfunktion einer solchen Maßnahme kann dazu führen, daß eine im momentanen Hauptablauf des Protokollsystems passive Instanz unabhängig zum Hauptablauf aktiv wird und parallel zum Hauptablauf eine neue Wirkungskette eröffnet. Andererseits sehen Protokolle oft die simultane Erbringung mehrerer unterschiedlicher Dienstleistungen des Zieldienstes und/oder die gleichzeitige Inanspruchnahme mehrerer Dienstleistungen des Basisdienstes vor, so daß sich auch hierdurch Phasen mit nebenläufigen Wirkungsketten im Systemablauf ergeben können.

Gerade solche, sich über längere Aktionsfolgen erstreckende, Nebenläufigkeiten führen zu einer wesentlichen Aufblähung des Erreichbarkeitsgraphen. Sie werden im Erreichbarkeitsgraph aufgrund der dort vorgenommenen Serialisierung aller Aktionen nicht unmittelbar sondern in Form von Nebenläufigkeitsmustern ersichtlich.

Bild 6.6 zeigt ein solches Muster. Die beiden Schaltermengen-Folgen 's1, s2, s3' und 'v1, v2, v3' können hier vom Zustand 0 ausgehend im Systemablauf zueinander nebenläufig auftreten. Jedem beliebigen Ineinanderschieben der beiden Folgen entspricht im Graphen ein Weg vom Zustand 0 in den Zustand 15.

Nebenläufige Wirkungsketten können nicht immer durch geeignete Abstraktionsmaßnahmen vermieden werden, wenn sie z.B. durch wesentliche Mechanismen des zu analysierenden Protokolls verursacht werden. Deshalb ist das Leistungsverhalten des vorgeschlagenen Algorithmus auch bei solchen Systemen von großem Interesse und zwar für den Fall, daß nur eine der beiden beteiligten Wirkungsketten im Sichtbarkeitsbereich der Projektion liegt.

Die folgenden Erwägungen beschränken sich auf den im Beispiel gezeigten Fall zweier nebenläufiger Ketten. Sie können auf beliebige Kettenanzahlen erweitert werden.

In Fällen, in welchen beide Wirkungsketten entweder innerhalb oder außerhalb des Sichtbarkeitsbereichs liegen, ergibt sich keine Verschlechterung gegenüber dem ursprünglichen Algorithmus 'ErzeugeGraph'. Wenn eine Kette innerhalb und die andere außerhalb liegen, tritt das Nebenläufigkeitsmuster im Hauptgraphen nicht auf, weil eine Kette verdeckt wird. Aufgrund der separaten Berechnung der Untergraphen können aber sehr viele Mehrfachberechnungen von Zuständen und Folgeschritten vorkommen. Dies verschlechtert das Zeitverhalten gegenüber dem ursprünglichen Algorithmus wesentlich. Deshalb wird folgende Modifikation vorgeschlagen.

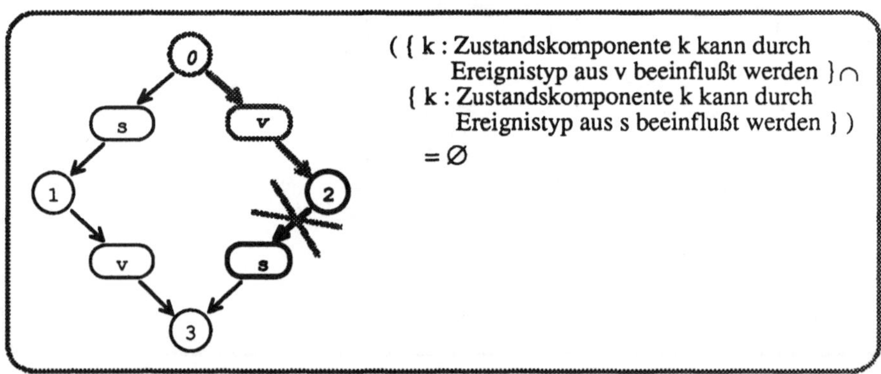

Bild 6.7: Unterdrückung von Systemschritten

Die Modifikation führt dazu, daß solche Systemschritte aus dem Untergraphen in den Hauptgraphen unterdrückt werden, die zu Zuständen führen, welche auch bereits auf anderen Wegen als erreichbar berechnet wurden. Hierdurch bleibt der erschöpfende Charakter der Berechnung erhalten. Es werden nur Mehrfachberechnungen unterdrückt. Weiterhin reduziert sich die Anzahl der im Hauptgraphen dargestellten Zustände und damit der Speicherbedarf.

Bild 6.7 verdeutlicht das Prinzip der Modifikation. Die Berechnung eines Untergraphen sei abgeschlossen. Gegeben sei ein im Untergraphen berechneter Zustand '2', für den ein Systemschritt mit der sichtbaren Schaltermenge s möglich ist. Der Systemschritt würde zur Berechnung des Zustands '3' führen. Der Zustand '3' wäre, da über einen sichtbaren Schritt erreicht in den Hauptgraphen aufzunehmen. Wenn jedoch nun im Untergraphen ein Zustand '0' so existiert, daß ein verdeckter Systemschritt mit einer Schaltermenge v zu '2' führt, und die Mengen der von Ereignistypen aus v bzw. aus s beeinflußbaren Zustandskomponenten disjunkt sind, dann kann die Bearbeitung dieses Systemschritts unterdrückt werden. Aufgrund der Bedingung sind in '0' und '2' alle Zustandskomponenten identisch, die Schalter aus s beeinflussen können. Deshalb muß von '0' aus ebenfalls ein Systemschritt mit Schaltermenge s ausgehen. Er führt zu einem Zustand '1', der wiederum aufgrund der Bedingung mit '0' in allen Komponenten übereinstimmen muß, die Schalter aus v beeinflussen können. Deshalb führt von '1' eine mit v beschriftete Kante zum Zustand '3'. Die Berechnung und Weiterverfolgung des Zustands '3' ist somit sichergestellt, auch wenn der eingangs bezeichnete Systemschritt unterdrückt wird. Dies gilt, wenn der Graph keine Zyklen enthält, die durch Kanten aus v gebildet werden. Im Fall eines solchen Zyklus darf - um die Vollständigkeit der Berechnung zu erhalten - eine der zyklusbildenden v-Kanten in die Optimierung nicht eingehen.

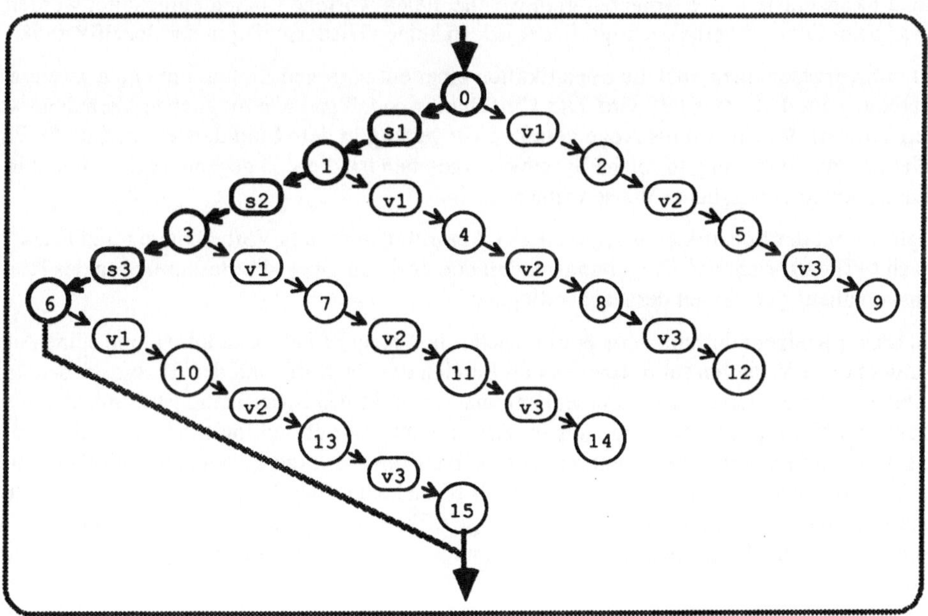

Bild 6.8: Optimierte Berechnung

Unter der Annahme, daß s1, s2 und s3 sichtbare aber v1, v2 und v3 unsichtbare Schaltermengen sind, und die o.g. Bedingung immer erfüllt ist, ergibt sich mit dieser Modifikation der in Bild 6.8 gezeigte Graph für das Nebenläufigkeitsmuster aus Bild 6.6. Die Knoten des Hauptgraphen sind dabei fett gedruckt. Zu beachten ist, daß nur noch 4 Untergraphen berechnet werden, und daß für keinen Zustand eine Mehrfachberechnung erfolgt.

7. Umgebungsmodelle

Die vorangegangenen Kapitel haben sich schwerpunktmäßig mit der Analyse als gegeben angenommener Systementwürfe beschäftigt. In diesem Kapitel soll nun ein weiterreichendes Konzept, das Konzept der Umgebungsmodelle für Instanzen und Subsysteme, vorgestellt werden. Die Anwendung des Konzepts führt nicht nur zu einer wesentlichen Erleichterung der Analyse von Systemen sondern fördert auch gleichzeitig die Verwendbarkeit von Spezifikationen als Implementierungsvorgaben und beeinflußt somit die Implementierung von Instanzen. In umgekehrter Richtung prägt sie auch dem Prozeß des Systementwurfs bestimmte Vorgehensweisen auf.

Es ist üblich, das Ergebnis des Entwurfs einer Instanz oder eines Subsystems durch eine Spezifikation zu dokumentieren, die sich auf die Beschreibung des Kommunikationsverhaltens der entworfenen Einheit konzentriert. Die Umgebung, in welche die entworfene Einheit eingebettet werden soll, wird zwar beim Entwurf berücksichtigt, findet jedoch keinen Niederschlag in der Spezifikation.

Es wird nun vorgeschlagen, daß die Spezifikation einer entworfenen Einheit um einen zweiten Teil, das Umgebungsmodell, erweitert wird. Das Umgebungsmodell soll alle möglichen Verhaltensweisen der beim Entwurf der Einheit ins Auge gefaßten Umgebung in dem Sinn darstellen, daß die Einheit ausschließlich zur Einbettung in solche Systeme vorgesehen ist, die sich gegenüber der Einheit in zum Umgebungsmodell verträglicher Weise verhalten.

Im Vergleich mit der Spezifikation sequentieller Algorithmen mittels Vorbedingung und Nachbedingung nach [47] entspricht das Umgebungsmodell der Vorbedingung, die Beschreibung des Kommunikationsverhaltens der Einheit der Nachbedingung.

Obwohl dieses Konzept deshalb dem Wesen nach schon längere Zeit bekannt ist, und seine Anwendung zu wichtigen Vorteilen führt, findet es im Bereich des Entwurfs und der Analyse nebenläufiger kommunizierender Systeme im Zusammenhang mit konstruktiven Spezifikationstechniken keine ausdrückliche Erwähnung. Bisher wurde nur im Zusammenhang mit den logischen Techniken zu CIL und CSL [65,67,68] ein in seiner Breite vergleichbares Konzept vorgeschlagen, und Vorbedingungen werden in Erweiterungen des Hoare'schen Kalküls für nebenläufige Programme vorgesehen [86,92]. Im Zusammenhang mit Petri-Netz-basierten Spezifikationstechniken finden ferner Netz-Teile Verwendung, die die Funktionalität der Umgebung wiedergeben, um geschlossene Systeme zu erzielen [23].

Die Vorteile sind:

- Vervollständigung der Dokumentation eines Entwurfsergebnisses,
- Unterstützung des Entwurfs effizienter und wiederverwendbarer Implementierungen,
- Ableitung reduzierter umgebungsbezogener Ersatzinstanzen,
- Erleichterung der Analyse des Gesamtsystems,
- Separate Analysierbarkeit einzelner Instanzen und Subsysteme,
- Zusätzliche Analysemaßnahme der Umgebungsverträglichkeit.

Für sich allein betrachtet dokumentiert eine mit Umgebungsmodell versehene Spezifikation das Entwurfsergebnis vollständig, da nun auch alle beim Entwurf getroffenen Annahmen über die beabsichtigte Einbettung der entworfenen Einheit dargestellt sind.

Dient eine solche Spezifikation als Implementierungsvorgabe, dann ist der Implementierer nicht mehr darauf angewiesen, sich zusätzlich zur Spezifikation weitere Informationen über das geplante Gesamtsystem zu beschaffen, um eine die vorhandenen Ressourcen in effizienter Weise nutzende Implementation zu entwerfen. Er kann sich - bezogen auf die funktionellen Eigenschaften - allein auf die Spezifikation abstützen. Somit wird die Implementierung einer Komponente von der Implementierung des Restsystems entkoppelt. Anhand der Spezifikation kann ebenfalls über die Wiederverwendbarkeit bereits bestehender Komponenten in neuen Projekten entschieden werden.

Die Definition eines verbindlichen Umgebungsmodells ermöglicht es, die Spezifikation einer reduzierten umgebungsbezogenen Ersatzinstanz abzuleiten, die in der eingeschränkten Umgebung in ihrem dort wirksam werdenden Kommunikationsverhalten nicht vom spezifizierten Verhalten unterschieden werden kann und diese Anforderung in einer reduzierten Form erfüllt. Meistens beschreibt man in einer Instanzenspezifikation das gewünschte Verhalten ohne Rücksicht darauf, daß dies in einer für die vorgesehene Umgebung möglichst einfachen Form erfolgt. Deshalb besitzt die reduzierte umgebungsbezogene Ersatzinstanz oft eine wesentlich geringere Zustandsanzahl als die ursprüngliche Beschreibung.

Die reduzierte umgebungsbezogene Ersatzinstanz gibt in kompakter Form das tatsächlich benötigte Schnittstellenverhalten einer Komponenten wieder und kann somit sowohl zur Erleichterung der effizienten Implementierung als auch zur Erleichterung der Analyse beitragen. Im Hinblick auf die Implementierung entspricht sie einer Vorgabe, die die mindestens benötigte Funktionalität beschreibt. Im Hinblick auf die Analyse des Gesamtsystems kann sie das ursprüngliche Modell der Komponenten ersetzen und so zu einer wesentlichen Reduktion der Anzahl der kombinatorisch möglichen Systemzustände führen. Ferner kann anhand der Inspektion der reduzierten Ersatzinstanz das Komponentenverhalten leichter überprüft werden.

Das Umgebungsmodell unterstützt die separate Analyse einzelner Instanzen und Subsysteme. Ohne Umgebungsmodell kann zwar ebenfalls für Instanzen und offene Systeme der Erreichbarkeitsgraph berechnet und untersucht werden. Er wird jedoch, da er alle möglichen Umgebungsverhalten widerspiegelt, umfangreich sein und viele uninteressante Abläufe und Systemzustände enthalten. Mit dem Umgebungsmodell ergibt sich dagegen ein geschlossenes System, dessen Erreichbarkeitsgraph genau die zu berücksichtigenden Zustände und Abläufe wiedergibt.

Es kann eine zusätzliche Analysemaßnahme zur Untersuchung des Gesamtsystems durchgeführt werden, die Prüfung der Umgebungsverträglichkeit. Geprüft wird, ob das Gesamtsystem von seiner Auslegung her mit den Beschränkungen übereinstimmt, die im Umgebungsmodell beim Entwurf der einzelnen Komponenten niedergelegt wurden. Hierzu muß das Restsystem sich so verhalten, daß an der Schnittstelle einer Komponenten bei allen möglichen Systemabläufen nur solche Experimente ausgeführt werden, die auch das Umgebungsmodell mit der Komponenten ausführen kann.

Zu erwähnen ist, daß die oben beschriebene Ersetzung einer Komponenten bei der Analyse eines Gesamtsystems durch ihre umgebungsbezogene reduzierte Ersatzinstanz nur dann zu korrekten Ergebnissen führt, wenn die Umgebungsverträglichkeit sichergestellt ist.

Im folgenden wird das Konzept des Umgebungsmodells zunächst am Beispiel verdeutlicht. Anschließend wird auf die Berechnung der reduzierten umgebungsbezogenen Ersatzinstanz und die Prüfung der Umgebungsverträglichkeit eingegangen.

7.1 Beispiel

Als Beispiel soll im folgenden die Instanz S des Systems aus Bild 6.1 dienen. Die um das entsprechende Umgebungsmodell erweiterte Spezifikation der Instanz ist in Bild 7.1 gezeigt. Das Umgebungsmodell besteht aus zwei zueinander nebenläufigen Verhalten, die unabhängig voneinander jeweils die Ports 'rq' und 'cn' bzw. 'm0', 'm1', 'q0', 'q1' und qg' beeinflussen. Das über den Zuständen 'l0' und 'l1' gegebene Verhalten soll als Modell des Nutzers, das über den Zuständen 'b0', 'b1', 'b2' und 'b3' gegebene als Modell des Basisdienstes dienen. Das Nutzermodell beschreibt, daß der Nutzer mit einer 'rq'-Aktion beginnend strikt alternierend 'rq'- und 'cn'-Aktionen ausführen soll. Das Basisdienstmodell geht von links nach rechts beginnend von einem strikt alternierenden Betrieb der beiden Übertragungsrichtungen aus. Weitergehende Festlegungen werden durch Indeterminismen vermieden.

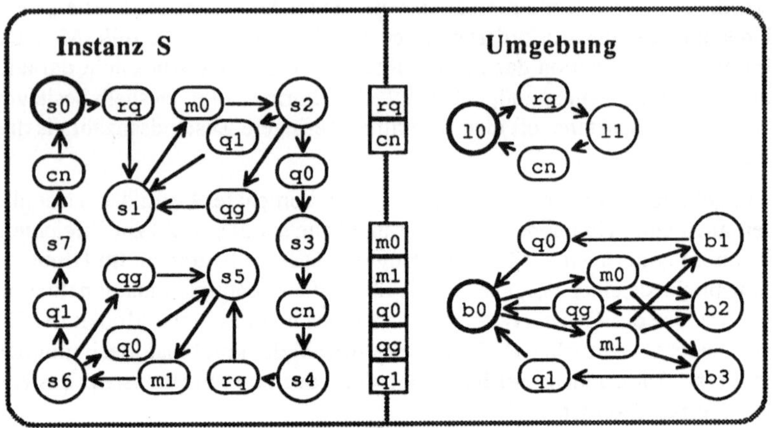

Bild 7.1: Spezifikation der Instanz S aus Bild 6.1

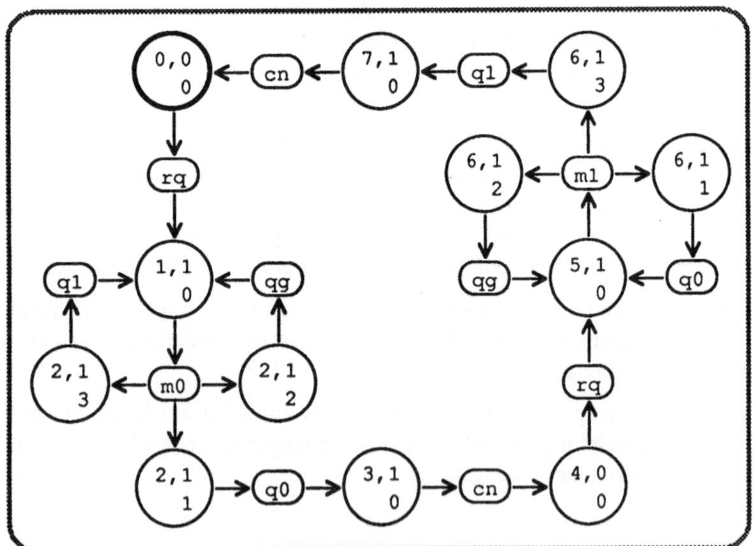

Bild 7.2: Erreichbarkeitsgraph zu Bild 7.1

Instanzenverhalten und Umgebungsmodell aus Bild 7.1 definieren ein geschlossenes System. Bild 7.2 zeigt den Erreichbarkeitsgraphen dieses Systems. Er ist wesentlich einfacher als der des Gesamtsystems in Bild 6.2. Dennoch sind alle relevanten Schritte der Instanz S repräsentiert, so daß eine Analyse sinnvoll ist. Sie ergibt im Beispiel keine Hinweise zu Entwurfsfehlern. Der Graph enthält erwartungsgemäß keine Stopzustände, nur die vorgesehenen Zyklen sind vorhanden und alle Spezifikationsaussagen haben ihren Niederschlag gefunden.

7.2 Umgebungsbezogene reduzierte Ersatzinstanz

Wenn eine in ihrem Verhalten eingeschränkte Umgebung mit einer Instanz kommuniziert, werden - aufgrund der Einschränkung der Umgebung - nicht alle möglichen Experimente an der Schnittstelle der Instanz ausgeführt. Deshalb können auch zwei nicht verhaltensgleiche Instanzen einander gegenseitig in von der Umgebung nicht unterscheidbarer Weise ersetzen, wenn dieselbe eingeschränkte Umgebung mit beiden Instanzen nur genau dieselbe Menge an Experimenten ausführen kann. Damit stellt sich die Frage, ob zu einer Instanz - auch wenn sich keine verhaltensgleiche einfachere Form finden läßt - nicht dennoch aufgrund der Beschränkung des Umgebungsverhaltens Vereinfachungen gefunden werden können. Für den praxisrelevanten Fall regulärer Instanzen und Umgebungsmodelle soll hierzu im folgenden ein Algorithmus angegeben werden. Seine Anwendung halbiert auch bei der bezüglich der allgemeinen Verhaltensgleichheit bereits minimalen Spezifikation von S aus Bild 7.1 die Menge benötigter Zustände.

Gegeben sei die Spezifikation einer Instanz I und zusätzlich das hierzu definierte Umgebungsmodell U. Davon ausgehend kann die Berechnung der reduzierten umgebungsbezogenen Ersatzinstanz in folgenden Schritten ausgeführt werden:

- I und U zusammen bilden ein geschlossenes System G. Hierfür wird der Erreichbarkeitsgraph berechnet.
- Für jeden Knoten des Erreichbarkeitsgraphen von G wird die Umgebungsbereitmenge von I bestimmt. Sie entspricht der Vereinigung aller Ereignistypen aus dem Alphabet von S, für die im jeweiligen Systemzustand von der Umgebung von I her eine Bereitschaft besteht.
- Je zwei Knoten des Erreichbarkeitsgraphen, die in den Zustandskomponenten der Instanz I identisch sind, werden zu einem Knoten verschmolzen. Die Umgebungsbereitmenge eines Verschmelzungsergebnisses ergibt sich aus der Vereinigung der Umgebungsbereitmengen der beiden ursprünglichen Knoten. Dies wird solange ausgeführt, bis der Graph keine verschiedenen Knoten mit identischer Belegung der Zustandskomponenten der Instanz I mehr enthält. Die Funktion ub sei dadurch definiert, daß sie jedem Knoten seine Umgebungsbereitmenge zuordnet.
- Die Kanten des Graphen werden anstatt mit einer Schaltermenge sm mit dem Ereignistyp $e \in$ (sm $\cap$ Alphabet von I) beschriftet. Nun entspricht der Graph einem indeterministischen Automaten. Er beschreibt dasjenige Verhalten von I, das in der eingeschränkten Umgebung U relevant ist. Ferner enthält ub(s) genau alle Zeichen, mit denen die Umgebung Experimente fortsetzen kann, wenn der Zustand s vorliegt.
- Aus diesem Automaten wird nach Def. 2.7 der entsprechende Akzeptor gebildet (vgl. Kap. 2.3.5). Im Akzeptor werden alle dort zusätzlich eingeführten Transitionen (s,z,x) gestrichen, für welche z nicht in ub(s) enthalten ist. Die Sprache des Akzeptors beschreibt jetzt die Menge der in der speziellen Umgebung möglichen Experimente. Durch Teilmengenkonstruktion nach Myhill-Büchi kann er in einen deterministischen Akzeptor überführt und anschließend minimisiert werden.

- Für die Zustände des Akzeptors wird eine Verträglichkeits-Äquivalenzrelation ≈ nach Def. 7.1 berechnet. Je zwei Knoten des Graphen, deren zugeordnete Akzeptorzustände bezüglich ≈ äquivalent sind, können nun verschmolzen werden.

Die Bestimmung der im zweiten Schritt benötigten Umgebungsbereitmenge erfolgt bei Übereinkunft-Kopplung durch Betrachtung aller Umgebungsinstanzen, die an einem gemeinsamen Port mit der Instanz I interagieren können. Aus einem Knoten des Graphen geht der aktuelle Zustand einer solchen Umgebungsinstanz und damit deren Bereitmenge hervor. Je Element e hiervon wird in die Umgebungsbereitmenge des Knotens der gemäß Kopplung korrespondierende Ereignistyp e' aus der Schnittstelle von I aufgenommen. Die Umgebungsbereitmenge eines Knotens umfaßt alle derart bestimmbaren Ereignistypen e'.

Bei einer Übertragung-Kopplung sind alle Kanäle zu betrachten, mit denen die Instanz I Nachrichten austauscht. Das Senden von Nachrichten ist - bei Kopplung ohne Rückstau - für I in jedem Zustand erlaubt. Deshalb enthält die Umgebungsbereitmenge eines Knotens alle mit dem Senden von Nachrichten befaßten Ereignisse aus dem Alphabet von I. Der Empfang einer Nachricht ist dagegen nur für die im nächsten Schritt aus den Kanälen abgebbaren Nachrichten möglich. Bei FIFO-Disziplin sind dies z.B. die Köpfe der den Kanalzuständen entsprechenden Listen. Die entsprechenden Empfangsereignistypen aus dem Alphabet von I sind ebenfalls in die Umgebungsbereitmenge aufzunehmen.

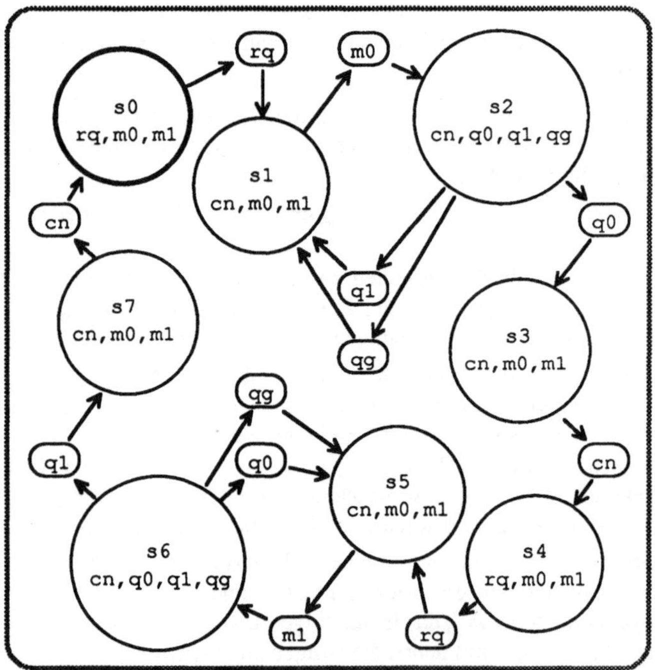

Bild 7.3: Instanz S mit Umgebungsbereitmengen

Bild 7.3 zeigt zur Verdeutlichung den nach den ersten vier Schritten erzielten Graphen zur Instanz S aus Bild 7.1. Die Umgebungsbereitmengen sind in der zweiten Zeile der Beschriftung eines Knotens angegeben.

Def. 7.1 gibt die notwendige Bedingung einer zum Verschmelzen von Zuständen geeigneten Verträglichkeits-Äquivalenzrelation ≈ an. Sie entspricht der Bedingung für die allgemeine Äquivalenz von Akzeptorzuständen (vgl. z.B. [55]) mit dem Unterschied, daß wenn für ein Zeichen b und zwei Zustände s, s' die Übergangsfunktion t nur in einem der beiden Zustände definiert ist, daß dies die Äquivalenz nicht stört. Wenn z.B. t(s,b) nicht definiert ist, ist b nicht in der Umgebungsbereitmenge ub(s). Die spezielle Umgebung wird der Instanz, wenn sich die Instanz im Zustand s befindet, nie eine Experimentfortsetung mit b anbieten und folglich anhand b auch keine Unterschiede zu einem Zustand s' feststellen können, an dem t(s',b) definiert ist. Bei Verwendung einer allgemeinen Umgebung gibt es derartige Stellen für b aus B nicht, weil in jedem Zustand die Umgebung alle Zeichen des Alphabets im nächsten Schritt einer Experimentvorgabe liefern kann. Dann entspricht die Bedingung aus Def. 7.1 der der allgemeinen Äquivalenz.

Zur Berechnung der reduzierten Ersatzinstanz soll eine möglichst grobe Verträglichkeits-Äquivalenzrelation ≈ verwendet werden.

Def. 7.1

Gegeben sei ein endlicher deterministischer Akzeptor F mit der Zustandsmenge S, der Zustandsübergangsfunktion t und dem Alphabet $B \cup \{\omega\}$.
≈ sei eine Äquivalenzrelation in S×S, wobei für alle s, s' aus S mit s ≈ s' die folgenden Bedingungen 1) und 2) gelten.

1) Für alle b aus B, für die sowohl t(s,b) als auch t(s',b) definiert sind, gilt t(s,b) ≈ t(s',b).

2) t(s,ω) ist genau dann definiert, wenn t(s',ω) definiert ist, und, wenn t(s,ω) definiert ist, gilt t(s,ω) ≈ t(s',ω).

Eine solche Relation ≈ heißt **Verträglichkeits-Äquivalenzrelation** von F.

Bild 7.4 zeigt das im Beispiel nach Bild 7.1 erzielte Ergebnis, die reduzierte umgebungsbezogene Ersatzinstanz von S. Die Anzahl der Zustände konnte halbiert werden.

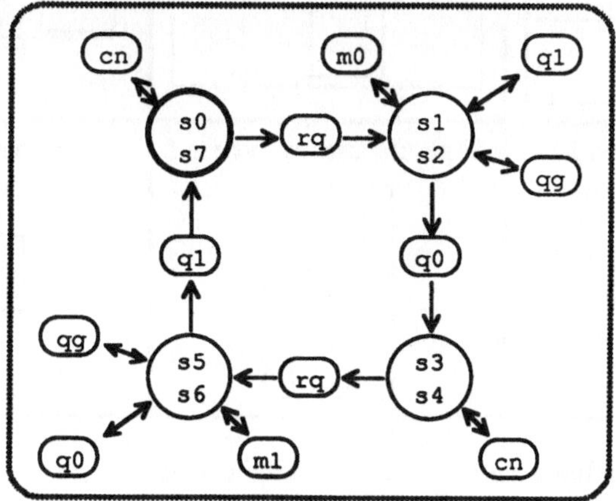

Bild 7.4: Instanz S in reduzierter Form

7.3 Umgebungsverträglichkeit

Wenn neben der Spezifikation einer Instanz I oder eines Subsystems I auch die Spezifikation eines einbettenden Systems S zur Verfügung steht, kann eine neue Form der Systemprüfung ausgeführt werden, die Prüfung der Umgebungsverträglichkeit.

Es handelt sich um eine vergleichende Prüfung. Sie soll prüfen, ob S sich gegenüber I in einer zum Umgebungsmodell U_I von I verträglichen Weise verhält. Verträglich bedeutet dabei, daß S gegenüber I nur ein Verhalten besitzen soll, das auch U_I gegenüber I besitzen kann. Die Menge der von S mit I ausführbaren Experimente muß eine Teilmenge der von U_I mit S ausführbaren Experimente sein.

Zur Ausführung der Prüfung werden zwei Verfahren vorgestellt. Beide gehen davon aus, daß - falls das einbettende System S offen ist - auch für S ein Umgebungsmodell U_S existiert und S somit geschlossen werden kann. Zur Verdeutlichung des folgenden kann Bild 7.5 dienen, das die verschiedenen angesprochenen Systeme mit Komponenten im Beispiel zeigt.

Das erste Verfahren entscheidet die Umgebungsverträglichkeit. Es werden zwei geschlossene Systeme gebildet. S' sei das abgeschlossene System S mit der Instanz I. I' sei das System aus I und U_I. In beiden Systemen wird eine Erreichbarkeitsanalyse ausgeführt und nach Def. 7.1 der jeweilige umgebungsbezogene Akzeptor bestimmt. Wenn die Sprache des Akzeptors aus S' eine Teilmenge der des Akzeptors aus I' bildet, ist die Prüfung erfolgreich. Der Nachteil des Verfahrens liegt darin, daß der umfangreiche Erreichbarkeitsgraph des Gesamtsystems S' benötigt wird.

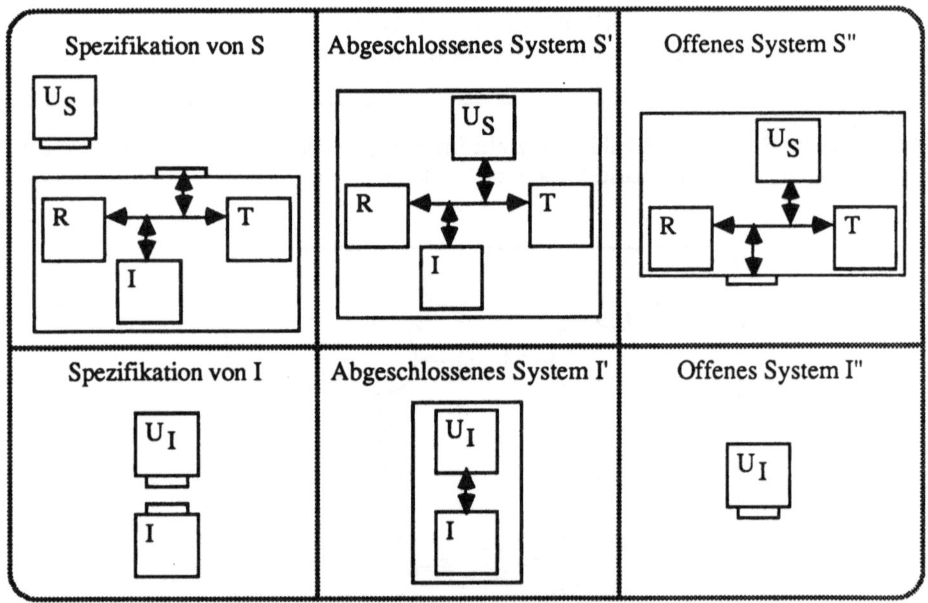

Bild 7.5: Systemstrukturen zur Umgebungsverträglichkeit

Das zweite Verfahren nutzt ein hinreichendes Kriterium. Gegeben seien zwei offene Systeme S" und I". Die nach Def. 2.7 definierte allgemeine Sprache von S" sei eine Teilmenge der allgemeinen Sprache von I". Es werden nun zwei geschlossene Systeme S' und I' jeweils durch Aufnahme derselben Instanz I unter Verwendung derselben Kopplung aus den beiden offenen Systemen S" und I" gebildet. Die möglichen Experiment-Mengen, die an der Schnittstelle von I in den beiden Systemen S' und I' ausgeführt werden können, müssen in entsprechender Teilmengen-Beziehung stehen, da I und seine Kopplung an das jeweilige Restsystem in beiden Systemen identisch sind.

Unter dieser Erwägung kann zur Prüfung der Umgebungsverträglichkeit die allgemeine Sprache des Systems I" mit der des Systems S" verglichen werden. I" besteht aus dem Umgebungsmodell U_I der Instanz I. S" besteht aus U_S und allen Instanzen von S außer I. Das Verfahren ist von Vorteil, weil für die benötigten Erreichbarkeitsgraphen ein geringerer Umfang zu erwarten ist. Der Erreichbarkeitsgraph des Gesamtsystems S' wird nicht benötigt.

Es ergibt sich ferner - wie auch in dem Beispiel nach Bild 6.1 - oft, daß sich sowohl I" als auch S" in mehrere voneinander unabhängige, paarweise korrespondierende Teile gliedern, die in den Systemen I' und S' nur durch die Funktionalität der Instanz I miteinander verbunden sind. Dann können zur Prüfung mehrere kleinere Systeme herangezogen werden.

8. Zusammenfassung

Mit den vorangegangenen Kapiteln wurden Spezifikationstechniken und Analysemaßnahmen zur Unterstützung des Entwurfs von Systemen kommunizierender Instanzen in ihrer Anwendung auf Kommunikationsprotokolle auch mit dem allgemeinen Ziel vorgestellt, die Bereitschaft für die Anwendung solcher Verfahren in der Praxis zu fördern.

Mit der Definition eines - auch für unterschiedliche Beschreibungsverfahren gemeinsamen - grundlegenden Rahmenkonzepts für operationale Modelle und mit der systematischen Klassifikation von Beschreibungsverfahren konnten vielleicht einige der Ressentiments gegen den Einsatz formaler Beschreibungs- und Analyseverfahren abgebaut werden, die in der oft als unüberschaubar empfundenen Methodenvielfalt begründet werden.

Ferner wurden rechnergestützt ausführbare Analyseverfahren in ihren Grundzügen erläutert und in ihrer Anwendung verdeutlicht. Hierbei lag der Schwerpunkt auf Verfahren, die auch bei größeren Problemstellungen angewendet werden können, ohne daß - im Verhältnis zur durchschnittlichen Leistungsfähigkeit heutiger mittlerer Rechenanlagen - Rechenleistung in nicht mehr vertretbarem Umfang benötigt wird. Es soll darauf hingewiesen werden, daß unter Anwendung der vorgeschlagenen Vorgehensweisen zur Abstraktion und zur separaten Analyse einzelner Komponenten im Verbund mit dem Algorithmus zur integrierten Berechnung und Auswertung von Projektionen des Erreichbarkeitsgraphen auch umfangreichere Probleme unter Einsatz eines Arbeitsplatzrechners mittlerer Größe zufriedenstellend behandelt werden können. Mit einer prototypischen Implementierung des Algorithmus konnten entsprechende Erfahrungen an Beispielprojekten gewonnen werden.

Analysemaßnahmen bedingen im Verlauf eines Projekts natürlich auch zusätzlichen Personalaufwand, der die Bereitschaft zu ihrer Anwendung nicht unerheblich beeinflußt. Er setzt sich zusammen aus dem Aufwand zur Erstellung formaler Spezifikationen, zur Definition der einzelnen Analysemaßnahmen sowie zur Auswertung der Ergebnisse und muß dem zur Erstellung nicht-formaler Spezifikationen sowie dem möglicherweise durch die frühe Entdeckung von Entwurfsfehlern vermiedenen Entwicklungsmehraufwand gegenübergestellt werden. Hierzu sollte deutlich gemacht werden, daß formale Spezifikationstechniken aufgrund der Unterstützung kompakter und präziser Spezifikationen und Implementierungsvorgaben bereits für sich genommen einen wichtigen Beitrag zur Produktivitätssteigerung leisten können. Da somit der Aufwand zur Erstellung formaler Spezifikationen nicht mehr angerechnet werden muß, kann mit einem wesentlichen Vorteil gerechnet werden, wenn rechnergestützte Analysewerkzeuge mit hohem Automatisierungsgrad zu Verfügung stehen.

Literatur

[1] Abadi, M.; Lamport, L.; The Existence of Refinement Mappings; Research Report, Digital Systems Research Center, Palo Alto (1988)

[2] Aggarwal, S.; Barbara, D.; Meth, K.; SPANNER: A Tool for the Specification, Analysis, and Evaluation of Protocols; IEEE Transactions on Software Engineering 13,12(1987)1218-1237

[3] Apt, K.; Francez, N.; Roever, W.d.; A Proof System for Communicating Sequential Processes; ACM Transactions on Programming Languages and Systems 2,3(1980)382-396

[4] Azema, P.; Papapanagiotakis, G.; Protocol Analysis by Using Predicate Nets; in M. Diaz (ed.), Protocol Specification, Testing, and Verification V, North-Holland, Amsterdam (1986)119-130

[5] Bartlett, K.; Scantlebury, R.; Wilkonson, P.; A Note on Reliable Full Duplex Transmissions over Half-Duplex Links; Communications of the ACM 12,5(1969)260-261

[6] Bauerfeld,W.; Protocol Performance Prediction; in Proc. of the International Conference on Communications, IEEE, Boston (1983)1311-1315

[7] Bergstra, J.; Klop, J.; Process Algebra for Synchronous Communication; Information and Control 60(1984)109-137

[8] Blumer, T.; Sidhu, D.; Experience with an Automated Protocol Development System; in Protocol Specification, Testing, and Verification III, H. Rudin, C. West (eds.), North-Holland, Amsterdam (1983)369-380

[9] Blumer, T.; Sidhu, D.; Mechanical Verification and Automatic Implementation of Communication Protocols; IEEE Transactions on Software Engineering 12,8(1986)827-843

[10] Bochmann, G.v.; A Hybrid Model and the Representation of Communication Services; in P. Green (ed.); Computer Network Architectures and Protocols; Plenum Press, New York (1983)625-644

[11] Bochmann, G.v.; Finite State Descriptions of Communication Protocols; Computer Networks 2,4(1978)361-372

[12] Bochmann, G.v.; Gerber, G.; Serre, J.-M.; Semi-Automatic Implementation of Communication Protocols; IEEE Transactions on Software Engineering 13,9(1987)989-1000

[13] Bochmann, G.v.; Lopes de Souza, W.; Sarikaya, B.; Ural, H.; Use of Prolog for Building Protocol Design Tools; in M. Diaz (ed.), Protocol Specification, Testing, and Verification V, North-Holland, Amsterdam (1986)131-147

[14] Bochmann, G.v.; Vaucher, J.; Adding Performance Aspects to Specification Languages; in Protocol Specification, Testing, and Verification VIII, S. Aggarwal, K. Sabnani (eds.); North-Holland, Amsterdam (1989)19-31

[15] Bolognesi, T.; Brinksma, E.; Introduction into the ISO Specification Language LOTOS; Computer Networks and ISDN Systems 14(1987)25-59

[16] Bolognesi, T.; Smolka, S.; Fundamental Results for the Verification of Observational Equivalence; in Protocol Specification, Testing, and Verification VII, H. Rudin, C. West (eds.), North-Holland, Amsterdam (1987)165-179

[17] Brauer, W.; Automatentheorie; Teubner Verlag, Stuttgart (1984)

[18] Bremer, J.; Drobnik, O.; Specification and Validation of a Protocol for Decentralized Directory Management; IBM Research Report RC7880 (1979)

[19] Brinksma, E.; A Tutorial on LOTOS; in Protocol Specification, Testing, and Verification V, M. Diaz (ed.), North-Holland, Amsterdam (1986)171-194

[20] Brinksma, E.; Scollo, G.; Steenbergen, C.; LOTOS Specifications, their Implementations, and their Tests; in B. Sarikaya, G.v. Bochmann (eds.), Protocol Specification, Testing, and Verification VI, North-Holland, Amsterdam (1987)349-360

[21] Broy, M.; Requirement and Design Specification for Distributed Systems; in F. Vogt (ed.) Concurrency 88, Lecture Notes in Computer Science 335, Springer-Verlag, Berlin (1988)33-62

[22] Budkowski, S.; Dembinski, P.; An Introduction to Estelle: A Specification Language for Distributed Systems; Computer Networks and ISDN Systems 14(1987)3-23

[23] Burkhardt, H.; Eckert, H.; Prinoth, R.; Modelling of OSI-Communication Services and Protocols Using Predicate/Transition Nets; in Protocol Specification, Testing, and Verification IV, Y. Yemini, R. Strom, S. Yemini (eds.), North-Holland, Amsterdam (1985)165-192

[24] Cavalli, A.; Paul, E.; Exhaustive Analysis and Simulation for Distributed Systems, Both Sides of the Same Coin; Distributed Computing 2(1988)213-225

[25] CCITT; Functional Specification and Description Language (SDL); Recommendation Z.101-Z.104, Red Book, CCITT, Genf (1984)

[26] Chandy, K.; Misra, J.; Parallel Program Design: A Foundation; Addison-Wesley, Reading (1988)

[27] Cheng, X.; Protokollanalyse mit Parameterberücksichtigung; Diplomarbeit, Fakultät für Informatik, Universität Karlsruhe (1988)

[28] Cheung, T.; On the Projection Method for Protocol Verification; IEEE Transactions on Software Engineering 12,11(1986)1088-1089

[29] Clarke, E.; Emerson, E.; Sistla, A.; Automatic Verification of Finite State Concurrent Systems, Using Temporal Logic Specifications; ACM Transactions on Programming Languages and Systems 8,2(1986)244-263

[30] Danthine, A.; Protocol Representation with Finite State Models; in P. Green (ed.), Computer Network Architectures and Protocols, Plenum Press, New York (1983)579-606

[31] Deussen, P.; Erzeugung, Akzeption und syntaktische Analyse formaler Sprachen, Teil I; Vorlesungsskriptum, Universität Karlsruhe, Fakultät für Informatik, 1987

[32] Diaz, M.; Modeling and Analysis of Communication and Cooperation Protocols using Petri-Net Based Models; Computer Networks, 6(1982)419-441

[33] Dickson, G.; Chazal, P.; Status of CCITT Description Techniques and Application to Protocol Specification; Proceedings of the IEEE, 71,12(1983)1346-1355

[34] Dijkstra, E.; Cooperating Sequential Processes; in F. Genuys (ed.), Programming Languages, Academic Press, New York (1968)43-112

[35] Dupont, R.; Ein Werkzeug zur automatichen Umsetzung von ESTELLE-Spezifikationen auf VAX/VMS; Diplomarbeit, Fakultät für Informatik, Universität Karlsruhe (1986)

[36] Eijk, P.v.; Software Tools for the Specification Language LOTOS; Proefschrift, Universiteit Twente, Twente (1988)

[37] Fernandez, J.; Richier, J.; Voiron, J.; Verification of Protocol Specifications Using the Cesar System; in M. Diaz (ed.), Protocol Specification, Testing, and Verification V, North-Holland, Amsterdam (1986)71-90

[38] Fleischmann, A.; PASS - A Technique for Specifying Communication Protocols; in Protocol Specification, Testing, and Verification VII, H. Rudin, C. West (eds.), North-Holland, Amsterdam (1987)61-76

[39] Freudenmann, J.; Development of Communication Software by Stepwise Refinement; in Protocol Specification, Testing, and Verification VII, H. Rudin, C. West (eds.), North-Holland, Amsterdam (1987)391-404

[40] Fritschi, K.-D.; Automatische Protokollverifikation in CCS; Diplomarbeit, Fakultät für Informatik, Universität Karlsruhe (1987)

[41] Ginzburg, A.; Algebraic Theory of Automata; Academic Press, New York (1968)

[42] Gouda, M.; Chang, C.-K.; Proving of Liveness for Networks of Communicating Finite State Machines; ACM Transactions on Programming Languages and Systems 8,1(1986)154-182

[43] Green, P.; Computer Network Architectures and Protocols; Plenum Press, New York (1983)

[44] Hailpern, B.; Tools for Verifying Network Protocols; in K. Apt (ed.), Logics and Models of Concurrent Systems, Springer-Verlag, Berlin (1985)57-76

[45] Hailpern, B.; Verifying Concurrent Processes Using Temporal Logic; Lecture Notes in Computer Science 129, Springer-Verlag, Berlin (1982)

[46] Harel, D.; Pnueli, A.; On the Development of Reactive Systems; in K.Apt (ed.), Logics and Models of Concurrent Systems, Springer-Verlag, Berlin (1985)477-498

[47] Hoare, C.; An Axiomatic Basis for Computer Programming; Communications of the ACM 12(1969)576-580

[48] Hoare, C.; Communicating Sequential Processes; Prentice-Hall, Englewood Cliffs (1985)

[49] Hoare, C.; Notes on Communicating Sequential Processes; in M. Broy (ed.), Control Flow and Data Flow: Concepts of Distributed Programming, Springer-Verlag, Berlin (1985)123-204

[50] Hoare, C; Communicating Sequential Processes; Communications of the ACM 21,8(1978)666-677

[51] Hofmann, B.; Analyse und Optimierung von PASS-Spezifikationen; Diplomarbeit, Fakultät für Informatik, Universität Karlsruhe (1988)

[52] Holzmann, G.; Automated Protocol Validation in Argos: Assertion Proving and Scatter Searching; IEEE Transactions on Software Engineering 13,6(1987)683-696

[53] Holzmann, G.; On Limits and Possibilities of Automated Protocol Analysis; in Protocol Specification, Testing, and Verification VII, H. Rudin, C. West (eds.), North-Holland, Amsterdam (1987)339-344

[54] Holzmann, G.; An Improved Protocol Reachability Analysis Technique; Software: Practice and Experience 18,2(1988)137-161

[55] Hopcroft, J.; Ullman, J.; Introduction into Automata Theory, Languages, and Computation; Addison Wesley, Reading (1979)

[56] ISO; Information Processing Systems - Basic Reference Model for Open Systems Interconnection (OSI); International Standard 7498 (1983)

[57] ISO; Information Processing Systems - Open Systems Interconnection - ESTELLE - A Formal Description Technique Based on Extended State Transition Model; Draft International Standard 9074 (1987)

[58] ISO; Information Processing Systems - Open Systems Interconnection - LOTOS - A Formal Description Technique Based on the Temporal Ordering of Observational Behaviour; Draft International Standard 8807 (1987)

[59] Karjoth, G.; An Interactive System for the Analysis of Communicating Processes; in M. Diaz (ed.), Protocol Specification, Testing, and Verification V, North-Holland, Amsterdam (1986)91-102

[60] Koomen, C.; Algebraic Specification and Verification of Communication Protocols; Science of Computer Programming 5(1985)1-36

[61] Kritzinger, P.; Analyzing the Time Efficiency of a Communication Protocol; in Protocol Specification, Testing, and Verification IV, Y. Yemini, R. Strom, S. Yemini (eds.), North-Holland, Amsterdam (1985)527-539

[62] Kröger, F.; Temporal Logics of Programs; Springer-Verlag, EATCS monographs in theoretical computer science 8, Berlin (1987)

[63] Krumm, H.; Analysing Systems of Communicating Processes; in Advances in Computer Science, G. Lasker (ed.), International Institute for Advanced Studies, Windsor 1989

[64] Krumm, H.; Drobnik, O.; Interactive Verification of Communication Software on the Basis of CIL; Computer Communications Review 14,2(1984)92-99

[65] Krumm, H.; Drobnik, O.; Problem-Oriented Logical Specifications of Commmunication Services and Protocols; in Proc. of the 8th International Conference on Computer Communication(ICCC), P. Kühn (ed.), Elsevier Science Publishers, (1986)474-478

[66] Krumm, H.; Drobnik, O.; Specification, Implementation, and Verification of Communication Services on the Basis of CIL; in Protocol Specification, Testing, and Verification III, H. Rudin, C. West (eds.), North-Holland, Amsterdam (1983)301-316

[67] Krumm, H.; Logische Verifikation nebenläufiger Programme; Angewandte Informatik 4(1987)131-140

[68] Krumm, H.; Spezifikation, Implementierung und Verifikation von Kommunikationsdiensten für verteilte DV-Systeme; Dissertation, Universität Karlsruhe, Fakultät für Informatik (1984)

[69] Krumm, H.; Projections of the Reachability Graph and Environment Models; in J. Sifakis (ed.) Automatic Verification Methods for Finite State Systems, Lecture Notes in Computer Science 407, Springer-Verlag, New York (1990)89-96

[70] Kündig, A.; Bührer, R.; Dähler, J.(eds.); Embedded Systems; Springer-Verlag, Berlin (1987)

[71] Lam, S.; Shankar, A.; Protocol Verification via Projections; IEEE Transactions on Software Engineering 10,7(1984)325-342

[72] Lam, S.; Shankar, A.; Verification of Communication Protocols via Protocol Projections; in Proc. Infocom 1982, Las Vegas (1982)229-240

[73] Lam, S.; Shankar, A.; A Relational Notation for State Transition Systems; in Protocol Specification, Testing, and Verification VIII, S. Aggarwal, K. Sabnani (eds.); North-Holland, Amsterdam (1989)333-348

[74] Lamport, L.; An Axiomatic Semantics of Concurrent Programming Languages; in K. Apt (ed.), Logics and Models of Concurrent Systems, Springer-Verlag, Berlin (1985)78-122

[75] Lamport, L.; Specifying Concurrent Program Modules; ACM Transactions on Programming Languages 6,2(1983)190-222

[76] Lamport, L.; A Simple Approach to Specifying Concurrent Systems; Research Report, Digital Systems Research Center, Palo Alto (1988)

[77] Lamport, L.; Schneider, F.; Pretending Atomicity; Research Report, Digital Systems Research Center, Palo Alto (1989)

[78] Leveson, N.; Stolzy, J.; Safety Analysis Using Petri Nets; IEEE Transactions on Software Engineering 13,3(1987)386-397

[79] Logrippo, L.; Simon, D.; Ural, H.; Executable Description of the OSI Transport Service in Prolog; in Protocol Specification, Testing, and Verification IV, Y. Yemini, R. Strom, S. Yemini (eds.), North-Holland, Amsterdam (1985)279-293

[80] Merlin, P.; A Methodology for the Design and Implementation of Communication Protocols; IEEE Transactions on Communications, 34,6(1976)614-621

[81] Merlin, P.; Specification and Validation of Protocols; IEEE Transactions on Communications 27,11(1979)1671-1680

[82] Milne, G.; CIRCAL and the Representation of Communication, Concurrency, and Time; ACM Transactions on Programming Languages and Systems 7,2(1985)270-298

[83] Milner, R.; A Calculus of Communicating Systems (CCS); Lecture Notes in Computer Science 92, Springer-Verlag, Berlin (1980)

[84] Milner, R.; Calculi for Synchrony and Asynchrony; Theoretical Computer Science 25(1983)267-310

[85] Milner, R.; Lectures on the Calculus of Communicating Systems; in M. Broy (ed.), Control Flow and Data Flow: Concepts of Distributed Programming, Springer-Verlag, Berlin (1985)205-228

[86] Misra, J.; Chandy, K.; Proofs of Networks of Processes; IEEE Transactions on Software Engineering 7,4(1981)

[87] Nash, S.; Format and Protocol Language (FAPL); Computer Networks and ISDN Systems 14(1987)61-77

[88] Nicola, R. de; Henessy, M.; Testing Equivalences for Processes; Theoretical Computer Science 34(1984)83-133

[89] Ochsenschläger, P.; Projektionen und reduzierte Erreichbarkeitsgraphen; Arbeitspapiere der GMD Nr. 349, Gesellschaft für Mathematik und Datenverarbeitung, Sankt Augustin 1988

[90] Olderog, E.-R.; Hoare, C.; Specification-Oriented Semantics for Communicating Processes; Acta Informatica 23(1986)9-66

[91] Olderog, E.-R.; Specification-Oriented Programming in TCSP; in K.Apt (ed.), Logics and Models of Concurrent Systems, Springer-Verlag, Berlin (1985)397-435

[92] Owicki, S.; Gries, D.; An Axiomatic Proof Technique for Parallel Programs I; Acta Informatica 6,1(1976)319-340

[93] Owicki, S.; Lamport, L.; Proving Liveness Properties of Concurrent Programs; ACM Transactions on Programming Languages 4,3(1982)455-495

[94] Pnueli, A.; The Temporal Semantics of Concurrent Programs; Theoretical Computer Science 13(1981)45-60

[95] Pradep, J.; Lam, S.; Modeling and Verification of Real-Time Protocols for Broadcast Networks; IEEE Transactions on Software Engineering 13,8(1987)924-937

[96] Razouk, R.; Phelps, C.; Performance Analysis Using Timed Petri Nets; in Protocol Specification, Testing, and Verification IV, Y. Yemini, R. Strom, S. Yemini (eds.), North-Holland, Amsterdam (1985)561-576

[97] Reisig, W.; Embedded System Description Using Petri Nets; in Embedded Systems, Kündig, A.; Bührer, R.; Dähler,J.(eds.), Lecture Notes in Computer Science 284, Springer-Verlag, Berlin (1987)18-62

[98] Reisig, W.; Petrinetze; Springer-Verlag, Berlin (1986)

[99] Rudin, H.; An Improved Algorithm for Estimating Protocol Performance; in Protocol Specification, Testing, and Verification IV, Y. Yemini, R. Strom, S. Yemini (eds.), North-Holland, Amsterdam (1985)515-525

[100] Rudin, H.; From Formal Protocol Specifications towards Automated Performance Prediction; in Protocol Specification, Testing, and Verification III, H. Rudin, C. West (eds.), North-Holland, Amsterdam (1983)257-269

[101] Rudin, H.; West, C.; A Validation Technique for Tightly Coupled Protocols; IEEE Transactions on Computers 31,7(1982)630-636

[102] Rudin, H.; West, C.; Formal Protocol Specification and Conformance Testing; Computer Networks and ISDN Systems 14(1987)1-2

[103] Rudin,H.; Tools for Protocols Driven by Formal Specifications; in Embedded Systems, Kündig, A.; Bührer, R.; Dähler,J.(eds.), Lecture Notes in Computer Science 284, Springer-Verlag, Berlin (1987)127-152

[104] Salomaa, A.; Theory of Automata; Pergamon Press, Oxford (1969)

[105] Schultz, G.; Rose, D.; West, C.; Gray, J.; Executable Representation and Validation of SNA; in P. Green (ed.); Computer Network Architectures and Protocols; Plenum Press, New York (1983)671-705

[106] Schwartz, M.; Telecommunication Networks; Addison Wesley Publishing Company, Reading 1987

[107] Schwartz, R.; Melliar-Smith, P.; Vogt, F.; Interval Logic: A Higher-Level Temporal Logic for Protocol Specification; in Protocol Specification, Testing, and Verification III, H. Rudin, C. West (eds.), North-Holland, Amsterdam (1983)3-18

[108] Sidhu, D.; Protocol Verification via Executable Logic Specifications; in Protocol Specification, Testing, and Verification III, H. Rudin, C. West (eds.), North-Holland, Amsterdam (1983)237-248

[109] Stallings, W.; Data and Computer Communications; Macmillan Publishing Company, New York, 1985

[110] Sunshine, C.; Experience with Automated Protocol Verification; in Proc. of the International Conference on Communications, IEEE, Boston (1983)1306-1310

[111] Tanenbaum, A.; Computer Networks, Prentice-Hall, Englewood Cliffs (1989)

[112] Turner, K.; FORTE 88; Proc. of the first International Conference on Formal Description Techniques, University of Stirling, Stirling (1988)

[113] Vogt, F.; Concurrency 88 - Forword; in F. Vogt (ed.) Concurrency 88, Lecture Notes in Computer Science 335, Springer-Verlag, Berlin (1988)1

[114] Walter, B.; Timed Petri Nets for Modelling and Analyzing Protocols with Real-Time Characteristics; in Protocol Specification, Testing, and Verification III, H. Rudin, C. West (eds.), North-Holland, Amsterdam (1983)149-159

[115] West, C.; An Automated Technique for Communications Protocols Validation; IEEE Transactions on Communications 26,8(1978)

[116] West, C.; Protocol Validation by Random State Exploration; in Protocol Specification, Testing, and Verification VI, B. Sarikaya, G.v. Bochmann (ed.), North-Holland, Amsterdam (1987)194-205

[117] Wilbur-Ham, M.; Protean User's Manual; Telecom Australia (1986)

[118] Wolfinger, B.; Drobnik, O.; Simulation of Protocol Layers of Communication in Computer Networks; in S. Schoemaker (ed.), Computer Networks and Simulation, North-Holland (1978)

[119] Zafiropulo, P.; West, C.; Rudin, H.; Cowan, D.; Brand, D.; Protocol Analysis and Synthesis Using a State Transition Model; in P. Green (ed.); Computer Network Architectures and Protocols; Plenum Press, New York (1983)645-669

[120] Zimmermann, H.; OSI- Reference Model - The ISO Model of Architecture for Open Systems Interconnection; IEEE Transactions on Communication 28,4(1980)425-432

Liste der Begriffe

Liste der Definitionen

Liste der Abbildungen